Hasta la orilla del río

Elizabeth Gilbert

Hasta la orilla del río

Amor, pérdida y liberación

Traducción de
Laura Vidal

Título original: *All the Way to the River*

Primera edición: octubre de 2025

Printed in Colombia – Impreso en Colombia

Información de catalogación de publicaciones disponible
en la Biblioteca del Congreso de los Estados Unidos

ISBN: 979-8-89098-513-2

A mis amigos y compañeros de las reuniones

INVOCACIÓN

Yo.

Yo llegué.

Yo llegué a.

Yo llegué a creer.

Yo llegué a creer que un poder superior a mí me rescataría.

Yo llegué a creer que un poder superior a mí rescataría mi cordura.

Albany
New York
Lincoln
Brunswick

Resignarse

Renunciar

Rendirse

Aparición

El día en que cumplía cincuenta y cuatro años me desperté al amanecer y al momento me di cuenta de que mi pareja, Rayya, estaba conmigo en la habitación.

Lo que constituía un verdadero logro por su parte, dado que por entonces llevaba muerta más de cinco años.

Y sin embargo ahí estaba, una corriente impetuosa y enérgica de puro «rayyanismo» recorriendo mi minúsculo apartamento de Manhattan. Una oleada tras otra de su inconfundible *ser*.

Ni me alarmé ni me asusté (reconocería a Rayya en cualquier parte, la amaría en cualquier parte), pero sí me sorprendí, porque llevaba tiempo sin aparecerse así. Ay, ¡y cuánto la había echado de menos! En los meses de heridas abiertas y confusión que siguieron a su muerte me visitaba cada dos por tres. Por entonces estaba tan increíblemente presente, tan consistentemente accesible, era tan divertida, tan cariñosa y exigente, que yo solía bromear diciendo: «¡Rayya muerta es más vívida que muchas personas vivas!».

No estoy diciendo que en aquellas apariciones la viera, no era como uno de esos espectros de novias victorianas ni nada por el estilo, pero sí sentía su inconfundible presencia y oía claramente su voz hablándole a mi conciencia. Por entonces, justo después de su muerte, Rayya y yo nos comunicábamos con una claridad extraordinaria. Era como si con dos vasos de plástico se hubiera fabricado un teléfono casero supereficaz que le permitía charlar conmigo a través del cosmos usando una hebra de lana muy muy larga. De tan íntimo, el efecto llegaba a ser *sensual.* A veces también divertido. Podía encontrarme en un lugar público, sonriendo, asintiendo con la cabeza y tratando de actuar como una persona normal, mientras dentro de mi cabeza mantenía conversaciones privadas con Rayya.

En una fiesta en Los Ángeles, unos seis meses después de que falleciera Rayya, una mujer a la que no conocía de nada se me acercó, me puso una mano en el brazo y dijo: «Tengo entendido que tu amante abandonó hace poco su cuerpo y siento mucho tu pérdida. Pero quiero decirte una cosa importante. Desde hace un tiempo se me aparece en sueños. Soy profesional de la intuición y tengo una sensibilidad especial para esas cosas. Rayya me pide que te diga que te echa muchísimo de menos y que está deseando comunicarse contigo».

«Manda a esta bruja a tomar por culo ahora mismo», me dijo Rayya dentro de mi cabeza.

—Gracias por tu amabilidad —le dije yo a la desconocida.

La mujer me puso una tarjeta de visita en la mano.

—Te dejo mi teléfono, por si algún día quieres hablar con Rayya directamente.

«Dile a esta imbécil que me chupe mi polla difunta», dijo Rayya.

¡Qué locura y qué delicia sentir que mi Rayya seguía siendo la más carismática de la reunión incluso en la tumba!

Pero, a medida que pasaron los años, sus «visitas» fueron espaciándose.

Transcurrieron dos años.

Luego tres.

Cuatro.

«La vida sigue». O eso dice la gente.

La voz de Rayya se fue difuminando.

Pasaron más de cinco años.

En ese tiempo el mundo cambió, y yo también. Hubo una pandemia global. Hubo nuevas guerras, nuevas situaciones de emergencia, nuevas muertes. Nacieron niños a los que Rayya nunca conocería. Escribí libros que Rayya no leería. La gente comentaba nuevos programas de televisión que Rayya nunca vería. En un intento desesperado por sustituir el dolor por el enamoramiento, incluso salí con alguien durante un tiempo después de morir Rayya (aunque decir que «exploté encima de alguien» sería una descripción más precisa de la experiencia), pero la relación terminó en una rápida, devastadora y predecible ruptura.

Después de aquello no busqué nuevas relaciones.

En su lugar, dediqué esos años a trabajar en mí misma.

Alcancé la sobriedad; no solo dejé el alcohol y las drogas, también me aparté de cualquier distracción sexual y relación sentimental. Renuncié a todas las sustancias y personas que me embriagaban, me anestesiaban, me hacían perder el control o alteraban de una manera u otra mi estado anímico o mental. Me dediqué a aprender a sentir mis sentimientos y procesar mis emociones sin recurrir a nada o a nadie que los mitigara. Empecé a usar mi propia voz, a fijar reglas y límites nuevos y a vivir mi integridad guiada por mi poder superior. Poco a poco estaba logrando poner orden en mi casa interior. Y había hecho nuevos amigos, amistades sanas salidas de las reuniones del programa de doce pasos. Amigos que nunca conocerían a Rayya.

Mientras ocurría todo esto, la presencia de Rayya fue parpadeando y atenuándose hasta que llegó un día en que ya no la oía, ni siquiera si la llamaba por su nombre, ni siquiera cuando buscaba su consejo o su amor. Allí donde su voz había vibrado poderosa había ahora un silencio grande e infinito, lo que me resultaba tan devastador como desconcertante. Casi como una segunda muerte.

¿Dónde se había *ido*?

¿Había pasado página o era yo quien la había dejado atrás a ella?

No entendía nada.

Era como si Rayya hubiera salido un momento del universo para ir a comprar tabaco y no hubiera vuelto.

Y sin embargo ahora, en la mañana de mi cincuenta y cuatro cumpleaños, de repente allí estaba.

Y cuando digo allí, es *allí.*

El cuarto vibraba con la energía desbordante de Rayya y sentí escalofríos por todo el cuerpo. Me eché a reír y llorar al mismo tiempo.

—¡Cariño! —dije—. ¡Has venido a verme!

Mi primer impulso fue celebrarlo, pero sentí que Rayya quería contarme algo, algo que exigía mi total atención. Era una sensación de que me cogían del cuello y me zarandeaban. Rayya no había venido desde tan lejos para hacerme una visita sin más, deduje; había venido a transmitirme un mensaje de crucial importancia. Las palabras y la información salían de ella y entraban en mi cerebro a tal velocidad que casi no me daba tiempo a procesarlas. El interior de mi cabeza tintineaba igual que un salón recreativo. Cogí el diario que tengo siempre en la mesilla y empecé a escribir todo lo que decía…, al menos todo lo que conseguí captar.

Esto es lo que tenía que decirme Rayya:

> ¡Feliz cumpleaños, tronca querida!
>
> ¡Estoy aquí contigo y te quiero!
>
> ¡TE QUIERO!
>
> ¡Qué orgullosa estoy de ti, joder!
>
> No te preocupes por haberme dejado atrás; cuando esto termine, estaré esperándote en el río, ¡y todo cobrará sentido!
>
> Sé que aún te cabreas a veces conmigo por algunas de las cosas tan chungas que hubo entre nosotras al final, pero no tiene importancia. Enfádate si es lo que necesitas. Solo sé sin-

cera y ponlo por escrito. Pero sobre todo no dejes el programa y no te preocupes por cómo hice yo las cosas ni por lo que pensaría de cómo estás haciéndolas tú. ¡Te quiero y quiero que tengas esa libertad! Me siento muy orgullosa de tu abstinencia, ¡estás haciéndolo de puta madre! ¡No hay quien te pare, amiga mía! ¡Eres la mejor, sigue así! ¡Que nadie te frene nunca!

Y deja de preocuparte tanto por la gente, ¿vale? ¡Estás demasiado pendiente de los demás, joder! ¡Ni se te ocurra volver a ser la niñera de nadie! No dejes que nadie te cuente patrañas, te enrede en sus neuras, ni te obligue a ser su cuidadora. Que cada uno encuentre su propio camino; es lo mejor para ellos y para ti. Ahora tienes muy buenos amigos, pero ¡no necesitan que los lleves de la manita!

Respira, cariño, respira...

Estoy aquí a tu lado. No voy a evaporarme...

Respira, cariño, respira...

Déjame mirarte un momento. ¡Déjame mirar esos ojitos como dos arcoíris! ¡Esas lagrimitas relucientes! ¡Qué preciosa eres!

Hay una cosa que debes entender, cariño, así que déjame que te la explique y escucha: la razón por la que ya no te hago visitas es que tanto tú como yo queremos que hagas tu propio viaje; es lo que toca ahora mismo. Sé que quieres que te diga que siempre estaré si me necesitas, pero lo cierto es que ya no me necesitas, y esa es una noticia de puta madre. ¿De dónde sacas que podría no alegrarme de algo así? Antes necesitaba sentirme necesitada, pero ya no..., y tú tampoco. Quiero que estés libre de necesidades..., y ya te falta poco para que así sea.

Respira, cariño, respira...

Ahora mismo tienes todo lo necesario. No te desvíes de tu camino. Vas bien. Encontraste tu propio Dios y es una puta maravilla. ¡Tu Dios es lo más! Tu comunidad te cuida y nunca tendrás que degradarte otra vez por culpa de una dependencia. ¡A partir de ahora vas a brillar! ¡Ha llegado tu momento!

Por cierto, mi madre te saluda y te agradece todo lo que hiciste por mí. ¡Sabe cómo te portaste y desea que te diga que te quiere!

Escucha, cariño. Entre nosotras y alrededor de nosotras las cosas se pusieron superjodidas al final, pero no fue culpa de ninguna de las dos. Ni siquiera fue malo que las cosas pasaran así. Fue como tenía que ser. Era la función que nos tocó desempeñar a cada una en la vida de la otra, y la cumplimos. Todo pasó exactamente como tenía que pasar…, incluidas las mentiras y la locura. Y debajo de todas esas historias había una verdad: que nos queríamos. Nos queríamos muchísimo. Nos queríamos. Nos queríamos. Nos queríamos.

¡NOS QUERÍAMOS MUCHÍSIMO!

Cuando te llegue el día de dejar este mundo iré a buscarte, ¿vale? ¿Me has oído? Estaré esperándote en el río y me reconocerás cuando me veas. Cuando te diga que me des la mano, dámela. Te traeré aquí y te lo enseñaré todo. Esa es mi función en tu vida ahora, cariño, y es sagrada. La desempeñaré con fortaleza, honor y compasión… ¿Eran esas nuestras palabras? No me acuerdo. A tomar por culo, lo importante es que sepas que estaré ahí.

Pero para eso falta mucho todavía, ¡así que no te pongas ahora a buscarme como una loca! Vive tu vida y hazla por completo tuya. Es una de las cosas, la principal, por la que estás aquí: aprender a vivir tu vida sin obsesionarte con nadie más. Es tu camino y estás ya en él, y seguirlo es incompatible con ponerte a buscarme.

En cuanto al libro, ¡¡¡escríbelo de una puta vez!!! ¡Cuéntale a la gente lo que pasó de verdad! ¡Cuéntaselo absolutamente todo! Olvídate de proteger mi dignidad o la tuya y dale rock and roll. Sácalo todo. ¿De qué me sirve a mí la dignidad ahora mismo? Y tú tampoco la necesitas, así que a tomar por culo. Es hora de que escribas un libro totalmente sincero sobre la adicción; la tuya y la mía. Ayudará a algunas personas, ¡así que no te cortes!

Me gusta el título *Hasta la orilla del río*, pero ¿quién soy yo para opinar? ¡Si estoy muerta! Así que mejor consúltalo con alguien que siga vivo (¡JA, JA, JA!).

No te preocupes, mi amor, no me importa estar muerta. En realidad me mola.

Aunque sí echo de menos hacer barbacoas.

¿Sabes otra cosa, cariño? Que estoy mirándote y ojalá pudiera meter mano en ese pelo, ¡tienes las raíces hechas una puta pena! La próxima vez que te hagas un tratamiento de queratina, pide que te pongan la brasileña de toda la vida, esa que tiene formaldehído, porque es la única que puede con tu encrespamiento y te mantiene el pelo brillante. No te agobies pensando que el formaldehído puede provocarte un cáncer de hígado, lo del cáncer es cosa mía, no tuya (¡JA, JA, JA!).

¡Tu mundo es una puta preciosidad! ¡MÍRALO! En serio, ¡míralo! Es tan hermoso verlo que te rompe el corazón. Pero así debe ser. Deja que te rompa el corazón. Sabes que siempre me ha gustado un corazón roto.

Mi rayo de sol, siempre fuiste mi niña..., pero no lo seas más. Recuerda que yo siempre te amé también como mujer, una mujer bella, elegante, fuerte, creativa, con un poder increíble. Y con un espíritu vivo como pocos. Arráncate la pierna a mordiscos para liberarte de cualquier trampa que intente arrebatarte tu libertad.

Sé libre, mi amor. ¡Sé libre, sé libre! ¡No te desvíes de tu camino y mantente sobria!

¡Tú puedes! No estás rota como crees. ¡Tú puedes! Es el momento de valerte por ti misma. Así que sigue cuidándote. Deja que los que te rodean se cuiden solos mientras tú te cuidas a ti misma. Esos son los deberes que te pongo...

Te quiero y sé que me quieres, pero no te aferres a mí; no vuelvas a aferrarte a nadie ni a nada. A partir de ahora céntrate en ti. ¡Vive tu vida! Sigue adelante, mi amor. No pares. Esta vez vas a llegar a la puta meta, vas a llegar a tu momento de iluminación o como lo llames. Tienes todo lo necesario. Tus amigos molan, tu programa mola, tu corazón está fuerte y tu Dios no va a fallarte, joder. No vuelvas a desaparecer dentro de otra persona. Puedes hacerlo. Eres preciosa. No me busques. Sigue avanzando. Sigue centrada. Te quiero. Te quiero. Te quiero…

Entonces al bolígrafo se le secó la tinta y Rayya desapareció, como succionada por la puerta abierta de un avión volando a más de novecientos kilómetros por hora.

Siempre supo cómo salir de escena a lo grande.

En el momento silencioso y repentino que siguió a la visita de Rayya, el corazón se me aceleró y a continuación se tranquilizó.

Las lágrimas brotaron, y se fueron.

Entonces me puse a trabajar.

Este libro, con sus historias, oraciones, poemas, entradas de diario, fotos y dibujos, es mi intento de contar la verdad de lo que ocurrió entre Rayya Elias y yo: nuestra amistad, nuestra relación sentimental, nuestra belleza, nuestra ira y nuestro dolor. Cuenta la historia de la adicción de Rayya, su recaída y su muerte. También cuenta la historia de mi propia adicción y de mi largo camino hasta rendirme a la recuperación.

Este libro no está dirigido solo a personas que hayan sufrido los efectos nocivos de las adicciones, propias o ajenas, aunque estoy convencida de que casi todos entramos dentro de una de esas dos categorías. Este libro habla también de las diferentes maneras en que las personas, por mucho que se esfuercen en llevar una vida cuerda y estable, en ocasiones pueden dejarse arrastrar por melodramas desaforados y traumas y terminar varadas en orillas que no tienen nada que ver con su verdadera naturaleza.

«¿Cómo coño he llegado a esta situación?» es una pregunta

que creo que todo el mundo se hace en algún momento de su vida. Quizá incluso en varios. Porque ¿quién, por mucha vergüenza que dé reconocerlo, no se ha perdido alguna vez? ¿Quién no se ha encontrado alguna vez en una situación aterradora, enajenante, indigna y devastadora? ¿Quién no ha tenido secretos, quién no ha sido traicionado o ha intentado controlar el comportamiento de otros? ¿Quién no ha anhelado escapar del sufrimiento? ¿Quién no ha recurrido a sustancias, personas, conductas o distracciones que le proporcionen un alivio transitorio del sufrimiento connatural a la existencia?

Lo que normalmente llamamos «persona adicta» es, creo yo, una versión exagerada de *todos nosotros*, una persona tan necesitada de mitigar el dolor que le produce estar vivo que recurrirá a lo que sea (o a quien sea) para aliviarlo.

Este libro trata de la búsqueda de ese alivio y del descontrol y la depravación en que puede desembocar.

Incluso en los más fuertes.

Incluso en los más valientes.

Por tu propio bien, espero que nunca hayas caído tan bajo como caímos Rayya y yo en algunos momentos de nuestro viaje juntas. Pero incluso si no has llegado a descarrilar *del todo*, sospecho que, en cierta medida, yo puedo ser tú, tú puedes ser yo y todos podemos ser Rayya.

Así pues, ofrezco este libro con amor y respeto a todo el que lo necesite.

A esa parte de mí que sigue esforzándose por superar la codependencia le gustaría decir que lo escribimos Rayya y yo juntas, pero la realidad es que ella quiso que lo escribiera yo sola..., y eso he hecho.

Tal y como decimos en el programa de doce pasos: quédate con lo que te guste y deja el resto.

Where I CAN HEAL ME,
SHOW ME HOW.
WHERE I CAN HELP THEM,
SHOW ME HOW.
WHERE THEY CAN HOLD ME,
SHOW THEM HOW.
STAY WITH ME
$ REWARD IF FOUND $
BITTE ZURÜCKSENDEN AN
PLEASE RETURN TO
VEUILLEZ S.V.P. RETOURNER A
GILBERT
YOU DO
NOT BEAT
YOUR OWN
HEART
LEUCHTTURM1917
HERZLICHEN DANK
THANK YOU VERY MUCH
MERCI BEAUCOUP

Cuando me preguntan: «¿Quién era Rayya?»

Rayya Mokdessy Elias.

Nacida en Siria, criada en Detroit, forjada en el Lower East Side de Manhattan.

Rayya, que llegó a Estados Unidos con siete años desde la hermosa y vibrante ciudad de Alepo, donde su familia había sido acomodada y glamurosa y donde, en su recuerdo, siempre había música y baile, y flores por todas partes.

Rayya, que desde que aterrizó en un Michigan frío, extranjero, invernal, nunca volvió a sentirse del todo en casa.

Rayya, que siempre se sentía demasiado del Oriente Próximo para ser estadounidense y demasiado estadounidense para ser del Oriente Próximo. Que hablaba suficiente árabe para discutir con taxistas, pero cuyo único guiño a sus orígenes era solicitar siempre comidas halal antes de un vuelo, a pesar de que se había criado como cristiana ortodoxa. («¡La comida es más fresca, tía!»).

Rayya, hija menor e indómita de unos padres inmigrantes, personas trabajadoras y de mentalidad tradicional que nunca la entendieron. Que era imposible de gobernar. Que odiaba estudiar, que odiaba trabajar. Que fue la hija más atenta y afectuosa, pero también la más desobediente. Que era una actriz —una payasa, una estrella— brillante, con la cara siempre bañada de luz. Que nunca dejó de hacer reír a sus padres, ni tampoco de hacerles llorar. Que con trece años ya se saltaba las clases para ir a otro estado con amigos mayores que ella a ver un concierto de Led Zeppelin. Hasta arriba de ácido. Sustancia que también vendía.

Rayya, que se describía a sí misma como «exyonqui, exconvicta, pospunki, lesbiana *glam-butch*». Que no salió del armario hasta los veintipocos porque no había espacio para su homosexualidad en la comunidad siria ortodoxa del Detroit de la década de 1970, donde las hijas solo abandonaban el hogar paterno para casarse con médicos o abogados de origen árabe y migrante idéntico al suyo. Que de niña era considerada demasiado masculina para los cánones de belleza de entonces, pero demasiado femenina para disfrutar de libertades que sí tenían sus hermanos y primos. Que siempre se sentía humillada y excluida. Que no supo quién era en realidad hasta que vio a personas como Elton John, David Bowie y Freddie Mercury en la televisión, y entonces quiso ser una de ellas.

Rayya, que era preciosa. Que era *espectacular*. Que se consideraba andrógina. Que tenía los ojos oscuros y los pómulos marcados de los héroes de los manuscritos iluminados persas. Cuyos estilismos capilares siempre eran una mezcla entre el despeinado *skater* de un niñito de un manga japonés y la melena macarra de Keith Richards. Cuyas facciones podían cambiar de masculinas a femeninas, de serias a traviesas, de venerables a aniñadas en función de la luz.

Rayya, a quien yo podía estar mirando el día entero sin cansarme.

Rayya, que era música, escritora, cineasta y peluquera con un talento descomunal. Que se hacía amiga de cualquier instrumento musical. Que era una intérprete electrizante de voz musculosa, bella, con un rango de tres octavas. Que a pesar de todo eso batallaba con la inseguridad, la adicción, la vergüenza y la parálisis creadora. Que nunca alcanzó el éxito que buscaba. Que sin embargo rodó tres películas independientes que se exhibieron en el Festival Internacional de Cine de Berlín, nunca dejó de escribir canciones y publicó un libro autobiográfico maravilloso sobre nada más y nada menos que salir de la adicción.

Rayya, que en una ocasión se quedó sin firmar un contrato discográfico de seis cifras por decirle a un directivo de Sony que le chupara la polla.

Rayya, que era su peor enemiga, su *única* enemiga, en realidad. Que se pasó la vida metiéndose en toda clase de líos pero que de todos salía gracias a su labia. Que en una ocasión le dijo a un juez que iba a emitir sentencia: «Señoría, merezco un castigo, pero hoy le pido humildemente clemencia». Y la obtuvo, porque la humildad de Rayya, cuando la mostraba, era la cosa más tierna e irresistible del mundo.

Rayya, que había estado en innumerables cárceles, clínicas y centros de desintoxicación, que cuando la tristemente célebre revuelta de Tompkins Square Park en 1988 llevaba un tiempo durmiendo en un banco de aquel parque con una aguja en el brazo y casi ni se enteró de la actividad policial desplegada a su alrededor.

Rayya, que estaba orgullosa de haber dejado por fin las drogas y convencida de haberlo hecho ella sola. Que jamás fue más allá del número cuatro del programa de doce pasos, pero que siguió asistiendo a las reuniones durante años solo para poder contar sus historias más dramáticas de sobredosis y pasar tiempo con viejos amigos de la calle y colegas del mundillo. Que no llegó a admitir *de verdad* su impotencia respecto a la adicción (ni respecto a ninguna otra cosa, en realidad). Que después de más de una década de estar sobria, anunció que ya no era una adicta y por tanto no necesitaba seguir yendo a más reuniones aburridas. Que dijo sobre su adicción: «Esa etiqueta ya no me representa».

Rayya, que, en otras palabras, se dio a sí misma el alta de su adicción con resultados en última instancia demoledores.

Rayya, que juraba y perjuraba que lo único que quería en la vida era ser buena.

Rayya, que *era* buena. Que era la figura medular en la vida de casi todos sus amigos y familiares. Que era la confidente de todo el mundo. Que era amiga de todas sus exparejas. Que era nuestro pilar. Que tenía copia de las llaves y las contraseñas de todos. Que nos acompañaba cuando había que negociar el precio de un coche, de una casa, de un divorcio. Que era nuestra mediadora y nuestra embajadora. Que nos hacía de coach para las conversaciones difíciles. Que nos quería y aceptaba a cada uno de manera individual, incondicional, feroz. Que siempre nos perdonaba nuestras faltas. Que nos enseñaba a perdonarnos los unos a los otros. Que nos hacía mejores personas.

Rayya, que era mi guardaespaldas. Que era la guardaespaldas de todo el mundo. Que una vez se cruzó medio planeta para aporrear una puerta y sacar físicamente a una querida amiga de una relación que se había vuelto violenta. Que era capaz de aplacar la locura de cualquier persona, excepto, como luego se vio, la suya.

Rayya, de mecha corta, de lágrima y risa fácil, siempre dispuesta a perdonar. Una individualista insegura. Una aries orgullosa con corazón de malvavisco. Una cínica sentimental. Una siempre sincera maestra de la manipulación. Una feroz protectora que siempre tenía alguien a quien proteger. Una alfa emocionalmente dependiente que exigía soledad pero no soportaba estar sola.

Rayya, a quien no vi venir, que no entraba en mis planes y a quien me fue imposible controlar. Quien empezó siendo mi peluquera, luego se convirtió en una conocida, después en amiga, en vecina, en mi mejor amiga y por fin en mi «persona». Quien poco a poco se transformó en algo que yo no sabía describir con palabras porque, siendo una mujer felizmente casada, ¿dónde colocaba a alguien como *ella*?

Rayya, que no me robó el corazón, sino que lo abrió poco a poco hasta que lo único que quise fue estar con ella para siempre.

Rayya, que no se convirtió en mi amante, en mi compañera, hasta que supimos que tenía un cáncer terminal de páncreas e hígado y una esperanza de vida de seis meses.

Rayya, que terminó viviendo veinte meses desde el diagnóstico porque jamás siguió regla alguna, ni siquiera las del cáncer.

Rayya, que me dejó ver la ternura que ocultaba a los demás. Que tenía una piel como seda lavada. Que adoraba que le hicieran cosquillas en la espalda. Que se acurrucaba en mis brazos igual que una niña pequeña. Que tenía terror a los hospitales. Que siempre tenía miedo de haber desperdiciado su vida.

Rayya, a quien el dolor provocado por el cáncer y el miedo a la muerte terminaron por empujarla a los brazos del alcohol, el tabaco, el azúcar, la marihuana, el alprazolam, la oxicodona, el zolpidem, la codeína, la morfina, la trazodona, el fentanilo y la cocaína.

Rayya, cuya vuelta a la drogadicción activa convirtió los últimos meses de su vida en un infierno para todos los que estuvimos allí. Cuya recaída me precipitó hasta tal punto en la locura que, en una ocasión, consideré seriamente la posibilidad de asesinarla, convencida de que estaba matándome.

Rayya, que me rompió el corazón.

Rayya, que me quiso como nadie. A quien quise como a nadie.

Rayya, que murió en mis brazos.

Rayya, cuyo nombre significa «brisa fragante» en árabe pero que era más bien un devastador cometa.

Rayya, que era una leyenda para todo el que la conoció. Que era la persona con la que todo el mundo quería estar, irse de fiesta, acostarse, viajar, sincerarse. Vestirse como ella. Imitarla.

Rayya, que al final de una fiesta echaba a todos a patadas, incluso cuando la fiesta no era en su casa.

Rayya, a quien todos seguían. Ante quien todos caían rendidos. Ante la que caí yo igual que se cae de la balsa alguien mientras está haciendo rafting en aguas bravas, un remolino lo succiona y su familia no vuelve a verlo nunca más.

Rayya, que tenía una cara hecha para ahogarse en ella.

Rayya.

A veces todavía me cuesta decir su nombre y respirar al mismo tiempo.

¿DÓNDE ENCONTRAR CONSUELO?

No en cantar.
No en las canciones.

A veces en el sonido que hacen las tórtolas
en los árboles junto a la casa
donde viviste con ella un solo verano;

durante un verano solo, cuando todos los días eran largos.

Mi niña valiente, cansada:
nunca te conformaste con respuestas simples,
porque sabías que no eran ciertas.

Lo único que te puede sostener ahora
debe sostener todo lo demás, también.

Ha llegado el momento de que veas
que toda la pena
y el dolor
y la vergüenza
no son más que niños buscando un hogar,
igual que lo buscas tú,
igual que lo buscaba ella.

Ha llegado el momento de que comprendas
que no hay nada que no pertenezca a Dios,
nada que no proceda de Dios,

nada que no viva para siempre
dentro de ese espacio inmenso y sin nombre que siempre
has llamado Dios:

ni tus sollozos rotos,
ni su último adiós,
ni desde luego las tórtolas.

Todo le pertenece, mi amor,
o nada lo hace.

Hasta la orilla del río

A Rayya le gustaba usar un mapa de Manhattan como metáfora de cómo funcionaban sus amistades y relaciones.

Lo explicaba así:

Primero, decía, tienes a los amigos de la Quinta Avenida, que están en el centro mismo del mapa. Son personas con las que te muestras de una manera totalmente artificial. Solo les enseñas tu superficie, y ellos solo te enseñan la suya. Son amigos sociales y contactos profesionales. Todos intentan impresionar a los demás; nadie es sincero. En el grupo de la Quinta Avenida nadie está interesado en conocer o ser conocido.

Si sigues hacia el este, no obstante, llegas a tus amistades de las avenidas Cuarta y Tercera. Con estas personas tienes una relación cortés, pero les dejas ver un poco más tu verdadera naturaleza. Son amigos con los que puedes hacer bromas, relajarte un poco, intercambiar alguna confidencia. Probablemente conoces a su familia. Tal vez fuiste a su boda. Sientes afecto por ellos, pero están en la periferia de tu corazón.

Sigue andando y llegarás a tus amigos de la Segunda Avenida. Ahora es cuando empieza lo bueno. Estas personas te conocen de verdad y tú las conoces a ellas. Habéis vivido cosas importantes juntos. Quizá sois vecinos de toda la vida. Quizá habéis viajado juntos. O montado un negocio. Habéis sido testigos mutuos de vuestros éxitos y vuestros fracasos y podéis mostraros sinceros y vulnerables los unos con los otros. Son personas en las que puedes confiar, que estarán ahí siempre que las necesites.

Pero hasta que no llegas a tus amigos de la Ciudad Alfabética, decía Rayya, no empiezas a experimentar intimidad verdadera. Tus amigos de las avenidas A, B, C y D han vivido cosas muy jodidas contigo y a pesar de ello siguen queriéndote. Estamos hablando de personas que han pagado tu fianza. Que iban a visitarte cuando estabas en rehabilitación, que saben de tu infidelidad matrimonial, que te sujetaron la cabeza mientras vomitabas, que te prestaron su sofá cuando estabas divorciándote. Te quitaron las llaves del coche cuando hizo falta. Lloraste en sus brazos cuando perdiste el trabajo, a tu madre, a tu bebé, la cabeza. Os habéis visto en salas de espera de hospital, en tanatorios, en clínicas de interrupción del embarazo. Te llamaron el día que tuvieron un ataque de ansiedad en el aeropuerto. Es posible que a lo largo de los años hayáis tenido algunas peleas o malentendidos feos, y quizá estuvisteis un tiempo sin hablaros. Habéis pasado y sobrepasado límites. Habéis tenido que perdonaros mutuamente. Esos son los amigos más auténticos que tendrás en toda tu vida.

Pero el mapa de Manhattan no se ha terminado aún.

Sigue caminando.

Si tienes mucha suerte, solía decir Rayya, puede que encuentres un amigo —uno solo— en el curso de toda tu vida que te acompañe hasta la orilla misma del East River. Es el amigo que lo sabe *todo* de ti. La persona con la que nunca podrías ser falsa aunque quisieras. Que es capaz de leerte la cara a tres manzanas de distancia y saber inmediatamente si te pasa algo. ¿Y ese secreto horrible que nunca le contarás a nadie por miedo a que te destruya? Esa persona lo conoce. Joder, si hasta es posible que *forme parte* de él. Y sin embargo no hay nada que puedas hacer que te haga perder su amistad. Esa persona es tu última llamada por teléfono en plena noche desde el abismo, cuando no tienes a quien recurrir.

Rayya solía decirme: «Tú eres esa amiga que va conmigo hasta el río».

Lo era. Y me sentía *orgullosa* de serlo.

Y ella era la mía.

Yo lo sabía, ella lo sabía, todo el mundo lo sabía..., y yo presumía de ese título como de una medalla de honor.

Así que tiene cierta lógica que, cuando descubrimos que Rayya estaba muriéndose, empezáramos a referirnos a su muerte como «el río».

«Quiero que hagas conmigo todo el camino hasta llegar al río», me dijo el día que le diagnosticaron un cáncer terminal, y yo le prometí que lo haría.

«No puedo meterme contigo en el río —le dije—, pero te acompañaré hasta la orilla. Haré contigo cada paso del camino».

Estábamos tan asustadas que estas palabras nos resultaron hermosas y tranquilizadoras.

Pero la metáfora del mapa de Rayya tiene un problema.

Quien conozca la geografía del centro de Manhattan sabrá que el trayecto a pie desde la Quinta Avenida hasta el East River *no* es precisamente un paseo agradable.

Vale, sí, empieza bien, atravesando elegantes vecindarios llenos de historia y de encanto. Luego la cosa decae un poco, pero sigue siendo guay. Hay un tramo en las inmediaciones de la Quinta Avenida que resulta divertido: colorido, bullicioso, vibrante y diverso. Luego se vuelve sórdido. Y a continuación triste, a medida que dejas atrás los proyectos urbanísticos fallidos de una ciudad que parece dar la espalda a sus habitantes más vulnerables. Después ya se pone directamente peligroso y caminas volviendo todo el rato la cabeza y evitando pisar jeringuillas usadas y drogadictos inconscientes tirados en el suelo. Cuanto más te acercas al río, más difícil es continuar, porque en tu camino aparece una gigantesca autopista multicarril llena de conductores despendolados a los que les importa un bledo tu frágil cuerpecillo humano. Tienes que cruzar por un paso peatonal elevado que no es fácil de localizar, está lleno de cacas de perro y pintadas y el paisaje desde él no es precisamente bucólico.

¿Y una vez consigues llegar hasta el río? A ver, amigos, es el *East River*. Un lodazal de aguas residuales, desechos plásticos y médicos recubierto por una delgada película de aceite industrial y lleno de coches hundidos y esqueletos de gánsteres del Pleistoceno.

Lo que quiero decir es que eso de ser la persona «que acompaña hasta el río» a alguien implica un viaje peligroso. Es romántico, pero también arriesgado. La intimidad a ese nivel es dura. Te hace ver cosas en ti y en la otra persona que te asustarán y te harán daño; y vivirás situaciones que te transformarán. No me habría perdido mi viaje con Rayya por nada del mundo, pero no sé si se lo *recomendaría* a nadie. Y desde luego no lo repetiría. Porque, aunque gran parte del paseo fue mágico, también hubo muchos tramos en extremo feos y dolorosos; estoy segura de que me quitaron unos cuantos años de vida.

Quizá por esa razón es difícil conocer tan bien a una persona como yo llegué a conocer a Rayya.

Quizá —en ocasiones lo pienso— no deberíamos acompañar a nadie hasta el río.

Quizá llega un momento en la vida en que cada uno tiene que ir al río solo.

Y aquí viene al caso algo que he descubierto recientemente: ¡resulta que lo que los neoyorquinos llamamos East River *ni siquiera es un río*! Es un estuario de marea. Lo que significa que fluye en ambas direcciones y que su composición química varía todo el tiempo. Es de agua dulce y salada a la vez, es generativa pero cambiante. Agua contaminada y mareas nuevas cruzan constantemente fronteras invisibles. La navegación puede ser complicada. La extrema salobridad dificulta la visibilidad bajo el agua. Las corrientes son imprevisibles. Nadadores y navegantes deben tener cuidado de no terminar en el mar.

Hablo en serio cuando digo que ni siquiera se puede saber si esta masa de agua termina en el principio o empieza en el final.

Pero volvamos a nuestra historia.

Le prometí a mi querida amiga Rayya Elias que haría con ella todo el camino hasta el río.

Y, que Dios nos proteja, eso fue exactamente lo que hice.

YOU WANT AN INTENSE
EXPERIENCE... AND YOU
ARE HAVING ONE

LIBÉRAME DE LAS ATADURAS DEL SER

Querido Dios:

La pena me está matando.

Y mis opiniones también.

Y *desde luego* mis resentimientos me matan
varias veces al día, solo por diversión.

Mis deseos me llevan a terminar tirada en una zanja,
con las tetas hacia arriba,
y bultos misteriosos en el cogote.

Mi obsesión por que todos los dilemas del mundo estén resueltos para cuando termina la jornada laboral produce una nueva cosecha de enajenación cada veinticuatro horas y tengo las llaves al infierno en un llavero que llamo arrogancia y que llevo al cuello a modo de placa identificativa para perros.

Mientras tú sigues dejando a todo el mundo hacer lo que le dé la puta gana, al parecer.

Matando a las buenas personas y perdonando la vida a los gilipollas.

O permitiendo que las buenas personas se vuelvan gilipollas, lo que es aún peor.

Y has equipado a cada uno de tu hijos terrenales
con alguna clase de inhibidor de frecuencias
que les impide acatar mis decretos,
a pesar de que yo siempre tengo razón y sé perfectamente
lo que conviene a cada uno.

Señor, por favor, ayúdame.

Mi querido Dios,
¿no ves lo agotador que me resulta

cargar con mi voluntad igual que un caparazón hecho de nácar
y latón

con mis puntos de vista clavados en la cara como en un
alfiletero?

Dios, estoy cansada de ser yo,
y todo apunta a que no vas a permitirme ser tú,
por mucho que lo intente.

Así pues, ¿dónde nos deja eso?
Tú, el misterioso Creador de todas las cosas.

Yo, las señoras y señores del jurado.

Me siento en la orilla de tu río y me descalzo.

Madre de Todas las Cosas, explícame las reglas.

Plástico, musgo y barro por doquier.
Nubosidad, teléfonos, manojos de hojas.

Un avión que pasa.

Un perro que cojea.

Enséñame,
enséñame,
enséñame a vivir.

Oigo tu gorrión.

Oigo tu cuervo.

Oigo tu tráfico en el paso elevado.

Estás dejando que todo esto ocurra, ¿verdad?

Dejas que se despliegue como una mano abriéndose.

Con mi oposición, sin que yo lo haya ordenado.

Surrender
the
Why

¡Ten tu propia vida!

Conocí a Rayya en la primavera de 2000, y hace tantas vidas ya de eso que es como si le hubiera ocurrido en un planeta completamente distinto a una persona completamente distinta.

Entonces yo tenía treinta y un años y estaba casada. Con mi primer marido, para que nos entendamos.

En aquel momento yo seguía un camino determinado. Era el camino que me habían enseñado; el camino que yo había buscado. Marido, una casa bonita, un buen trabajo, planes de formar una familia. Pero mi vida no tardaría en saltar por los aires porque, como sabrá cualquiera que haya leído *Come, reza, ama*, estaba a punto de pasar por la muy intensa experiencia de enamorarme de un hombre que no era mi marido. Yo lo veía como un salvador guapísimo y heroico, pero su verdadero papel en mi destino era romperme el corazón de tal manera que no sería capaz de recomponerlo a la manera tradicional y tendría que dedicar varios años a buscar la cura por todo el planeta.

Por entonces, sin embargo, nada de esto había ocurrido aún y de momento mi vida pintaba bastante bien.

El único problema era mi pelo, que tenía encrespado y hecho un desastre. (Dejando entrever quizá que mi estabilidad aparente no era tal). Un día una amiga se quedó mirando mi melena, que tenía más de nido de pájaro andrajoso que de melena, y me dijo que me parecía a Art Garfunkel de joven y que necesitaba hacer algo al respecto. Me sugirió ir a ver a una persona llamada Rayya Elias, que cortaba el pelo en un apartamento sin ascensor de la avenida C. Rayya era, me prometió mi amiga, «una puta maravilla» y solo atendía a personas que le caían bien.

Así que fui a ver a Rayya, a averiguar si le caía bien.

Aquel día yo iba vestida igual que una dependienta de Banana Republic, que es como siempre vestía entonces. Pantalones beis y rebeca de punto. Y un ejemplar de *The Atlantic Monthly* bajo el brazo. Si recuerdo tan bien mi atuendo es porque me sentí muy distinta de Rayya, que llevaba pantalones de cuero negro, camiseta blanca sin mangas y botas de motorista. Tenía unos tatuajes que llamaban mucho la atención (hablo de una época en la que no todo el mundo iba tatuado, ¿recordáis ese tiempo pretérito?) y su apartamento estaba decorado con arte inspirado en el grafiti. En un rincón se amontonaban guitarras y teclados. Dos pitbulls con una veta blanca en la cara retozaban felices a los pies de Rayya.

Me sentó en una silla, me puso las manos en el pelo y se echó a reír.

¡Esa risa! ¡Enorme, maravillosa, ronca!

—No te preocupes, cariño —dijo—, sé perfectamente qué hacer con este plumón de pato. Justo he empezado a salir con una chica que tiene el mismo pelo que tú. Sé cómo manejarlo.

De inmediato me abandoné a sus manos, sin dudar un instante de su competencia. Creo que ni siquiera le di instrucciones: me rendí a su aire de seguridad inquebrantable, convencida de que me trataría bien. (Este acto de confianza instantánea dice tanto de mí como de ella, por cierto. Siempre me ha encantado ponerme en manos de perfectos desconocidos). Y vaya si me trató bien Rayya. Sin esfuerzo aparente, sin dejar de hablar y de reír, me hizo un corte de pelo maravilloso. El primero después de casi veinte años de trasquilones.

Me he enamorado de muchas personas a primera vista, pero aquel día no me enamoré de Rayya. De hecho, tardé ocho o nueve años en hacerlo, cuando ya llevábamos muchos siendo amigas íntimas.

Pero me gustó. Era divertida, interesante y exótica. Y desde luego concordaba con la definición que me había hecho de ella mi amiga: «una puta maravilla».

Recuerdo que le pregunté a Rayya por unas monedas extrañas que había amontonadas en su alféizar. Me dijo que eran medallas a la sobriedad. Yo nunca había visto una y me dejó cogerlas. Tenía una moneda por cada hito en su recuperación: un día limpia, noventa días limpia, seis meses, un año, dos años, tres...

—¡Si supieras cuántas me han dado en toda mi vida! —me dijo antes de soltar otra carcajada.

Me contó que había sido adicta a la cocaína y a la heroína casi toda su vida adulta, pero que llevaba años limpia. Me enseñó las cicatrices en los brazos donde se inyectaba *speedballs.* Tenía más marcas en el brazo izquierdo que en el derecho porque era diestra y con esa mano apuntaba mejor, me explicó. Recuerdo lo cómoda que parecía hablando de su consumo de drogas pasado y cómo empleaba la palabra «yonqui» con un orgullo relajado que yo no había visto nunca. ¡Qué cómoda parecía encontrarse en su maltrecho cuerpo de superviviente!

—Sigo viva de puto milagro —me dijo.

Rebosaba una gratitud eufórica que ahora sé que es habitual en fases tempranas de la recuperación. Es la fase que algunos llaman «nube rosa», cuando el adicto está colocado con la euforia que le produce sentirse libre por fin de la sordidez y la esclavitud de su dependencia. No necesita nada más que lo que tiene en el momento presente porque no da crédito al hecho mismo de *tener* un presente. La vida les parece sencilla, alegre y llena de posibilidades ilimitadas.

También recuerdo que aquel día hablamos de creatividad. Le conté a Rayya que era periodista y novelista. Ella me explicó que acababa de empezar a hacer música de nuevo y que le estaba costando trabajo reunir valor para tocar sobria. Dijo que le resultaba difícil gestionar la vulnerabilidad que implica llevar una vida creativa sin el escudo protector de las drogas.

Pero esto es lo que más recuerdo de aquel primer encuentro:

Rayya me contó que acababa de comprarse una casita en Asbury Park, en la costa de Jersey. Había encontrado la manera de trabajar cuatro días a la semana cortando el pelo y de pasar los otros tres en la playa. Se iba en moto y disfrutaba de la playa en soledad, componía, hacía barbacoas, veía amanecer. Suena a paraíso, comenté, y me confirmó que lo era. Pero también me dijo que en su vida había unas cuantas personas furiosas porque solo trabajaba cuatro días a la semana. Se lo tomaban como una ofensa personal, como si Rayya estuviera violando alguna clase de regla capitalista sagrada. Les enfadaba que pasara tanto tiempo en la playa, como si solo estuviera permitido ir a la playa de vacaciones, unos pocos días al año.

—¡Los he mandado a tomar por culo! —me dijo—. ¿Te digo yo a ti que no vayas a la puta playa, tío? ¿Por qué te cabreas conmigo? ¡Es mi vida, tronco! ¡Ten tu propia vida!

Me impresionó la ferocidad despreocupada de sus palabras, su absoluta seguridad en sí misma.

Yo nunca había mandado a nadie a tomar por culo.

Jamás le había dicho a nadie: «¡Es mi vida, tronco!».

De hecho, creo que aún no era del todo consciente de que era *mi* vida la que estaba viviendo. Estaba demasiado ocupada esforzándome por serlo todo para todos. En mi matrimonio era la que ganaba dinero y se ocupaba de la casa, además de intentar ser artista. Y ahora también se esperaba de mí que me convirtiera en madre. Era demasiado y empezaban a flaquearme las fuerzas. No podía ni imaginarme la libertad de tener una casa propia, una moto y tres días a la semana sola en la playa.

Tampoco Rayya se enamoró de mí aquel día. Pero sí le gusté. (¡De no ser así, no me habría cortado el pelo!). Sin embargo, años más tarde reconoció no estar segura de por qué le había gustado. No me parecía en nada a sus otras amigas. No era ni punki, ni enrollada, ni dura ni provocadora. No tenía nada de calle. Aun así le impresionó que me ganara la vida como escritora. Eso le resultó interesante. Me hizo muchas preguntas sobre mi relativamente poco atormentada relación con la creatividad. ¿Por qué no era yo más atormentada?, quiso saber. ¿Cómo hacía para combatir el miedo y la inseguridad a la hora de compartir mi trabajo más íntimo con el resto del mundo?

En este sentido, mi vida para Rayya era insólita; lo mismo que para mí la suya.

Pero aquel día ocurrió algo más.

Rayya me contó años después que cuando entré en su apartamento aquella tarde vio un enorme círculo de luz dorada alrededor de mi cabeza. Eso la intrigó y la desconcertó. Me dijo que no dejó de verlo mientras me cortaba el pelo. Al llevar toda su vida atraída por el lado más oscuro de las cosas, tanta claridad despertó su curiosidad.

«¿Quién va por ahí con tal puñetera cantidad de luz? —recordaba haber pensado—. ¿De qué va esto?».

Este es mi sitio

Resulta revelador que en lo que va de libro haya hablado más de Rayya que de mí, a pesar de que en teoría es un libro sobre mi persona.

Claro que es muy propio de mí centrarme automáticamente en el otro.

Tengo la costumbre, siempre la he tenido, de dejarme cautivar por el carisma, la locura, el espíritu indómito y la belleza de los demás. De desaparecer dentro de su historia y dejar que su presencia me hipnotice. De quedarme absorta en su *otredad* y olvidar quién soy, qué soy y cuál es mi actitud frente a la vida.

Así que permitidme rebobinar y contaros quién soy, qué soy y cuál es mi actitud frente a la vida ahora mismo.

Si esto fuera una reunión de los doce pasos en el grupo de apoyo al que asisto con regularidad y estuviera hablando de mi propia adicción, así es como empezaría: «Hola, soy Liz, soy adicta al sexo y al amor».

Si quisiera ser más concreta, podría añadir: «También soy una obsesa del romanticismo, una adicta a la fantasía y la adrenalina, una facilitadora como la copa de un pino y una codependiente patológica».

Y a continuación, paseando la vista por una habitación llena de personas que pueden no parecerse a mí pero que actúan de la misma manera que yo, diría: «Este es mi sitio».

Me encantan esas palabras: *este es mi sitio.*

Esas cuatro palabras me salvan la vida todos los días.

«Este es mi sitio» significa que tengo derecho a estar en este planeta, donde rara vez me he sentido a salvo o normal. Significa que tengo derecho a estar en este cuerpo, que rara vez he habitado y que he regalado incontables veces (junto con mi corazón, mi tiempo, mi espíritu, mi casa y mi dinero) a otras personas para que lo usaran para sus propios fines. Significa que pertenezco a la fuerza divina que se molestó en crearme, y que esa pertenencia no pasa por «hacer las cosas bien», signifique eso lo que signifique.

Tengo derecho a estar aquí incluso si lo hago todo mal.

Quizá especialmente cuando lo hago todo mal.

«Este es mi sitio» también significa que tengo cabida en mi propia biografía, incluso si tardo unos cuantos capítulos en acordarme.

Pero sobre todo significa que mi sitio es cualquier habitación en la que haya adictos en círculo reconociendo con humildad ante sí mismos, ante los demás y ante el Dios de su entendimiento que sus adicciones son más fuertes que ellos y que su vida se ha vuelto ingobernable.

Son pocas las mujeres dispuestas a declararse públicamente adictas al sexo y al amor, porque suena bastante siniestro. Y de hecho lo es. Sin entrar en detalles lascivos, diré que mi adicción se manifiesta en forma de sincera pero equivocadísima convicción de que alguien que no soy yo será milagrosamente capaz de curarme por dentro, y por tanto hacerme sentir por fin segura, querida y plena. Eso, trasladado a la vida real, se traduce en una necesidad desesperada de que una pareja sentimental autentifique una y otra vez mi existencia mediante el tacto, el contacto visual, palabras de aprobación, actos de amor o mera presencia física.

¿Cuántas palabras de aprobación necesito para sentirme segura?

La verdad es que ninguna cantidad me ha bastado.

Siempre necesito más.

Mi desesperación por ser amada es desmedida y me ha empujado a actuar de maneras innegablemente demenciales. Pero sospecho que partes de mi historia resultarán familiares a muchos de mis lectores, en especial mujeres a las que, como yo, han inculcado desde la cuna que no poseen gran valor por sí mismas y solo son dignas de estima en la medida en que logren ser lo bastante atractivas para ser *elegidas*. Fracasar en este importantísimo proyecto de demostrar que eras *merecedora de ser elegida* significaba que toda tú eras un fracaso y que nada más de lo que pudieras manifestar tendría demasiada importancia a ojos de los demás.

O al menos eso es lo que se ha enseñado a generación tras generación de mujeres de multitud de culturas. Y es lo que me enseñaron a mí.

El sexo siempre ha sido la vía más rápida y directa de sentirme *elegida*, pero lo que verdaderamente busco en mis relaciones sentimentales es amor, atención, validación y aprobación (LAVA, por sus siglas en inglés y en la jerga de los programas de recuperación), que otros seres humanos en ocasiones pueden proporcionar y sin los cuales a menudo he tenido la impresión de ir a morirme en el sentido literal del término. Por eso me he pasado la vida buscando a esa persona mágica que me vea y me salve, ya sea a corto o a largo plazo. Cuando mi plan de salvación con una persona no funcionaba (y no funcionaba nunca), buscaba mis siglas en otra distinta.

Si estás leyendo esto y pensando: «¡Bueno, tampoco me parece nada raro! ¡Al fin y al cabo todos necesitamos amor!», te aseguro que en mi caso no es normal. No estoy hablando de una intimidad saludable entre dos personas; estoy hablando de un impulso dentro de mí tan aterrador como aterrado y siempre fuera de control.

Durante mis décadas de adicción al sexo y al amor causé mucho daño a mí misma y a otros. Me entrometí en relaciones de otras personas y rompí familias; me mentí a mí misma y a los demás; herí a personas a las que había prometido cuidar; traspasé límites con amigos; hui de personas que me querían y me entregué a personas que no; engañé y permití que me engañaran; intenté comprar amor con dinero; conspiré, hice estrategias y manipulé. Seduje y rechacé tanto como me sedujeron y rechazaron a mí; cometí y toleré degradaciones dolorosísimas; cometí y acepté actos de cosificación vergonzosa; usé el cuerpo de otras personas como droga (tanto sedante como estimulante); traté mi propio cuerpo con absoluta falta de respeto. *Y todo ello sin ser capaz de parar.*

Lo más cerca que he estado nunca del suicidio, y también del asesinato, se debió a mi adicción al sexo y al amor. Puede sonar exagerado, pero es increíblemente habitual. Todos los días hay personas que se matan a sí mismas y a otros por culpa del amor, la obsesión, el control, la traición y los celos. Las rupturas sentimentales y los divorcios figuran entre las primeras causas de suicidio, homicidio y recaída en adicciones, y la ciencia ha demostrado que se puede morir literalmente de un corazón roto. (Por cierto, el término médico oficial es «cardiomiopatía de Takotsubo». En estos casos, a menudo no hay obstrucción arterial anormal; en otras palabras, al órgano no le pasa nada. Pero las pequeñas arterias que alimentan el corazón pueden resultar *físicamente destruidas* si el paciente experimenta pena aguda, y ello puede conducir a un infarto o a la muerte. Esta dolencia es cinco veces más frecuente en mujeres que en hombres, lo que me lleva a preguntarme cuántas muertes por causas cardiacas en mujeres no se deben en realidad a un corazón roto sino quizá a una larga sucesión de decepciones y catástrofes emocionales que van pasando factura a su cuerpo hasta que su corazón deja de bombear).

Si a ello le añadimos las cifras astronómicas de mujeres lesionadas y asesinadas por sus novios y maridos, y lo difícil (por no decir imposible) que es para algunas mujeres escapar de sus maltratadores, creo que no exagero si sugiero que la adicción al sexo y al amor puede ser una de las primeras causas de mortalidad de mujeres en todo el mundo.

Así que me tomo este problema en serio porque considero que la adicción al sexo y al amor es una cuestión de vida o muerte. En mi caso no hay duda de que siempre lo ha sido.

Mi problema se conoce oficialmente como «adicción a procesos o adicción comportamental», en lugar de «adicción a sustancias», que fue la perdición de Rayya. Las adicciones a procesos se caracterizan por la compulsividad extrema en ciertas conductas: apostar, comprar, acumular, comer, sexo, control, obsesión, jugar online, pellizcarse la piel, etcétera. Dicho en pocas palabras, Rayya era adicta a las drogas; yo soy adicta a las personas. Aunque creo que Rayya también era adicta al amor. De hecho, muchas personas de los programas de recuperación opinan que la adicción al amor está en el fondo de todas las demás adicciones. Nuestra hambre de amor es un abismo insondable que intentamos llenar con otras cosas: drogas, alcohol, comida, dinero, sexo, tabaco, apuestas, videojuegos, éxito, perfeccionismo, trabajolismo, adicción a internet o lo que sea. De todos los deseos humanos, la necesidad de sentirse querido es el más básico. Cuando no se cubre o cuando se pervierte a una edad temprana, esa necesidad puede alterar nuestro cerebro e impulsarnos a tomar decisiones peligrosas o incluso insanas durante el resto de nuestra vida.

De lo que he entendido de las últimas investigaciones neurológicas, las personas como yo, personas con adicciones a procesos, tienen un sistema nervioso que no funciona del todo bien. A muchos de nosotros, al haber experimentado a edad temprana lo que se conoce oficialmente por «disrupciones constantes de la seguridad», nos resulta difícil regular nuestras emociones, cuidarnos, separar la realidad de la fantasía, comprender el concepto de límite, saber de quién fiarnos y diferenciar nuestros sentimientos de los sentimientos de los demás. Como resultado, podemos terminar cultivando un tipo de apego que en ocasiones se define como «desorganizado-desorientado» y que describe a la perfección mi historial de relaciones sentimentales.

A lo largo de los años he consumido alcohol y drogas (legales e ilegales) para anestesiarme o colocarme, pero en un grado mucho menor que personas. En realidad yo no *necesito* ni alcohol ni drogas para alterar mi conciencia, porque la farmacia que llevo incorporada en el cerebro segrega enormes cantidades de dopamina cada vez que experimento sexo, cercanía física o estimulación emocional, y a un ritmo diez veces superior que el cerebro de una persona considerada normal. Y, si me enamoro de alguien, mi cerebro no segrega solo dopamina; también adrenalina, oxitocina, serotonina y norepinefrina. Cuando se combinan en un fuerte subidón, estas hormonas me crean una sensación de euforia casi divina, eliminan mi capacidad de sentir dolor o de detectar el peligro, deforman mi percepción de la realidad y me quitan las ganas de dormir, comer o satisfacer cualquier otra necesidad básica de la vida.

Hay personas que extraen sensaciones agradables de las relaciones románticas, las fantasías o el sexo; a mí me *emborrachan.*

Si suena divertido, no lo es.

O, mejor dicho, como ocurre con muchas adicciones, al principio puede ser divertido, pero enseguida se convierte en un infierno.

Porque así es como termina siempre la historia cada vez que caigo de esta manera en el deseo y la obsesión: a medida que mi cerebro adicto se hace más tolerante a estos anormalmente elevados niveles de hormonas, iré necesitando dosis cada vez más altas de «recompensa» para experimentar el mismo subidón que sentía al principio de la relación sentimental. Haré cualquier cosa por sentir de nuevo esa liberación y ese alivio. Es entonces cuando se instala el ansia irrefrenable, acompañada de dolor emocional e incluso físico. Pronto empiezo a desatender mi vida para obsesionarme cada vez más con la persona que se ha convertido en mi fuente de consumo. Mi comportamiento se vuelve más y más peligroso, más desesperado, más dependiente y exigente cuanto más insisto en que el objeto de mi enamoramiento caprichoso siga estimulando la liberación de las hormonas que a estas alturas mi cerebro me dice que necesito para sobrevivir. Si esa persona no quiere o no puede seguir suministrándome el género, entonces mi ansia irrefrenable queda insatisfecha. Y, si mi ansia queda insatisfecha, mis glándulas suprarrenales colapsan. Con el colapso llega el síndrome de abstinencia. Y, cuando entro en síndrome de abstinencia, quiero morirme.

Esa parte tiene poco de divertida.

Como todos los adictos, por tanto, he sufrido... y he causado sufrimiento a otros.

Como todos los adictos, he tenido secretos.

Como todos los adictos, he llevado una doble vida.

Como todos los adictos, he guardado siempre un alijo secreto de droga para cuando me entrara el mono. (En mi caso, el «alijo» eran enamorados potenciales con los que constantemente coqueteaba, me mensajeaba, tomaba la temperatura y tanteaba el terreno por si algún día me hacían falta). Y mi manera de coquetear no tiene nada de adorable ni de inofensiva. Alguna vez he oído que los drogadictos roban dinero, pero los adictos al amor roban tiempo, energía y atención emocional, lo que es aún peor, porque se trata de robos que hieren el *corazón* de las personas, el centro mismo de su ser.

Esos robos dejan heridas que pueden no cerrarse nunca, heridas profundas, en todas las partes afectadas.

Como muchos adictos, siempre he sospechado que me pasaba algo. En la escuela primaria ya era una romántica obsesiva. (Aún me sé de memoria los cumpleaños de todos los chicos que me gustaron en segundo curso). En el instituto, supe que estaba fuera de control porque pasaba de un novio a otro, de un dramón a otro, sin sentirme nunca contenta. No entendía lo que me pasaba, pero sí sabía que mis amigos no se comportaban como yo.

Los veinte fueron todavía peores, me dediqué a estrellar mi corazón y mi cuerpo contra las rocas una vez detrás de otra. Pero siempre creía que, en caso necesario, sería capaz de controlarme recurriendo a la fuerza de voluntad y el sentido común..., o cambiando de pareja. Y en muchas ocasiones a lo largo de los años *conseguí* sobreponerme. Superé la situación y encontré a alguien nuevo o incluso mejor. En muchas ocasiones creí haber solucionado el problema..., para terminar descubriendo que no lo había resuelto en absoluto.

La frontera entre el comportamiento problemático y la adicción es borrosa, quizá incluso invisible. Pero una buena manera de comprobar si eres o no adicto es contestar estas tres preguntas con toda la franqueza posible:

1. ¿Has intentado abandonar este comportamiento y no has podido?
2. ¿Has conseguido abandonarlo en alguna ocasión, pero no por mucho tiempo?
3. ¿Ha tenido ese comportamiento consecuencias en tu vida que llevarían a una persona normal a decir: «¡Uf, eso no voy a volver a hacerlo en la vida!», y después has seguido haciéndolo?

Yo no podía parar. No podía estar sin hacerlo. Lo hacía una y otra vez.

Por graves que fueran las consecuencias, seguía consumiendo. Encadenaba relaciones desastrosas que me dejaban destrozada, atormentada por la culpa, avergonzada, exhausta. Las lecciones se me acumulaban, pero no conseguía modificar mi comportamiento a pesar de ser una persona de fiar y disciplinada en todos los otros ámbitos de mi vida.

Como todos los adictos, tengo una enfermedad progresiva. Si no se trata, se agrava. Y esto lo sé porque la última vez que me dejé llevar por mi adicción al sexo y al amor me volví más loca de atar que nunca en mi vida, a punto de cumplir los cincuenta y con treinta años de terapia y de prácticas espirituales a mis espaldas. Y sin embargo hice cosas por y dentro de aquella relación que ninguna persona cuerda o emocionalmente estable haría jamás. Y al final de la relación me desperté como se despertaría otra clase de adicta en la habitación de un motel de autopista a las afueras de Las Vegas, destrozada y desorientada, sin recordar cómo llegó hasta allí ni de dónde ha salido ese tatuaje nuevo. Pestañeando en la cegadora luz del sol, sin saber qué ha sido de su dinero y preguntándose: «¿Cómo ha podido pasarme *esto*?».

Aunque la pregunta correcta tal vez sería: «¿Cómo ha podido pasarme *esto* otra vez?».

Si quieres saber cómo llegué a ser así, como me hice adicta al sexo y al amor, podríamos sentarnos en la consulta de un terapeuta y hablar durante horas. Y lo he hecho, *me he sentado* en consultas de terapeutas y he hablado durante horas. Pero no voy a contar aquí los episodios más traumáticos de mi infancia porque son historias que afectan a otras personas, personas que siguen vivas, a las que quiero y a las que en última instancia no considero responsables (haya decidido o no que estén presentes en mi vida).

En parte, la razón por la que no culpo a nadie de mis problemas es que no me parece demasiado útil responsabilizar a otros ni de mi destino ni de mi conducta. Pero también porque creo que las personas que me hicieron daño no eran más dueñas de sus compulsivos actos de lo que lo he sido yo nunca de los míos. Y eso no es culpa de nadie. Al fin y al cabo, todos descendemos de la misma embrollada estirpe humana; todos somos hijos de un linaje largo e intricado de adictos con sus facilitadores; de narcisistas con sus presas; de mentalmente enfermos con sus infelices subalternos; de maltratadores con sus apologetas; de manipuladores con sus mártires; secretos con sus confidentes; suicidios y penas.

Personas hermosas, muchas de ellas.

Personas hermosas y llenas de talento que han sufrido.

Personas hermosas y llenas de talento, extraordinarias y aterrorizadas que buscaban un alivio exterior a su dolor interior.

Yo soy solo una de las afortunadas que logró encontrar el camino a los grupos de apoyo.

Entonces ¿por qué hablo ahora de esto?

Bueno, hay unas cuantas razones.

Para empezar, son muy pocas las mujeres que hablan públicamente de adicción al sexo y al amor, porque es un tema muy estigmatizado. Su discreción es comprensible (a nadie le gusta ser juzgado o despreciado), pero el grado de secretismo también ha impedido, me temo, que muchas personas que sufren aprendan sobre la naturaleza de su adicción o sobre dónde buscar ayuda. Yo misma he pasado muchos años hablando de mi compulsión a encadenar relaciones sentimentales en multitud de entornos terapéuticos sin que un profesional de la salud mental me dijera en ningún momento: «Amiga mía, eres adicta al sexo y al amor. ¿Y sabes una cosa? Resulta que existe un programa de doce pasos para personas así». ¡Ojalá lo hubiera sabido antes! Me habría ahorrado (le habría ahorrado a gente de mi alrededor) una cantidad considerable de dolor y de sufrimiento.

Pero la principal razón por la que he decidido hablar abiertamente de mi adicción al sexo y al amor es que, en este libro, voy a escribir largo y tendido sobre la drogadicción y la recaída de Rayya y no quiero que nadie piense que hablo de mi amiga querida desde una postura de juicio, desprecio, superioridad o distancia. Lo que era Rayya también lo soy yo. Es posible que mi adicción se manifestara de manera distinta de la suya, pero las dos hemos padecido la misma enfermedad espiritual grave.

El problema es que *yo entonces no lo sabía.*

Mientras duró mi relación con Rayya —mientras me convertía en su amiga, me enamoraba de ella, la acompañaba hasta el río, rozaba la locura como consecuencia de su terrible recaída en la drogadicción—, no fui consciente de tener una adicción peligrosa que nos estaba empujando a las dos a un terreno minado. Lo que quiero decir es que sabía que tenía graves problemas en lo referido a mis relaciones sentimentales, pero no sabía que era una *adicta.* Y desde luego tampoco sabía que con el tiempo me volvería tan adicta a Rayya como lo era ella a las drogas.

Mi adicción no significa que no quisiera a Rayya; siempre la he querido y siempre la querré. Mi adicción significa solo que *necesitaba* a Rayya hasta un grado que no era sano. Llegué a creer, literalmente, que no podía vivir sin ella, que un mundo sin su atención y sus siempre tranquilizadores cuidados no era soportable. Empujada por el miedo y el deseo, intenté sacarle a Rayya todo su amor antes de que muriera, como en una suerte de transfusión sanguínea emocional desesperada. Al hacerlo, me convertí en una vampira, que es lo que terminan siendo todos los adictos en activo.

Y, mientras estuvimos juntas, Rayya tampoco fue consciente de *ser una adicta*. Me refiero a que se le había olvidado. Como todos los adictos, Rayya tenía una enfermedad que le mentía, una enfermedad que le decía que no estaba enferma. Al olvidar que la drogadicción era más fuerte que ella, recayó. Y se convirtió también en vampira.

De modo que cuando Rayya y Liz empezaron una relación, eran una pareja de adictas abocada al desastre. No es de extrañar que todo saliera mal y que algunas personas resultaran heridas. Y, a pesar de todo ello, sigo convencida de que las dos éramos inocentes. Por completo.

Mi visión de la humanidad es que o somos todos inocentes o no lo somos ninguno.

Porque nadie se levanta un día y dice: «¿Cómo puedo convertirme en la versión más chunga de mí mismo? ¿Cómo puedo causar el mayor daño posible a mí mismo y a otros, quizá incluso creando patrones de disfuncionalidad que afecten a multitud de personas durante generaciones?».

Lo único que hacemos las personas es tratar de sobrevivir a nuestra mente, nuestro pasado, nuestros dilemas, nuestro destino, nuestros días.

Y todos forcejeamos, todos fracasamos y desplegamos nuestras mejores estrategias de afrontamiento para sufrir lo menos posible, y todos hacemos lo que podemos.

Y, sobre todo, tal y como solo sabe Dios: *todos tenemos derecho a estar aquí.*

you are innocent

EL DIOS DE MI ENTENDIMIENTO

Ni rey, ni juez, ni padre.

Ni madre tampoco: aunque eso se acerca más.

Ni la Palabra: pero tampoco contra las palabras.

Ni una lista de mandamientos: sino una expresión
de extraordinaria ternura.

Ni una serie de leyes: sino una guía espiritual.

Ni el silencio: sino el silencio que hay detrás del silencio.

Ni la respiración: pero contiguo a la respiración.

Ni un dato: pero sí un *saber*.

Cariñoso, divertido, íntimo, fluido.

Inmune a la lógica.

Atraído por mi quietud.

Contagioso en su afecto.

Espacioso hasta decir basta.

Indemostrable, inconfundible.

Siempre contento de que lo descubra.

A falta solo de aquello que nos hará libres.

A falta solo de estar *aquí.*

Es suficiente por ahora.

Ya he dicho demasiado.

Unas pocas definiciones útiles antes de seguir

Codependencia: dependencia emocional o psicológica excesiva de otra persona, generalmente una que requiere una cantidad inusual de apoyo y atención como resultado de sufrir depresión, ansiedad, narcisismo, enfermedad mental, baja autoestima, trauma y/o adicción. Sentimiento intenso de ser responsable de la vida de otra persona. Completo abandono de uno mismo para concentrarse en *esa persona*. Creer que ayudándola a ella te curarás. Certeza de que recibirás todo el amor que siempre has necesitado volcando amor en el corazón de otra persona. No es un diagnóstico médico *per se*, sino una serie de conductas desadaptadas que surgen de una necesidad dolorosamente insatisfecha de amor, seguridad y aprobación. Una estrategia para vivir que jamás procura a la persona necesitada lo que necesita. Una forma manida y extremadamente eficaz de huir del sufrimiento propio.

En lo que te convierte la codependencia: una herida abierta en busca de alguien en quien aterrizar.

Cómo saber si estás en una relación codependiente: te importa más el bienestar de otra persona que a esa persona misma y/o te crees incapaz de funcionar sin ella, y/o crees que esa persona no puede funcionar sin ti.

El lema de la persona codependiente: «¡Tú lo rompes y entre los dos lo arreglamos!».

Con quién puedes tener una relación codependiente: un amante, una pareja, un progenitor, un hijo, un hermano, un amigo, un jefe, un empleado. ¡Con cualquiera absolutamente!

Lo que se siente al inicio de una codependencia: «¡Me completas!» o «¡Voy a ser tu héroe!».

Lo que se siente más adelante en una codependencia: horror al ver pasar la vida de otra persona delante de tus ojos mientras te preguntas, atónita, dónde está la tuya.

El destino final de la codependencia: furia, sensación de vacío, soledad, desesperación.

El himno del codependiente exhausto: «¡Con todo lo que he hecho por ti!».

Cómo matar a una persona codependiente: enciérrala en una habitación redonda, vacía y sin ventanas y dile que hay alguien sufriendo en un rincón que necesita su ayuda. Mírala correr desesperada a buscar a esa persona que necesita ser rescatada. Otra opción: siéntala en una silla en el centro de una habitación redonda, vacía y sin ventanas y dile que espere allí hasta que venga alguien a rescatarla *a ella*. Mírala esperar hasta que se muere.

Lo que suele hacer una persona codependiente que no ha asistido a recuperación al salir de una relación codependiente: buscar otra.

¿Y si hay otra manera de verlo?

¿Qué es la Tierra sino una escuela para las almas?

¿Y si este planeta fuera la academia acreditada más exigente y elitista para la ascensión espiritual de todo el universo? ¿Y si nuestras almas hubieran elegido voluntariamente venir a someterse a la demencial experiencia de ser entidades espirituales encarnadas en simios de gran tamaño y de procesar la realidad a través del filtro extraño y defectuoso de la percepción humana? ¿Y si nuestros días consistieran en completar un currículo educativo extraordinariamente complejo que ha sido diseñado para empujar a cada alma hacia el crecimiento, la evolución y, en última instancia, la liberación máximas?

¿Y si hubiéramos acordado hace mucho tiempo encarnarnos en este cuerpo concreto y en un momento concreto de la historia? ¿Pertenecer a nuestra familia y no a otra y estar influidos por la cultura específica en la que nacimos, ser bendecidos y maldecidos con talentos y limitaciones determinados, enfrentarnos a problemas y pruebas concretas porque, de otra manera, con un currículo *distinto*, nuestra alma no aprendería lo que necesita aprender? (O como dijo Mark Twain: «Un hombre que lleva un gato cogido por la cola aprende algo que no podría aprender de otra manera»).

¿Y si en la Escuela Tierra todo funciona exactamente como debe, es decir, enseñándonos cosas que no podríamos aprender de otra forma? ¿Y si todas las cosas (y las personas) que etiquetamos de «difíciles» o de «obstáculos» o incluso «disfuncionales» fueran en realidad constructos deliberadamente diseñados para hacernos despertar a nuestra verdadera naturaleza, un ariete divino, podría decirse, que nos envía el cosmos para derribar las puertas de nuestra ignorancia, pulverizar nuestros espejismos y darnos la oportunidad de superar nuestros miedos, encontrar nuestro valor innato, propagar sabiduría y ayudarnos a recordar que somos criaturas de Dios?

Por supuesto, no tenemos manera de saber si es así como funciona el destino, porque ninguno sabemos cómo funciona el destino. Pero a lo largo de mi vida he comprobado que el modelo de la Escuela Tierra es un ejercicio intelectual útil en momentos de oscuridad, dolor y traición, porque me saca de la mentalidad de víctima y me brinda una visión del mundo que me resulta más empoderadora y fascinante que el grito limitante y angustioso de «¿Por qué a mí?».

Hay una pregunta más productiva que «¿Por qué a mí?» y es esta: «¿Podría esta situación terrible estar perfectamente diseñada para ayudarme a evolucionar?».

Porque ¿y si *en realidad* eso es lo importante?

¿Y si estamos todos aquí para ayudarnos los unos a los otros a evolucionar?

¿Quizá incluso a toda costa?

Mi amiga Barb Morrison —compañera adicta en recuperación y vieja amiga de Rayya— llama a esta idea «Saludos desde la sala de reuniones» y lo imagina más o menos así:

Mucho antes de que naciéramos, nuestras almas se reunieron en un gigantesco claustro cósmico y decidieron qué currículo nos convenía a cada uno para aprender las lecciones que necesitaríamos en la vida. Algunos necesitábamos ayuda amorosa: guías pacientes, amigos entregados, padres cariñosos, parejas leales, consejeros espirituales sabios. Otros nos presentamos voluntarios para proporcionar esa ayuda.

Pero algunos de los estudiantes más valientes, aquellos que querían aprovechar al máximo su paso por la Escuela Tierra, preguntaron: «A ver, ¿quién se ofrece voluntario para tratarme mal esta vez?» o «¿Quién va a ser mi familiar alcohólico?» o «¿Quién va a ser mi pareja infiel?» o «¿Quién será el hijo que me rompa el corazón?» o «¿Quién quiere morirse y dejarme solo?».

Es aquí cuando aparece el milagro.

Después de cada petición, un alma benévola al otro lado de la sala de reuniones levantó la mano y dijo: «Yo lo haré, cariño. Yo me ofrezco».

De manera que esos profesores vinieron a nuestro encuentro. Convinieron en regalarnos no solo amabilidad y comprensión, también dolor y trauma, proporcionándonos a esa persona concreta con la que necesitamos darnos de bruces en un momento determinado y así rompernos lo suficiente para extraer un aprendizaje esencial de

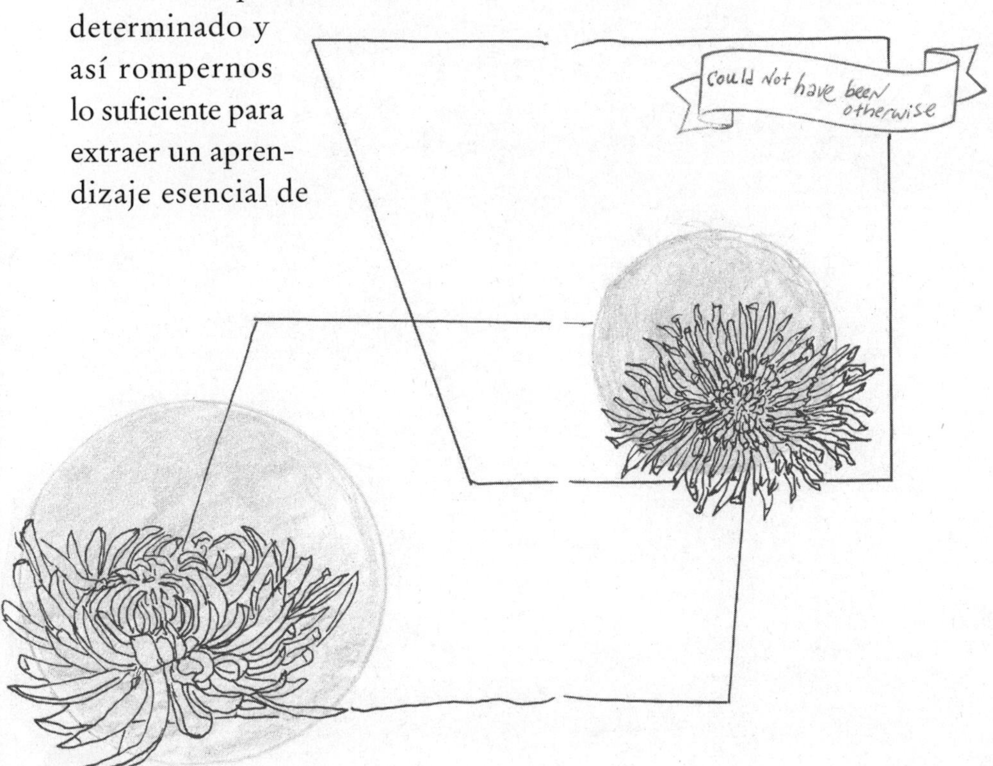

ese encuentro, aprobar esa asignatura y acercarnos un poco más a la luz.

¿No sería generosísimo que alguien hiciera eso por ti? ¿Ayudarte a crecer de esa manera?

¿Y si cuando más estás sufriendo y luchando llegara ese momento de lucidez y esa persona y tú os reconocierais de la sala de reuniones?

Y tú dijeras algo tipo: «Anda, ¡me acuerdo de ti!».

Y tu reacción fuera reír, o llorar, de gratitud.

Y a continuación —una vez cumplido el propósito (de haber dado o recibido la lección fundamental)— os liberarais el uno al otro de vuestras obligaciones respectivas.

¿Y si os hicierais libres el uno al otro?

¿No sería mágico?

Amigos míos, amigas mías, ¿no sería una *maravilla*?

¿Les puedo hacer un cheque?

Permitidme que resuma deprisa los años que siguieron, como si estuviéramos haciendo una «reseña de mi vida» desde el cielo.

Dejé a mi marido para irme con otro hombre, al que había tomado por mi heroico rescatador.

Estuvimos un tiempo colocadísimos el uno del otro, hasta que llegó el bajón, con mayúsculas. No era la primera vez que yo vivía un bajón así, pero este casi me mata debido a lo *altísimo* que había subido en mi euforia antes de que se me rompieran las alas. Aunque la crisis también tuvo su parte mágica. Porque fue mientras estaba tirada en el suelo de mi cuarto de baño en plena noche, llorando desconsolada por el fracaso de mi matrimonio y mi historia de amor imposible, cuando oí por primera vez el sonido de la voz de Dios (o lo que decidí que era Dios) dándome una instrucción sencilla y afectuosa: «Vuelve a la cama, Liz».

Volví a la cama.

Y a partir de aquel día empecé a obedecer la voz de Dios cada vez que la oía.

Después del divorcio y la ruptura, dejé mi trabajo, lo vendí todo y seguí la voz de Dios por el mundo. Iba en busca de algo, lo que fuera, que me curara el corazón y devolviera el sentido a mi vida. Al final de mis viajes conocí a un brasileño carismático que me dispensó amor, atención, validación y aprobación a raudales. Me entregué a él en cuerpo y alma. Él también se entregó a mí. Volvimos a Estados Unidos y nos casamos.

Escribí un libro sobre mis viajes.

Ese libro se tituló *Come, reza, ama*.

De pronto empecé a ganar muchísimo dinero.

Eso es importante para esta historia.

Porque esto es lo que pasa cuando das mucho dinero a una loca codependiente: hace locuras codependientes con él.

Cuando empecé a recibir esos generosos cheques de regalías de *Come, reza, ama*, mi manera distorsionada de pensar me informó de que yo no me merecía tal abundancia: *¿por qué era tan afortunada cuando otros luchaban por salir adelante?* Mi imaginación enseguida encontró una solución: ¡tenía que regalar todo mi dinero! Tenía que dar inmediatamente ese dinero a personas que o bien lo merecían, o bien lo necesitaban más que yo, ¡a ser posible las dos cosas! ¡Tenía que cambiar la vida de todos!

Resulta que las personas codependientes tenemos una autoestima bajísima y no sabemos cuidarnos solas. También necesitamos responsabilizarnos de otras personas porque vivimos convencidas de que tampoco los demás saben cuidarse solos, al menos no sin nuestra interferencia continua y ansiosa. Así que lo que hacemos es regalar nuestro tiempo y nuestros recursos, porque fomentar la dependencia de otros nos hace sentir seguros, valiosos y dueños de la situación. Aquella opulencia considerable y repentina, por tanto, desató en mí una tormenta interior perfecta. Mi falta innata de autoestima y mi desproporcionado sentido del deber chocaban con mi nueva posición económica y no tardé en empezar a entregar dinero a personas de la misma manera que antes les había entregado mi cuerpo.

Pagué los saldos pendientes de tarjetas de crédito y préstamos de estudios de familiares y amigos; les compré ropa, joyas y casas; invertí en sus negocios; sufragué sus proyectos artísticos; les pagué sus bodas; los invité a vacaciones de ensueño, aboné sus terapias, financié las reformas de sus casas y me hice cargo de los estudios de sus hijos. Doné dinero a todo el que llamaba a mi puerta, apoyé cada recaudación de fondos, cada causa benéfica y cada campaña política a mi alcance. Pagué facturas médicas de desconocidos y compré coches a vecinos que estaban pasando por un mal momento. Monté negocios para dar empleo a personas y envié cheques a mujeres que no conocía pero de las que había oído que estaban pasando por un divorcio complicado. Me inventé innumerables proyectos cerca de casa para dar trabajo a artesanos del barrio. *Di limosna en iglesias a las que ni siquiera iba.*

Si estás leyendo esto y pensando: «¡Qué generoso por su parte!», déjame que te diga que, en efecto, algunas cosas fueron muy generosas. Y otras una puta locura.

Te voy a poner un ejemplo.

Una mañana de finales de otoño de 2008 me despertó una sensación de temor que ya había experimentado antes y que el Gran Libro de Alcohólicos Anónimos describe a la perfección como «inquietud, irritabilidad y descontento» (el cóctel por excelencia del adicto no recuperado). Puesto que quería ser fiel a mi marido, no había cedido a mi adicción al sexo y al amor, y eso significaba que necesitaba encontrar maneras nuevas y creativas de tranquilizarme y de aplacar la sensación de vacío y de ansiedad. Aquella mañana encontré una manera estupenda de distraerme. El mercado de valores se había desplomado solo un mes antes y sabía que había personas en una situación de inseguridad económica extrema. De manera que me fui a dar un paseo por la calle principal de mi pueblecito de New Jersey, entré en cada una de las tiendas y pregunté a sus propietarios si necesitaban dinero.

«¿Aceptarían una especie de beca? ¿Les puedo hacer un cheque? ¿Cuánto dinero necesitan? ¡Pídanmelo! ¡Y no tienen que devolvérmelo!».

Creo de corazón que soy generosa por naturaleza, pero aquello no fue un acto de generosidad; aquello fue un episodio maniaco. Aquello era yo gritando a todo un pueblo: «¡Queredme, por favor, queredme, por favor, miradme, por favor, ayudadme, por favor, salvadme, dejadme salvaros, voy a explotar de ansiedad, estoy sobrepasada, voy a rescataros a todos, estoy completamente perdida!».

No hace falta decir que mi ejercicio de benevolencia desmesurada no terminó como había imaginado yo, con todo el mundo agradecido y prosperando y formando conmigo una gran familia feliz. En lugar de ello, mis actos de generosidad impulsiva levantaron una tormenta de resentimientos, malentendidos, sentimientos heridos e incluso problemas legales. Y, si mi plan había sido obligar a todo el mundo a quererme a golpe de talonario, los resultados fueron decididamente irregulares. Algunas personas me querían, sí, pero eran personas que ya me querían antes, y a cambio de nada. Con muchas otras la relación se enturbió. Calculo que cerca de la mitad de las personas a las que «ayudé» durante esos años hoy cambian de acera si se cruzan conmigo por la calle porque mi intrusión económica en su vida contaminó por completo el delicado pH de nuestras relaciones.

Lo que quiero decir es que, por entonces, yo estaba bastante mal de la cabeza.

Paciencia, querido lector. Porque aquí es cuando Rayya vuelve a entrar en escena.

Durante ese tiempo seguí cogiendo el coche una vez al mes para ir a que Rayya me cortara el pelo. Poco a poco fui conociéndola mejor y siempre disfrutaba de su compañía.

También la vida de Rayya estaba patas arriba. El destino tenía sus propios planes respecto a ella. Durante un tiempo las cosas le habían ido de maravilla. Había empezado a vivir con aquella chica que tenía un pelo idéntico al mío y estaban intentando construir una vida juntas. El matrimonio entre personas del mismo sexo no era legal todavía en Estados Unidos, pero Rayya y Gigi se habían registrado como pareja de hecho en Manhattan y se esforzaban por comportarse como personas adultas responsables y casadas. Rayya iba a las reuniones del programa de doce pasos y al gimnasio, no se metía en líos. Consiguió estar un tiempo sin consumir y, por primera vez en su vida, ahorró algo de dinero. Comenzó a invertir en el negocio inmobiliario y compró algunas propiedades. A Rayya le gustaba vender propiedades inmobiliarias, decía. Le recordaba al subidón de adrenalina de vender drogas. («¡El tira y afloja es el mismo tanto si vendes cocaína como si vendes apartamentos!»). Y por fin había retomado su actividad artística. Escribió y dirigió unos cuantos cortos independientes, compuso varias canciones, produjo música.

Pero me confesó que empezaba a aburrirse de las reuniones de los doce pasos. La euforia que genera inicialmente la sobriedad daba visos de desvanecerse. Empezaba a comprender que se esperaba de ella que siguiera trabajando en su recuperación el resto de su vida y no le gustaba esa sensación, la sensación de que mantenerse sobria fuera su nuevo trabajo. Rayya nunca había querido un trabajo fijo y tampoco quería este. Las pautas, la disciplina de la comunidad sobria comenzaban a irritarla, la repetición de las mismas plegarias de siempre la cansaba, las personalidades de los que asistían a las reuniones la exasperaban. Pero más o menos seguía en el programa.

Y, en líneas generales, su situación era estable.

Las dos estábamos razonablemente estables aquellos años, dentro de lo que cabe.

Desde luego más estables de lo que lo habíamos estado nunca.

Entonces la relación de Rayya se rompió, y no debido a una infidelidad; simplemente su pareja y ella querían cosas distintas de la vida y, tal y como lo explicó Rayya: «Estábamos empezando a espachurrarnos la una a la otra».

Aunque estaba convencida de que hacía bien separándose, Rayya se sentía triste. Por esa época tuvieron que operarle la rodilla y no se recuperó bien. Tenía dolor. Su hepatitis C —herencia de cuando se inyectaba drogas— empezó a presentar síntomas. Engordó, lo que la hacía sentirse mal. Y, para rematar las cosas, los mercados financieros se habían desplomado más o menos coincidiendo con el fin de su relación y los negocios inmobiliarios se habían ido a pique. De pronto Rayya se encontró con problemas de dinero. Tuvo que vender su querida casa de Asbury Park. También tuvo que mudarse del apartamento luminoso y de dos dormitorios en el East Village en el que había vivido con su pareja. Ahora residía en un humilde estudio de Chelsea sin luz natural. Aquel lugar la deprimía. *¿Cómo había podido terminar, a su edad, en un apartamento de treinta metros cuadrados sin ascensor con vistas a una pared de ladrillo?*

Entonces un día me llegó un correo electrónico de una amiga común en el que me decía: «Rayya está pasando por un momento muy duro. Está sola y sufriendo, necesita que alguien esté pendiente de ella».

Para una persona codependiente como yo, un correo así es como un silbato para perros.

Oí esas palabras atravesando el cosmos *—¡un grito de socorro!, ¡alguien que me necesita!—* y mi enfermedad se activó.

Fue entonces cuando empecé a hacer planes para salvar la vida a mi peluquera.

No
Half-Surrenders

IMPOTENTE

Nunca ha tenido a bien
la Gran Madre del Destino
impedirme
llevar a cabo
mis planes e ideas más descabelladas.

Es casi como si supiera
que ponerme límites
me perjudicaría más
que cualquier daño autoinfligido.

De modo que me permite
meterme de cabeza
en riñas callejeras,
historias de amor condenadas al fracaso
y óperas cómicas
y melodramas de salón
y todas mis otras fieras batallitas a vida o muerte.

Observa mis excentricidades
(y las excentricidades de mis 10.000
ridículos subyós)
con nada más que afecto y dice:

«Niña querida, no te preocupes.
Algún día, las 10.001
nos reiremos juntas de esto

una vez hayas aprendido
a volar a mis brazos
impulsada por las gloriosas alas del fracaso».

¿Quién será mi hogar?

Lo que ocurrió a continuación fue que le di a Rayya Elias un hogar.

En realidad le di una iglesia, una preciosa capilla del siglo XVIII situada en una aldea diminuta de New Jersey. Una pequeña caja de luz rodeada de cerezos silvestres, sauces y un cañaveral de bambú que se mece todo el día en la brisa igual que un bosque de algas en el fondo del mar.

Unos años antes había encontrado esta iglesia anunciada en la página web de anuncios clasificados Craigslist y la había comprado sin verla siquiera, desde un cibercafé en Luang Prabang, Laos. En una vida llena de acciones impulsivas, aquel fue uno de mis saltos de fe más descabellados y, como luego resultó, uno de los más acertados. Lo cierto es que no tuve elección. Cuando la imagen diminuta y llena de grano de la iglesia apareció en la pantalla de mi ordenador, mi alma exclamó: «Tienes que comprar ese sitio. Va a ser tu hogar para siempre jamás».

Mi iglesia era —y sigue siendo— un lugar de mágica quietud. Los anteriores propietarios habían hecho el trabajo duro de reconvertirla en casa, y yo solo necesité llevar algunos cuadros y muebles antes de sentarme en la habitación central y mirar boquiabierta las grandes vidrieras originales que bañan el lugar de una luz danzarina durante todo el día. Cuando reinaba el silencio suficiente, casi podía oír las plegarias y los himnos contenidos en aquellas paredes, las voces de los fieles y los anhelos de quienes habían acudido a rezar allí durante más de dos siglos.

Pero terminé viviendo en la iglesia solo unos meses, antes de que mi marido y yo decidiéramos que necesitábamos una vivienda más práctica. Por encantadora que fuera, la capilla no era el espacio ideal para que dos personas convivieran, sobre todo dos personas que trabajaban desde casa. En aquella gran caja vacía no había intimidad y tampoco demasiada calefacción, y la acústica del periodo colonial significaba que, si estornudabas en un rincón, resonaba por todas partes y molestaba a la otra persona. Así que nos mudamos a una sólida casa victoriana en el pueblo de al lado. Pero conservé la iglesia, porque se me había ocurrido convertirla en una residencia de artistas y santuario espiritual. Soñaba con crear un espacio en el que propios y extraños pudieran alojarse siempre que necesitaran escribir un libro, crear arte, grabar música, meditar, rezar o recuperarse de crisis, catástrofes o desengaños sentimentales.

En otras palabras, a pesar de que mi alma me había dejado bien claro que aquella iglesia estaba destinada a ser mi hogar para siempre jamás, casi enseguida empecé a cederla a otras personas, con la intención de salvarles la vida y hacer realidad sus sueños.

—¿Por qué me das esto? —me preguntó Rayya desconcertada la primera vez que vino desde Nueva York a ver el sitio, que yo le había ofrecido gratis para que pasara en él el primer verano después de su divorcio.

—Porque me han dicho que estás atravesando una mala época —contesté—. Y he pensado que te gustaría salir de la ciudad durante el verano y disfrutar de un poco de paz. Porque te lo mereces. Porque lo necesitas.

Rayya se detuvo en el centro de la iglesia y lloró.

—Es precioso —dijo—. Es la habitación más bonita que he

visto en mi vida. Nadie me había dado nunca algo así. No sé por qué no puedo dejar de llorar. ¡Yo nunca lloro así!

La verdad es que en aquel momento no me paré a pensar por qué estaba cediendo mi santuario sagrado a Rayya, una persona a la que en realidad no conocía demasiado bien. La explicación más sencilla y espiritual, supongo, es que era nuestro destino, y yo desde luego nunca le llevo la contraria al destino. Pero la explicación más compleja y psicológica es que fue un reflejo codependiente por mi parte, un impulso nacido de mi ansiedad y desazón profundas.

Tengo un largo historial de no saber siempre dónde encontrar hogar y seguridad. Mis padres, que priorizaban la independencia sobre cualquier otra virtud, me dejaron claro que en algún momento después de terminar el instituto esperaban que me fuera de casa para no volver. Y lo entiendo, de verdad que sí; a fin de cuentas, era lo que habían hecho ellos de jóvenes. De manera que eso hice yo también.

Salí al mundo y busqué lugares donde vivir. Siempre me generaba ansiedad. Hasta cierto punto, la ansiedad era una motivación excelente. El miedo me aguzaba el ingenio y viví unas cuantas aventuras extraordinarias, como trabajar en un rancho en las Rocosas de Wyoming, estudiar aves de presa en una reserva natural en Kenia o hacer de niñera en México. Siempre guardaré un recuerdo muy querido de esas vivencias.

Pero en otros sentidos me volví más codependiente que nunca. A primera vista parecía una joven luchadora segura de sí misma. Pero mi vida interior era, como siempre había sido, un trémulo paisaje de miedos. No me sentía ni madura ni emocionalmente segura y no estaba preparada para las exigencias de la vida adulta. Oculta detrás de mi aparente desenvoltura había una niña aterrada que no hacía más que preguntar: «¿Quién me cuida? ¿Quién me mantendrá a salvo? ¿Cuál es mi sitio?».

Y así es como empezó mi búsqueda interminable de personas a las que convertir en mi hogar.

Cuando tenía diecinueve años y trabajaba de camarera en Filadelfia, conocí a un músico de jazz con edad para ser mi padre. Era un buen hombre. No tenía gran cosa, pero lo que tenía lo compartió conmigo. Agradecida, le di mi cuerpo y mi atención a cambio de su apartamento, su cariño y sus lecciones de vida. También intenté darle dinero para el alquiler, pero se negaba a aceptarlo. «Quiero que ahorres —me decía siempre—. Sé que algún día me dejarás y cuando te vayas no quiero estar preocupándome por ti».

Y tenía razón: lo dejé.

Aquella relación saltó por los aires porque es lo que ocurre con todas mis relaciones. Igual que un ladrón en la noche, dejé a aquel hombre bueno y me marché a California con alguien que no me pertenecía. Y ojalá alguien se hubiera *preocupado* por mí en California, porque aquella nueva relación no tardó en saltar también por los aires. Me recuerdo haciendo llamadas desesperadas desde cabinas telefónicas en San Francisco, intentando hablar con mis amigos, buscando dónde alojarme. Volví a Nueva York. Estuve seis semanas durmiendo en el sofá de mi amiga Susan en la calle Catorce, llorando en silencio y avergonzada noche tras noche. Y a continuación pasé directamente a una relación y un alojamiento nuevos. Y de ahí a otros, y a otros...

Una vez calculé que entre los veinte y los cuarenta y ocho años viví en aproximadamente veinte casas distintas. No estoy hablando de casas en las que me *alojé* (esa cifra es incalculable); solo de aquellas en las que *viví*, en las que mi nombre figuraba en el contrato de alquiler o en la hipoteca. Y en ninguna estuve sola. No soportaba vivir sola. No soportaba estar a solas con la herida abierta que era el interior de mi cabeza. Pero tampoco soportaba el desgaste y la presión de una relación íntima. No duraba en ninguna parte ni con nadie. De modo que iba de un lado a otro, colisionando y separándome, deambulando por el planeta siempre buscando lugares donde aterrizar y personas con las que fusionarme.

En ocasiones a este comportamiento lo llamaba «ser un espíritu libre», pero mi desquiciada inestabilidad era lo contrario de la libertad, porque yo no tenía agencia; solo *urgencia*. Y además, si tan «libre» era, ¿por qué terminaba siempre sintiéndome atrapada? La razón era que mis acciones estaban motivadas por situaciones desesperadas en las que siempre estaba corriendo a unos brazos o huyendo de otros. Una y otra vez me veía envuelta en relaciones que empezaban en pasión y terminaban en vergüenza. Tanta, de hecho, que durante aquellos años tuve que salir a todo correr de regiones geográficas porque mi comportamiento había dado lugar a situaciones tan dramáticas que no podía seguir en ellas un día más.

«¡Hasta nunca, Filadelfia!».

«¡Adiós, Oaxaca!».

«¡Bueno, pues no creo que vuelvan a verme el pelo en Wyoming!».

El Gran Libro de Alcohólicos Anónimos explica que los adictos siempre terminan «confusos y humillados» por mucho que se esfuercen por enderezar su vida. Así es como me he sentido yo siempre al terminar una relación: confusa y humillada. Y, puesto que toda mi vida he sido propensa a enamorarme de personas que eran o alcohólicas o adictas, de padres adictos o de familias disfuncionales, mis parejas siempre eran también un desastre. Traían su propio desorden a mi ya de por sí desordenada existencia, lo que aumentaba exponencialmente mi inestabilidad. Cuando conocí a uno de mis novios más caóticos, por ejemplo, estaban despidiéndolo del trabajo, estaba rompiendo con su novia y siendo desahuciado de su apartamento, todo a la vez.

—¡Vente a vivir conmigo! —le dije convencidísima.

De manera que aquel desconocido con el corazón roto, sin trabajo (y con unos problemas de adicción bastante evidentes ya entonces) se instaló conmigo en un apartamento que yo había alquilado una semana antes.

¿Cómo se me ocurrió hacer algo así?

¿Cómo se le ocurre a *nadie*?

La respuesta es que aquella relación estaba dándome algo esencial: sentirme *necesitada*. Y recibir *gratitud*. Me daba el consuelo, el poder y la total seguridad de que esa persona dependía por completo de mí.

Aún recuerdo lo bien que me sentí mirándolo guardar camisetas y vaqueros en los cajones de la cómoda que había vaciado para él. Tuve un colocón por contagio solo de sentir su alivio absoluto y palpable por tener al fin un techo sobre su cabeza... y una mujer que lo trataba con amabilidad. Y, en cuanto se instaló en mi casa, procedí a entregarme a este hombre de todas las maneras posibles, absolutamente decidida a proporcionar a aquel casi desconocido todas las cosas que yo más ansiaba en la vida.

¿Y qué era exactamente lo que ansiaba?

Sensación de pertenencia, seguridad, entrega, devoción, conexión, autoestima, *hogar*.

¿Y qué esperaba a cambio de dispensar *cada una de esas cosas* a un hombre al que casi no conocía?

¡Pues está claro: amor!

Prácticamente no le había dado otra elección que enamorarse de mí. Y tenía clarísimo que nunca me dejaría.

Porque, a ver, *¿a dónde* iba a ir el pobre?

Ahora bien, ¿fui sincera respecto a todo eso? ¿Le dije a aquel hombre con toda franqueza: «Este es el trato: yo te dedicaré hasta mi última energía. Te mantendré y te cuidaré. Sacrificaré mi propio bienestar para atender hasta la última de tus necesidades. Te apoyaré en todos los ámbitos de tu existencia y me aseguraré de que no te queda ningún deseo por cumplir. Pero a cambio tú debes quererme, lo que, según mi definición del amor, significa que debes proporcionarme una seguridad interior a prueba de bombas. Lo cierto es que *no tengo ni idea de cómo quererme a mí misma*, así que ese va a ser tu trabajo, amigo mío. Y más te vale hacerlo bien, porque cuento con todo un ejército de miedos e inseguridades que soy incapaz de gestionar. Y, si no los gestionas tú por mí, te juro por Dios que te pondré de patitas en la calle y me iré a buscar a alguien que lo haga y todo eso mientras te echo la culpa a ti por no estar a la altura. ¿Te molan mis condiciones, *bro*? ¿Sigues interesado?»?

¿Le dije alguna vez esto a alguna de mis parejas?

Pues no.

¿Y qué pasaba cuando enviaba la factura por mis bienes y servicios y no me la pagaban tal y como yo había esperado?

Pues que la cosa se ponía fea.

Siempre, sin excepción.

Pero volvamos a Rayya.

Volvamos al año 2008, cuando la relación de Rayya acababa de romperse, cuando su cuerpo sufría, pasaba por dificultades económicas, tenía el corazón roto y sus amigos empezaban a preocuparse por ella.

Volvamos a ese momento en que mi alma más o menos le dijo al alma de Rayya: «Yo te cuido».

Recuerdo que le serví té con miel en aquel día claro y soleado en que vino a New Jersey a visitar la iglesia que le había ofrecido gratis para pasar todo el verano. También recuerdo que le llevé un tazón de sopa de pollo casera y una manta para abrigarse. Era una mañana de primavera fresca y yo había encendido la estufa de leña. Nos sentamos juntas en el sofá y jugamos con unos gatitos recién nacidos (abandonados, gemelos) que yo acababa de adoptar de un albergue cercano. Rayya se puso un gatito debajo de la barbilla y lloró sobre su pelo anaranjado mientras el animalito no dejaba de ronronear.

Hoy escribo estas palabras sentada en aquella vieja iglesia, donde vivo satisfecha y en paz, completamente sola.

Miro a esas dos mujeres —desde arriba, como desde el coro de la iglesia— y siento una ternura que me derrite el corazón.

Las miro tomar té y jugar con los gatitos anaranjados.

Miro una versión viva de Rayya llorar rendida a la tristeza por su divorcio y compartiendo sus miedos e inseguridades respecto al futuro.

Miro una versión joven de Liz asegurar a Rayya que ahora tiene un sitio donde vivir, al que escapar de la ciudad, en el que tomarse un tiempo para descansar y sanar.

Miro a Liz decir: «Puedes quedarte todo el tiempo que quieras, hasta que te encuentres mejor».

¡Con qué franqueza y confianza hablan las dos!

¡Qué poco imaginan el amor y el sufrimiento que están a punto de desencadenar!

Nuestro acuerdo original fue que Rayya se quedaría en la iglesia tres meses.

Terminó quedándose casi nueve años, hasta el final de su vida.

Entonces nadie podía saberlo, pero lo que Rayya y Liz estaban poniendo en marcha aquel día sin querer —con el té, los gatitos abandonados y las lágrimas sinceras— era algo que podría llamarse «hasta que la muerte nos separe».

Breve historia de las mujeres que dan demasiado

Antes de seguir con nuestra historia, quiero señalar que no soy la única persona del mundo que ha hecho cosas así. Es decir, que no soy la única persona que ha tenido la brillante idea de intentar obtener amor, atención, validación y aceptación inundando a otra persona de precisamente esas cosas.

Y desde luego no soy la primera persona en comunicar a alguien (en voz alta o en silencio): «Solo me siento segura e importante si me quieres y me valoras».

Esto, en la jerga de la teoría del apego, se llama «externalizar tu sensación de seguridad» y nunca termina bien. Sin embargo está muy extendido, sobre todo entre mujeres, quienes tienden más que los hombres a hacerse valer mediante actos de entrega compulsiva a los demás. Y esto se debe a que a las mujeres siempre se nos ha inculcado que solo seremos amadas si damos amor, incluso si eso implica sacrificar la seguridad, la salud y el bienestar propios.

Y cuando uso la palabra «sacrificar» no es con ligereza.

Múltiples estudios han demostrado, por ejemplo, que las mujeres heterosexuales que se casan y tienen hijos no viven tantos años como las mujeres solteras y sin hijos. ¿Por qué? *Porque las mujeres se entregan hasta la muerte*. Midamos como midamos el éxito en la sociedad (en longevidad, prosperidad, satisfacción, salud mental y física), las esposas y las madres lo pagan... muy caro. También ganan menos dinero que las mujeres solteras y realizan más trabajo no remunerado que sus parejas (más tareas domésticas, cuidado de los hijos, de personas mayores, trabajos voluntarios para la comunidad, apoyo emocional de vecinos, amigos y parientes, etcétera). Las mujeres casadas y las madres duermen menos, hacen menos ejercicio que las solteras y pesan más. Tienen mayor tendencia a la depresión y la ansiedad, menos probabilidades de estar sexualmente satisfechas, son más propensas al abuso de sustancias y a morir de enfermedades relacionadas con el estrés, por accidentes, por suicidio u homicidio.

Por otra parte, las estadísticas demuestran que, midamos como midamos el éxito en la sociedad (de nuevo: longevidad, prosperidad, satisfacción, salud mental y física, etcétera), los hombres casados siempre tienen mucho más que los hombres solteros.

¿Por qué?

Porque sus parejas femeninas *están entregadas a ellos en cuerpo y alma* en claro detrimento de sí mismas.

Los sociólogos llaman a esto «desequilibrio de los beneficios matrimoniales» y quiere decir que la institución del matrimonio favorece mucho más a los hombres que a las mujeres. Me gustaría elevar una queja, como mujer, y hacer constar que esta situación da asco. También quiero hacer constar que la tenaz persistencia de este desequilibrio me pone bastante furiosa cada vez que veo otra película romántica tonta más sobre una mujer desesperada por conseguir que se case con ella un tipo que trata por todos los medios de evitar «caer en sus redes». Si estas historias contaran la verdad desde un punto de vista sociológico, esa mujer huiría como de la peste de la institución del matrimonio y el hombre le suplicaría de rodillas que lo cuidara eternamente para él poder vivir muchos años y prosperar.

Pero este patrón de mujeres dando demasiado a los hombres no se aprecia solo en el ámbito del matrimonio.

Las niñas que estudian en colegios mixtos no rinden académica o emocionalmente tanto como las que estudian en colegios diferenciados por sexos, mientras que los niños rinden *mejor* en los colegios donde hay niñas. ¿Por qué? Porque las chicas prestan atención a los chicos: los ayudan a relacionarse, los motivan y los apoyan en sus tareas escolares. Una vez más, en detrimento propio.

Y las empresas con mujeres en la junta directiva obtienen mejores resultados que aquellas sin mujeres en la dirección (la diferencia es del 25 por ciento nada menos), a pesar de que el entorno corporativo es brutal y despiadado con las mujeres.

También dentro del ámbito de la adicción y la recuperación encontramos este patrón: las adictas tienen más probabilidades de recuperarse si ingresan en una institución solo para mujeres, mientras que los adictos hombres cuentan con más probabilidades de mantenerse sobrios si tienen cerca mujeres que los ayuden y motiven, una vez más en perjuicio de ellas mismas.

Por supuesto, no todas las relaciones (personales o profesionales) consisten en una mujer sacrificándose más que un hombre. Además, no todas las relaciones son entre un hombre y una mujer. Nuestro concepto y nuestra comprensión del género están cambiando ahora mismo y rezo por que esta transformación de la cultura y la percepción se traduzca en última instancia en condiciones mejores para quienes se identifican como mujeres.

Pero la realidad de la vida es que muy pocas relaciones son perfectas o están siquiera equilibradas. De modo que merece la pena preguntar: dentro de cada pareja, ¿quién desempeña el rol tradicional de la mujer?, o, lo que es lo mismo: *¿quién aporta más cariño y sustento a esta relación (o proyecto o institución)? ¿Y quién se beneficia de todo ese cariño y todo ese sustento? ¿Y qué precio paga el que más da?*

En fin, podría pasarme el día hablando de patriarcado, pero este no es un libro sobre el patriarcado; este es un libro sobre mi intento de responsabilizarme por completo de mi vida. Es esencial para mi sobriedad emocional que me responsabilice de mi papel en cualquier historia que implique disfunción. Por tanto, creo que existe otra pregunta importante que es necesario abordar, a saber: *¿qué obtiene la persona que da excesivamente de esta situación de claro desequilibrio?*

O, al menos, ¿qué cree obtener?

Porque nadie da sin motivo, aunque sí puede ocurrir que los motivos estén enterrados a gran profundidad o disfrazados de acciones puramente altruistas.

Así pues, ¿cuál es el premio exactamente?

En mi caso, el premio siempre ha sido el amor, o, al menos, el *anhelo* desesperado de ser amada.

¿Y hasta dónde estoy dispuesta a llegar —hasta qué punto me ofrezco, me agoto, me quemo o manipulo, seduzco, consuelo, gestiono y controlo a otros— para satisfacer mis necesidades y mi hambre ocultas?

¿De verdad me lo preguntas?

¿Qué haría a cambio de *amor*?

Daría todo lo que tengo.

Me entregaría a mí misma hasta la aniquilación.

Y todas las veces que haga falta, además.

Pública, privada, secreta

Gabriel García Márquez escribió que cada persona tiene tres vidas: «la pública, la privada y la secreta».

En los años posteriores a que Rayya Elias se mudara a mi iglesia, yo desde luego tuve las tres.

Vivía en el ojo mismo del huracán, en el punto de mira de millones de desconocidos que, después de leer *Come, reza, ama* estaban interesadísimos en mí. Querían saberlo todo sobre mi matrimonio, mi historia de crecimiento personal y el viaje espiritual y creador en el que estaba inmersa. La revista *Time* me nombró una de las 100 personas más influyentes del mundo, un título bastante cómico para una codependiente que se siente responsable de *todo el mundo*. Intenté de corazón emplear esa influencia de la manera más ética y útil posible puesto que salvar a la humanidad me parecía en ese momento responsabilidad mía. Impartí talleres, di charlas TED y, a medida que fueron creciendo las redes sociales, crecí con ellas y empecé a publicar mis vivencias y mis pensamientos en línea. Me adherí a causas sociales progresistas y traté de ser una buena aliada. Ayudé a recaudar dinero y a despertar conciencias allí donde el sufrimiento y la injusticia acechaban. Y todo ello sin dejar de escribir.

Esa era mi vida pública y pintaba bien.

En cuanto a mi vida privada, *iba* bien. Por respeto a mi exmarido —un hombre por el que sigo sintiendo un cariño y una admiración profundos—, no hablaré más de él en estas páginas, excepto para decir que siempre nos portamos bien el uno con el otro, que nos quisimos y que seguimos tratándonos con amabilidad.

Pero yo también tenía una vida secreta.

Y en mi vida secreta las cosas no eran tan maravillosas.

No estaba cultivando activamente mi adicción al sexo y al amor, pero casi siempre me sentía tensa o asustada. Eran pocos los momentos en los que no pensaba que mi vida iba en una dirección equivocada, que había tomado decisiones equivocadas, que era un fraude y que debería avergonzarme de mí misma.

Esos sentimientos no guardaban relación alguna con mi carrera profesional, con mi matrimonio o con nada de lo que ocurría dentro o fuera de mi hogar. Eran los sentimientos que había tenido yo *siempre*, dudas y miedos de base que supuraban en el centro de mi ser. Siempre había sentido que algo en mí no iba bien, que me faltaba algo, que mis aguas freáticas estaban contaminadas. Incluso en mis mejores días (¡y por entonces tenía muchos!), siempre me sentía ligeramente desconcertada e insegura. Pero me callaba esos sentimientos porque me parecían ingratos, dado todo lo bueno que había en mi vida. Y, en cualquier caso, estaba acostumbrada a ese mal-estar. Porque así es la vida, ¿no? Aterradora. Angustiosa.

Y que sepáis que por aquel entonces me *esforcé* mucho por ser feliz y por no hundirme. Listas de cosas por las que dar gracias y ejercicio físico, libros de autoayuda y programas de crecimiento personal, tiempo de calidad con seres queridos. No me metía en líos y llevaba una vida ejemplar. Busqué ayuda profesional e hice terapias de todo tipo cuando necesité apoyo extra.

Pero bebía alcohol a diario. Quizá no grandes cantidades en comparación con otras personas, pero desde luego necesitaba beber cada día y tomar somníferos cada noche. También coqueteé con la marihuana. Y estaba constantemente empezando e interrumpiendo medicación para la depresión y la ansiedad.

Me refugié en mi trabajo, mis amigos, mi matrimonio, mi jardín.

Intenté ayudar a todo el mundo.

Me dediqué a dar más y más.

¡Qué de cosas buenas ocurrían a mi alrededor!

¡Qué de cosas buenas creadas *gracias a mí*!

Y aun así seguía sin sentirme «bien».

¿Dónde entra Dios en esta historia?, me preguntaría hoy mi madrina del programa si le describiera esta colección de agitados sentimientos.

Y sería una pregunta excelente.

A la que yo no habría sabido contestar.

La deidad amable cuya voz comprensiva había oído en el suelo del cuarto de baño durante mi divorcio parecía muy lejana en aquellos días de abundancia y glamour que siguieron a *Come, reza, ama*. Las prácticas espirituales que con tanta disciplina había estudiado en el *ashram* de la India quedaron olvidadas a medida que empecé a recuperar mi antigua costumbre de intentar controlar el mundo para sentirme segura dentro de él. Había cambiado el yoga por el gimnasio; la meditación, por el trabajo duro y las buenas acciones; la búsqueda de la divinidad, por el perfeccionismo compulsivo y la búsqueda incesante de aprobación.

En otras palabras: había vuelto a tomar las riendas de mi vida.

Estaba trabajando duro, sí, pero también era la que hacía *todo* el trabajo: luchando por mantenerme a flote; tratando de arreglar, gestionar y controlar prácticamente todo; luchando contra la realidad cada vez que la realidad no me gustaba; luchando por mantener a raya todo el caos interno y externo.

Que es justo lo opuesto a la rendición espiritual y también lo más agotador que hay.

Pero, si entonces me hubieras preguntado qué tal estaba, ¡te habría dicho que de maravilla!

Porque era verdad. Estaba de maravilla, comparada con cómo había estado otras veces.

Sin duda, aquellos fueron los años más felices y estables de mi vida hasta ese momento. Y me encontraba realmente alucinada por mi abundancia, orgullosa de mi fidelidad al matrimonio y agradecida por todo lo que me había dado la vida.

El problema era que no sabía cómo dejar de sentirme exhausta, asustada y avergonzada.

Pero todas esas cosas las ocultaba.

Hasta que en mi vida —en la *secreta*— entró Rayya.

¿Qué te pasa en la nariz?

Hay algo que yo no sabía de Rayya cuando la invité a vivir en mi iglesia: era una persona muy grande.

Siempre había sabido que Rayya era divertida, interesante y guay, pero no me había dado cuenta de lo *grande* que era.

Después de todo, durante muchos años nuestra interacción había sido esporádica y limitada. Solo nos veíamos cuando yo necesitaba un corte de pelo y nunca pasábamos juntas más de una hora más o menos. Me cortaba el pelo, intercambiábamos novedades, me hacía reír, y luego nos íbamos cada una por nuestro lado. Absorta como estaba en mis propios dramas y proyectos, rara vez pensaba en Rayya cuando no estaba sentada en su silla y dudo que ella pensara en mí. Jamás nos veíamos en el mundo exterior o en un entorno social. Pero, en cuanto se mudó a New Jersey y pasó a formar parte de mi vida cotidiana, pude verla interactuar con otras personas y su grandeza se hizo evidente.

Resultó que Rayya tenía un talento para la interacción humana que yo nunca había visto hasta entonces y tampoco he vuelto a ver. Descubrí que podía incorporarla a cualquier reunión social y que no solo se integraba, también se convertía en el alma de la fiesta. No tenía que preocuparme por dónde sentarla en la mesa o por quién más estaba invitado; todo el mundo la adoraba. Y no porque Rayya intentara ganarse el cariño de los demás halagando o haciéndose la simpática. De hecho, era incapaz de cosas así. No, Rayya siempre se mostraba tal y como era; una rockera genial, ruidosa, franca y afectuosa que hablaba con todo el mundo con la misma encantadora sinceridad y que sacaba el lado más bellamente auténtico de las personas.

La primera vez que vi esta franqueza en acción fue poco después de que Rayya se mudara a mi iglesia. Yo tenía a unos amigos extranjeros de visita en mi casa y quería llevarlos a ver un partido de béisbol de las Grandes Ligas. Invité también a unos vecinos, a algunos amigos y a Rayya. Puesto que éramos tantos, terminé alquilando una limusina para poder ir todos juntos y no tener que preocuparnos por aparcar.

Pero en cuanto iniciamos el largo trayecto en coche hacia el Shea Stadium se hizo evidente que la diversión que yo había previsto brillaba por su ausencia. Las conversaciones en la parte de atrás de la limusina eran intermitentes y forzadas. La mayoría de mis invitados no se conocían, de modo que había muchas preguntas corteses sobre de dónde era cada uno y a qué se dedicaba. Me vi obligada a llevar el peso de la conversación, a tratar de entretener a mis invitados y a buscar temas que pudieran interesarnos a todos. Pero la cosa no terminaba de fluir. He de reconocer, además, que estar sentada en la parte de atrás de una limusina por la tarde con un grupo de adultos hechos y derechos era una experiencia un poco rara, como ir camino de un extraño baile de fin de curso para mayores.

Entonces a una de mis invitadas le entró un ataque copioso e incontrolable de estornudos. Se la veía apuradísima, pero no podía parar. Nos explicó que en aquella época del año siempre tenía alergia. Era primavera en New Jersey y todo estaba en flor.

Rayya le dio un pañuelo de papel a la mujer y le dijo:

—Ya te digo, colega. Yo también soy alérgica. ¡Es lo peor! ¿A ti te da rinorrea? ¿Sí? ¡A mí también! ¡Odio esa mierda! ¿No te recuerda a cuando fumabas crack, a ese hilillo ácido de cocaína tan desagradable que te bajaba por la parte de atrás de la garganta?

En la limusina se hizo un silencio sepulcral.

Miré las caras de sorpresa, vi el impacto que habían tenido las palabras de Rayya en aquellas personas tan respetables: un ingeniero civil, una madre a tiempo completo, una profesora de arte, una enfermera escolar. Ni una de ellas tenía la más mínima pinta de haber sido aficionada al crack.

También Rayya parecía sorprendida.

—¿Qué pasa? ¿No sabéis de qué hablo? ¿Se os ha olvidado ese sabor a cocaína tan desagradable?

Más silencio.

Para entonces Rayya estaba verdaderamente atónita, miraba a los presentes a la espera de que alguno abriera la boca.

—¿Ninguno? ¿En serio? ¿Estáis diciéndome que ninguno habéis fumado crack? *¿Nunca?* ¿Ni siquiera en los ochenta? ¿Ni siquiera tú, Liz?

En un intento por disipar la tensión, repuse:

—*¿Yo?* Pero ¿qué dices, Rayya? ¡Mientras tú andabas por las calles fumando crack, yo estaba en la biblioteca haciendo trabajos para subir nota!

Rayya se echó a reír, chocó los cinco conmigo y exclamó:

—Bueno, ¡supongo que eso explica que esta limusina la pagues tú y yo vaya de invitada!

Los demás rieron a carcajadas y no hizo falta más. A partir de ese momento dejamos a un lado las formalidades y lo pasamos estupendamente. Gracias a que Rayya se había mostrado tan cercana y auténtica, los demás pudimos hacer lo mismo, nos despojamos de nuestra cuidadosamente construida máscara pública para relajarnos y ser libres. Y durante el resto de la tarde pude relajarme y descansar un rato de intentar complacer a todo el mundo, porque Rayya lo hizo por mí y sin que le supusiera esfuerzo alguno, además.

Con el tiempo aprendí que un momento como aquel no era la excepción. En las reuniones sociales Rayya era una maga que sabía hacer que todos los presentes se sintieran cómodos, que se mostraba divertida, directa y afectuosa y que siempre iba derecha al corazón mismo de la humanidad sin filtros.

«Hola, cabroncete» era el término afectuoso con que se dirigía a mi ahijado, por entonces de unos seis años y que sí era un poquito cabroncete, aunque al estilo de un adorable Tom Sawyer. El saludo de Rayya siempre le hacía reír porque se daba cuenta de que lo tenía calado. Le encantaba. Y a sus padres también. Explicaron a Sloan que había una cosa llamada «lenguaje corriente», que era el que usaban las personas normales, y luego estaba el «lenguaje de Rayya», que solo podía usar ella. Y Sloan lo entendió a la primera. Incluso un niño de primer curso se daba cuenta de que Rayya era distinta de los demás y de que las reglas habituales no eran aplicables para ella.

«Sabéis que odio a los niños, ¿verdad? —mencionó Rayya como si nada una noche durante una cena con esa misma familia, que además de Sloan tenía otros dos niños, todos ellos presentes. Luego añadió, mirando a los estupefactos niños—: No os ofendáis, chicos. No es nada personal. Pero los niños son un asco. Ya os daréis cuenta algún día».

Los niños se echaron a reír y a partir de entonces adoraron a Rayya para siempre. (Y, cuando digo «para siempre», no estoy exagerando. Callie era una de esos niños, tiene ahora diecinueve años y hace poco se hizo un tatuaje inspirado en Rayya para poder honrar a su *ídola* hasta el fin de sus días).

Pero es que así era Rayya, la más franca de los francotiradores. Si se encontraba en compañía de un grupo de intelectuales y no podía seguir el rumbo de la conversación, soltaba cosas del tipo: «A ver, chicos, nadie tiene ni puta idea de lo que estáis hablando», y de inmediato todos se sentían aliviados por poder dejar de fingir que eran inteligentes. Una noche en que estaba sentada en un restaurante al lado de un hombre que se comportaba de manera especialmente arrogante y engreída, Rayya se rio de sus modales ridículos y le dijo: «¡Madre mía, tío, no sabía que pudieras ser tan tocapelotas!».

Y lo más divertido de todo fue que el «tocapelotas» se echó también a reír, atónito y desarmado al verse insultado con una sinceridad tan contundente y afectuosa a la vez. De alguna manera Rayya había sabido bajarle los humos a la vez que lo cobijaba bajo su ala y, con su sinceridad, terminó ganándose su afecto y su confianza.

Podría decirse que Rayya no tenía filtro, y algunas personas lo decían, pero a mí no me parece justo. Decir que alguien no tiene filtro implica que no controla sus palabras, que las verdades salen solas de su boca y dan en el blanco por casualidad y sin pretenderlo.

En mi experiencia, Rayya no funcionaba así.

Creo que sabía muy bien lo que decía y que lo decía de forma intencionada. Disparaba verdades salidas de su corazón con la precisión de un hábil arquero. Y era precioso verlo, porque Rayya amaba la verdad. La verdad era su religión, su pasión. Cuando le pregunté por qué le gustaba tanto la verdad, me explicó que, después de tantos años de tener que engañar y mentir por su adicción a las drogas, la verdad le parecía algo celestial. La verdad era su refugio, su medalla de honor, la prueba de su recuperación. Es más, creía que la verdad era el camino más sencillo en la vida y el método más seguro de eliminar la confusión y el melodrama.

«La verdad tiene piernas —solía decir—. Siempre sigue en pie. Cuando todo lo demás salta por los aires o se desvanece, lo único que queda en pie es la verdad. Y, como la verdad es donde vamos a terminar sí o sí, creo que más vale empezar por ella».

Quizá esta idea te resulte una obviedad, querido lector, pero para mí fue como una revelación divina. Nunca había encontrado semejante transparencia en una persona, ni había conocido a nadie que confiara tanto en el poder de la sinceridad, simple y directa.

A mí no me educaron en la idea de que la verdad fuera un lugar seguro, y, por razones en las que no voy a entrar, no lo era. Desde muy pequeña mi estrategia para sobrevivir fue siempre dar la respuesta más complaciente en lugar de la más sincera, porque complacer me procuraba más seguridad que decir la verdad. Así que aprendí a interpretar las expresiones de las caras de los demás y a discernir lo que querían oír en cada momento para tranquilizarlos y contentarlos. Esta tensión constante me convirtió en una niña nerviosa, siempre pendiente del estado de ánimo ajeno para poder ir diez pasos por delante y, al primer indicio de tensión, redirigir la atención de todos, sacarme de la manga alguna clase de distracción o, en algunos casos, salir corriendo.

Era un trabajo duro para una niña pequeña asegurarte de que a tu alrededor no había nunca nadie enfadado, triste o decepcionado. La presión me pasaba factura. Tenía continuos problemas digestivos y de sueño. Mojaba la cama y me chupaba el dedo, por supuesto. Mi cuerpecito era un puño apretado; mis sueños infantiles eran películas de terror. Era una niña despierta y alegre (que entendía la importancia de ser despierta y alegre), pero también nerviosa, que lloraba y se asustaba con facilidad. A los once años empecé a tener esos insoportables dolores de espalda que la gente suele padecer en la mediana edad. Siempre me temblaban las manos. Recuerdo que mis profesores lo comentaban: «Con lo lista que eres, ¿cómo es que no puedes dibujar una línea recta?».

¡Pues a ver, señora mía, porque las líneas rectas dan *miedo*!

En cambio, Rayya no temía las líneas rectas.

No solo era profundamente sincera, también tenía una habilidad exquisita para saber cuándo alguien no le decía la verdad, y jamás lo dejaba pasar. («No le interesaban nuestros falsos yos —dijo nuestro amigo el escritor Jonathan Miles de Rayya en su funeral, años más tarde—. No *toleraba* nuestros falsos yos»). De manera que todos le confesábamos nuestras verdades tarde o temprano, hubiera sido o no esa nuestra intención.

En la universidad tuve un profesor de Ética que era idéntico físicamente y en la forma de hablar a Peter Falk. Recuerdo que nos enseñó que muchas personas aprendemos a mentir desde pequeñas porque nuestros cuidadores nos transmiten mensajes ambivalentes sobre la sinceridad. Tal y como lo expresó él un día en su adorablemente marcado acento neoyorquino: «Mi madre, por ejemplo, siempre *exigía* la verdad, ¡pero luego era incapaz de *gestionarla*!».

Por el contrario, Rayya exigía la verdad y sabía gestionarla, algo que, a mis ojos, era un milagro.

Si había una tensión o algo sin resolver entre Rayya y otra persona, le decía: «Las cartas sobre la mesa, amigo. Cuanto antes veamos el problema, antes podremos solucionarlo. Y que no te preocupe herir mis sentimientos, tronco. ¡Dilo y punto! Prefiero que lo sueltes y me haga daño a que te lo guardes y te haga daño a ti. Además, si te lo guardas, *seguro* que te hace daño».

Y jamás la vi usar la verdad para perjudicar a nadie.

Una noche de 2009, cuando Rayya acababa de instalarse en New Jersey, la invité a cenar con una amiga común que estaba divorciándose. Era un divorcio difícil, de esos que incluyen adicciones, maltrato, infidelidades, mentiras y la posibilidad de ruina económica.

Pongamos que mi amiga se llama Tina.

Había estado invitándola a cenar varias noches a la semana solo para asegurarme de que se encontraba bien y hacerle compañía. Pero saltaba a la vista que Tina no se encontraba bien. Estaba hundiéndose. Y tenía esa piel amarillenta y esa cara hinchada que suelen asociarse con un consumo alto de alcohol.

Por educación, no le había mencionado a Tina directamente lo preocupada que estaba por su situación. De niña me habían enseñado a no meter la nariz en los asuntos de los demás, así que me contenía y observaba el sufrimiento de mi amiga desde cierta distancia, aunque me preocupaba muchísimo su bienestar. La única manera como sabía cuidarla era como he cuidado siempre de mis amigos: *te voy a dar de comer, te voy a consolar, te voy a inundar de palabras de ánimo, de halagos y de regalos. Me solidarizaré silenciosamente contigo y te distraeré de tu dolor con mis divertidas anécdotas.*

Aquella noche había invitado también a Rayya a cenar en mi casa. Para ella, Tina era una mera conocida, no una amiga íntima. Pero eso no le impidió ir directa a ella, ponerle una mano en el hombro y decirle con firme ternura:

—¿Qué tal llevas el divorcio, cariño? ¿Cómo estás?

—Bien —contestó Tina—. Solo un poco cansada.

Rayya miró a Tina con atención, de la misma manera que miraba un corte de pelo desde todos los ángulos posibles, en busca de mechones sueltos.

—¿De verdad estás bien? —preguntó—. ¿Solo un poco cansada?

—Sí —dijo Tina antes de hundirse más en su silla.

Rayya se inclinó sobre ella. Cogió a Tina del mentón y le levantó la cabeza con suavidad.

—¿Y entonces por qué tienes los ojos amarillos y te huele el aliento a alcohol? ¿Qué te pasa en la nariz? ¿Qué está pasando aquí, colega? ¿De verdad que no vamos a hablar de lo mucho que estás bebiendo?

Di un respingo.

¡Porque esas cosas no se dicen!

De donde yo vengo, no interrogamos a nuestros amigos sobre lo mucho que están bebiendo. Y cuando alguien te dice que está «bien» o «cansada», aceptamos sus respuestas y no seguimos preguntando porque, en realidad, «bien» o «cansada» son las únicas respuestas socialmente aceptables a la pregunta «¿Cómo estás?».

En cambio, Rayya no aceptaba respuestas como «bien» o «cansada». (No sabéis cuántas veces a lo largo de los años me dijo, exasperada: «¡Joder, Liz, *cansada* no es una emoción! ¡Rasca un poco más! ¡Mírate por dentro! ¿Qué es lo que pasa de verdad ahí? ¿Qué es lo que sientes?»).

Cuando Tina no respondió a las escandalosamente directas preguntas de Rayya, esta volvió a la carga:

—Venga, Tina. Con nosotras no tienes que guardártelo todo. Di la verdad.

Lo que ocurrió a continuación fue asombroso.

Tina tardó un momento en reaccionar. Pero a continuación, en vez de ofenderse, se abrió en canal. Se derrumbó en los brazos de Rayya y empezó a llorar. Durante un buen rato, Tina lloró mientras Rayya la abrazaba con silenciosa naturalidad.

Cuando Tina recobró la voz, todo salió a la luz. Nos confesó que bebía compulsivamente, que se autolesionaba, que tenía ideas suicidas, que le había suplicado a su marido que no la abandonara (a pesar de que él ya estaba viviendo con otra persona). Confesó hasta la última derrota e indignidad de su vida en aquel momento.

En cuanto Rayya se hizo cargo de la situación, el ambiente de la velada cambió por completo. Pasamos de «Liz tratando de animar a Tina» a «Rayya dejando que Tina se sincere». Y el alivio era palpable, porque lo indecible por fin se había dicho. La vida secreta horrible, oculta y tóxica de Tina estaba encima de la mesa y hablábamos de ella abiertamente.

Mientras Tina lloraba y se confesaba, Rayya no apartó su mirada —serena, imperturbable y completamente presente— de su cara. Cada vez que Tina retrocedía y empezaba de nuevo a recordar su dramática historia, Rayya levantaba la mano y decía:

—Esa historia ya la hemos oído, cariño. Nos la sabemos, la entendemos. Pero no vivimos en nuestras historias, ¿vale? Si vives dentro de la historia, entonces vives dentro del problema. Y eso ya ha pasado y no te lleva a ninguna parte. Vivimos en las soluciones, cariño, de lo contrario nos morimos. Así que vamos a empezar a pensar en *soluciones*. Porque esa vida que llevas te va a matar. Y, si el alcohol no te mata, como mínimo te va a hacer parecer una puta vieja, arrastrada y adicta al crack, y así no te vas a comer un colín.

—Necesito ayuda —dijo Tina, riendo y llorando al mismo tiempo.

—Eso desde luego.

—¿Me puedes ayudar tú? —preguntó Tina—. ¿Puedo llamarte mañana? ¿Vendrás a ayudarme?

—No —repuso Rayya—, pero te puedo recomendar unas reuniones donde encontrarás ayuda.

Yo asistía a esta conversación como si fuera un visitante llegado de otro universo. Y quizá lo era.

¿Cómo conseguía hacer eso Rayya?

Lo conseguía diciendo la verdad, sonsacando la verdad, brindando compasión sin dejarse arrastrar al papel de salvadora, estableciendo perfectamente los límites, pero sin avergonzar y haciendo reír a la persona que sufría. Todas esas cosas a la vez.

¿Qué clase de brujería era aquella?

¿Qué es agua?

Quiero parar un momento y hacer un descargo de responsabilidad.

No es mi intención exagerar las virtudes de Rayya ni idealizarla en modo alguno.

No solo porque quiero que este relato autobiográfico sea lo más exacto posible, también porque una de las características principales de los adictos al sexo y al amor es que asignamos cualidades mágicas a las personas, y a continuación nos enfurecemos cuando no están a la altura de nuestras fantasías, expectativas y proyecciones. Soy culpable de poner en un pedestal no solo a Rayya, sino a muchas otras personas. De manera que es esencial para mi sobriedad emocional describirla con la mayor lucidez posible.

Pero.

Dicho eso y una vez hecho el correspondiente descargo de responsabilidad, resulta que creo que cada uno de nosotros poseemos ciertas cualidades mágicas, talentos y dones innatos que nos son asignados, tal vez, por nuestro Creador. Nadie posee todos los talentos, pero todos tenemos alguno. Y siempre defenderé como verdad absoluta que la manera que tenía Rayya Elias de tratar a las personas era magia pura. Y que el efecto que tuvo en mí fue *sin duda* mágico. Porque, a medida que fuimos conociéndonos mejor, reparé en que algo me sucedía cuando estaba con ella. O más bien debería decir que algo dejaba de sucederme cuando estaba con ella.

Tener miedo era ese algo que dejaba de sucederme.

En concreto, dejé de tener miedo a los demás.

Si Rayya me acompañaba a algún sitio, ya no me sentía en la obligación de hacerme amiga de todos los presentes para sobrevivir. Dejé de sentirme obligada a cubrirme las espaldas, a leer los pensamientos de los demás, a conquistar a todos con mis encantos, a vigilar constantemente microexpresiones en las caras de todos para asegurarme de que la humanidad al completo (la especie más impredecible y caótica del planeta) estuviera siempre tranquila y feliz.

Este miedo a la gente había sido una presencia tan constante en mi vida que no había sido consciente de su magnitud. «Estado de alerta» era el ajuste por defecto de mi sistema nervioso. Igual que en ese viejo chiste sobre dos peces que se encuentran un día nadando en un lago. Uno le dice al otro: «Qué fría está hoy el agua», y el otro pez le pregunta, perplejo: «¿Qué es agua?».

El miedo era el agua en la que yo llevaba nadando toda mi vida.

Pero, si Rayya estaba conmigo, ese miedo desaparecía. Gracias a la facilidad con que gestionaba el caos y la locura de las personas, *yo no necesitaba hacerlo*. A Rayya le bastaba entrar en un sitio con ese andar seguro, relajado, de marinero para que cada célula de mi cuerpo dijera: «Está todo bien. Ha llegado Rayya».

Insisto en que esta fue la primera experiencia profunda y consistente de «absoluta seguridad» que había tenido yo nunca. Después de pasarme media vida creyendo que el terror de baja intensidad formaba parte del destino y de mi naturaleza, imaginad mi sorpresa cuando la presencia de Rayya lo eliminó.

Y ahora voy a contarte una historia, mi historia preferida del mundo mundial, sobre el poder único de Rayya para la empatía.

Una vez fuimos juntas a un funeral, Rayya y yo.

Había muerto la madre de una querida amiga y queríamos darle el pésame. Conocíamos lo bastante a la familia para saber que estaba rota por la disfuncionalidad, las adicciones y el sufrimiento, así que esperábamos dosis altas de melodrama. Pero cuando llegamos al velatorio nos encontramos una crisis que inmediatamente me llenó de pánico.

Resultó que un nieto de la difunta, un chico joven adicto a la metanfetamina, acababa de salir de la cárcel. Contaba con un historial de comportamiento violento y la familia le tenía miedo. Así que no le habían invitado al funeral y también habían intentado ocultarle la fecha y el lugar en que se haría. Pero el chico se había enterado y se había presentado allí.

¿Queréis saber quién da muchísimo miedo?

Ese chico.

Una persona que a su adicción, historial de violencia y dolor por la muerte de su abuela tiene que añadir que su familia haya intentado ocultarle la información del funeral.

Alguien así da verdadero *terror.*

En el funeral todos trataban de mantenerse lejos de su furia latente y rezaban por que no se disparara. La tensión estaba por las nubes y mis detectores internos de miedo enseguida alcanzaron el nivel de «accidente nuclear».

En cambio, esto es lo que hizo Rayya.

Fue directa al chico sin atisbo de temor o vacilación e hizo esa cosa tan bonita que hacía siempre con las personas que la preocupaban. Debo de habérselo visto hacer mil veces a lo largo de los años. Si es que casi tengo la sensación de que está haciéndolo conmigo ahora.

Cerró un poco el puño derecho y dio un golpe suavecito al chico furioso en el pecho, justo en el corazón.

—¿Qué tal va todo por ahí, amigo? —preguntó.

¡Qué tal va todo por ahí!

Porque ahí está la clave. La clave es que Rayya sabía que ahí dentro había alguien. El resto veíamos a un delincuente, a un asesino en potencia, un drogadicto, una amenaza. Pero Rayya sabía que dentro de aquel corazón herido seguía habiendo alguien. Alguien que estaba enfermo. Alguien que estaba perdido.

Y lo sabía porque ella había sido ese alguien.

Me había hablado mucho de la confusión que sentía, años atrás, cada vez que se perdía dentro de su adicción y su locura. Me decía: «Sabía que era buena persona, pero no conseguía *encontrarme* a mí misma. Estaba muy enferma y no lograba encontrarme debajo de toda esa enfermedad».

Por aquel entonces Rayya se veía a sí misma robando a personas, engañando y mintiendo, incluso amenazándolas con violencia y *sabiendo* en todo momento que era buena. Que esa no era su verdadera naturaleza. ¡Que ella no era así! No podía ser esa sucia yonqui a quien los demás miraban con repulsión y temor. Y sin embargo sus interacciones con el mundo le confirmaban constantemente que sí era esa sucia yonqui. Y cada agente de policía, cada funcionario de prisiones y cada enfermera psiquiátrica a quien la sociedad pagaba por tratar a personas como ella hacían que se sintiera más avergonzada aún: *eres un problema, eres lo peor, eres nuestra carga y nuestra pesadilla.*

Una vez Rayya se rehabilitó y alcanzó la sobriedad, no volvió a juzgar a nadie, por malo que fuera su comportamiento. Jamás *condenó* a nadie —ni siquiera cuando estaba enfadada o exasperada con alguna persona, ni siquiera cuando ponía límites entre ella y esa persona— porque sabía lo que es tocar fondo. Sabía lo que es sentirse temida y odiada. Sabía lo que es vivir por completo al margen de tu integridad, a un millón de kilómetros de distancia de tu corazón. Tal y como me dijo una vez: «Hasta que no has robado dinero de la cartera de tu padre para comprar heroína mientras él está enfermo en una cama de hospital, no sabes lo que es necesitar que te perdonen».

También decía: «Piedad es lo que debo ofrecer, porque piedad es lo que siempre necesité... y lo que he recibido».

Y esa es la cara que vio el joven adicto a la metanfetamina en el funeral cuando bajó los ojos y se encontró con que Rayya Elias estaba dándole golpecitos en el corazón y preguntándole: «¿Qué tal va todo por ahí, amigo?».

Vio la cara de la piedad.

Y, por un instante, se desmoronó.

Su ira se disipó y se convirtió en un niño de seis años, un niño desbordado que llora la muerte de su abuela. Que llora, quizá, una vida echada a perder. Por un momento pensé que se iba a abrazar a Rayya y a llorar, como había visto hacer a muchas otras personas heridas. Y ojalá lo hubiera hecho, porque nada hay más reconfortante que Rayya te abrace y te diga: «Estoy contigo».

Ojalá ese chico hubiera podido sentirlo.

Pero entonces el orgullo o la ira se apoderaron otra vez de él y su locura regresó. Murmuró una obscenidad, empujó a Rayya y se marchó hecho una furia, tropezando con una o dos paredes por el camino.

Cuando Rayya volvió a mi lado, estaba pensativa.

—¿Te encuentras bien? —le pregunté conmocionada.

—Sí, me encuentro bien —dijo—, pero escucha, cariño, quiero que cojas todas nuestras cosas de valor, las guardes en el coche y me traigas la llave. Después tendremos que decir a todos los que están aquí que hagan lo mismo. Hazlo sin aspavientos. Simplemente di a todos que no dejen carteras, monederos o teléfonos sin vigilar hoy. Que metan todo en los coches y los cierren con llave. ¿Entendido?

Así que eso hicimos, todos obedecieron y el día transcurrió sin nuevos incidentes.

Aquella noche durante la cena le di las gracias a Rayya por cuidar de todos en el funeral y por protegernos de aquel joven tan peligroso. Pareció sorprendida, pero enseguida su expresión se suavizó.

—Ay, cariño —dijo y de pronto tenía lágrimas en los ojos—. ¿Pensabas que estaba protegiéndonos *a nosotras*? No, mi amor. Estaba protegiéndolo a él. Porque esto es lo que pasa, cariño. Nosotras estamos bien y siempre lo estaremos, ¡aunque nos hubiera robado el coche! Por nosotras no tiene que preocuparse nadie. En cambio, lo más probable es que a ese chico no le quede mucho tiempo de vida. Está demasiado mal y no cuenta con una red de apoyo. Claro que siempre existe la posibilidad de que ocurra un milagro y algún día se rehabilite. Y, si alguna vez consigue enderezar su vida, como parte de su proceso de recuperación tendrá que pedir disculpas a las personas a las que haya hecho daño alguna vez. Y no quiero que ese pobre chaval, además de todo a lo que tendrá que enfrentarse algún día, se vea obligado a gestionar el hecho de haber robado a personas el día del funeral de su abuela. No lo querría para *nadie*. Así que es lo que hemos hecho hoy, cariño. Le hemos protegido de eso, lo peor que podría haberse hecho a sí mismo.

Esa era mi Rayya.

Alguien que, en sus mejores momentos, era capaz de comprender y proteger la humanidad de todas las personas presentes en una habitación.

Alguien capaz de proteger tanto al depredador como a sus víctimas.

Esa era la mujer de la que me enamoré, y también a la que todavía quiero y echo de menos.

La persona que yo siempre había estado convencida de necesitar.

Y, cuando descubrí cómo era, ya no pude dejarla escapar.

POEMA PARA RAYYA: UN AÑO DESPUÉS

Dicen los científicos que estabas hecha solo de partículas.

Y que tus partículas eran susceptibles de cambiar
de comportamiento
en caso de sentirse observadas,
de convertirse en ondas,
que a su vez podrían transformarse en vacío…, sea eso lo que sea.

¿Es así como lograste desaparecer,
a pesar de que no te quité la vista de encima?

Dime, Rayya, dónde fueron a parar tu viveza
y tus canciones sin terminar.

Dime por qué sigo buscando tus consejos cada día
y cómo me las voy a arreglar sin ellos.

Dime por qué sigo mirando esa puerta,
convencida de que la vas a cruzar.

A todos les pregunto a dónde te has ido, pero ninguno lo sabe.
O más bien:
Aquellos que afirman saberlo me parecen los menos fiables.

Los científicos también dicen
que menos del 5 por ciento de nuestro universo está hecho
de materia.

El resto está hecho de No Lo Sabemos Aún.
Y que ese No Lo Sabemos Aún no hace más que expandirse.

Tal vez los dioses lo diseñaron así a propósito,
para que nosotros (los vivos, los dolientes)
tuviéramos un lugar vasto y elástico
en que alojar nuestro dolor,
y nuestro amor cada vez más grande,
y todas nuestras hermosas preguntas sin respuesta.

don't try,
Just expand
Outward

Déjame que te lo explique

No sé si hice algo bueno o malo enamorándome de Rayya Elias estando aún casada.

¿Se puede acaso clasificar el proceso de enamorarse —un proceso que muchos experimentamos como algo sísmico y desbordante— en categorías como bueno o malo?

No lo sé.

Lo que sí sé es que tratar de frenar mi creciente amor por Rayya habría sido como intentar frenar las mareas.

Pero también sé otra cosa: *que lo mantuve en secreto*.

Y eso es de un cutrerío muy propio de un adicto.

Porque el secretismo es un invernadero en el que la adicción brota, florece y forma metástasis.

La triste realidad de la adicción, sin embargo, es que todo adicto en activo tiene secretos y cuenta mentiras. Lo cierto es que no les queda elección. Un adicto necesita mentir para proteger su suministro de droga. No se puede ser un adicto en activo sin mentir, porque tu mundo interior se desmoronaría en cuanto te faltara el acceso a la sustancia, la persona o el comportamiento que regula tu sistema nervioso, y tu mundo exterior se desmoronaría si la gente supiera lo que estás haciendo…, puesto que lo que estás haciendo no es socialmente aceptable. Joder, si hasta es posible que lo que estás haciendo no sea aceptable para *ti*, pues los adictos aprenden a mentirse a sí mismos antes que a los demás. Así, la realidad de una persona adicta se divide entre lo que hace a escondidas (a veces incluso de sí misma) y lo que deja ver a los demás.

Esta disociación se manifestó en mí en cuanto empecé a depender de Rayya..., y eso ocurrió a gran velocidad. Una vez me di cuenta de la fuerza poderosa y emocionalmente estabilizadora que era Rayya en mi vida, me pegué a ella igual que se pega una cría de ganso a su madre. Era la primera persona a la que llamaba por teléfono en momentos de crisis, mi escudo en cualquier entorno social, mi *consigliere*, mi confidente, mi conciencia. Y como por aquel entonces yo estaba inmersa en numerosas relaciones caóticas y sin límites claros, siempre tenía crisis que contarle. Es posible que nuestra historia en New Jersey empezara cuando intenté salvarle la vida, pero ahora tenía la sensación de que era ella la que me salvaba a mí. (¡Y eso, amigos míos, es lo que podría llamarse el vals de la codependencia!).

«Déjame que te lo explique...» es lo que me decía Rayya cada vez que la llamaba llorando desbordada por alguna clase de catástrofe personal.

«Cariño, ya sé que vienes de un planeta más blando que la Tierra y que puedes ser la hostia de confiada, pero en la realidad las cosas funcionan así...», solía decir antes de señalar que alguien podía estar engañándome o manipulándome.

«Esto es lo que vas a hacer...», me decía antes de darme una serie de instrucciones, para mi inmenso alivio.

Nunca era capaz de predecir con exactitud qué clase de consejo iba a darme Rayya, pero siempre parecía ser el indicado. Si yo estaba en disposición crítica y exasperada, me recomendaba clemencia y amabilidad. Una vez, por ejemplo, fui a verla absolutamente furiosa con un amigo. Le había prestado mi casa dos semanas mientras me iba de viaje y lo único que le había pedido a cambio —¡lo único!— era que me hiciera una copia de las llaves cuando tuviera un ratito. Un encargo de lo más sencillo, en mi opinión, pero que mi amigo no fue capaz de hacer ni siquiera cuando se lo recordé por segunda vez, ¡ni tampoco cuando le di la dirección de un cerrajero y me ofrecí a devolverle el dinero! Cuando le pregunté por qué no me había hecho aquel favor tan sencillo, se echó a llorar y se lamentó de lo difícil que era su vida en ese momento y de lo desbordado que se sentía por todo.

Por algún motivo, esto había despertado mi indignación moral (que, a decir verdad, siempre ha sido de mecha corta) y me puse a despotricar sobre él a Rayya.

—¿Por qué coño no me ha hecho las putas llaves? —pregunté—. ¿Tan difícil es? Le pedí una sola cosa. ¿No podía hacerla y punto?

Rayya me frenó en seco y me obligó a mirarla. Me puso una mano en el brazo y me dijo con tono ligeramente divertido:

—Cariño, no te ha hecho las llaves porque *no podía*. No puede, cariño. Esta semana no, por algún motivo. Igual hace un mes habría podido, o quizá pueda el mes que viene, pero esta semana *no*. Y no hay más. No hace falta que le leas sus derechos. Busca un poco de clemencia en tu corazón.

Casi me derrito.

Porque al ver la compasión en los ojos de Rayya recordé de quién estábamos hablando. El hombre al que yo había prestado mi casa atravesaba una época de pérdida y sufrimiento profundos en que todo debía de resultarle muy difícil, si no imposible. Recordé momentos de mi vida en los que, desbordada por el estrés, el trauma o la desesperación, no había sido capaz de ejecutar ni la menor de las tareas.

—Hazte tú misma las llaves, cariño —me dijo Rayya—. A veces tenemos que acordarnos de ser comprensivos con los demás.

En otras ocasiones, en cambio, Rayya me aconsejaba pelear, poner límites, defenderme. Tenía una tolerancia especialmente baja con las personas que consideraba que se aprovechaban de mi excesiva generosidad. La recuerdo caminando un día por mi cuarto de estar con los puños apretados de furia contra alguien que estaba sacándome los ojos en un negocio. Me hizo coger el portátil y me dictó, palabra por palabra, una carta indignada en la que ponía fin de manera innegociable a la situación.

—¡Pero si yo jamás le escribiría estas cosas a nadie! —le dije después de leerla—. Ni siquiera parece mía. ¡Es demasiado abrupta e irrevocable!

—Dale a Enviar —me ordenó mientras me temblaban las manos de miedo—. Dale a Enviar ahora mismo, cariño, y pon fin a esta historia porque si no voy a tener que ir esta misma noche a quemarle la casa a ese hijo de puta.

En esencia, los consejos de Rayya solían reducirse a dos sencillas recomendaciones: o le echaba valor y ponía límites en mi relación con una persona, o le echaba compasión y aceptaba a esa persona tal y como era. Yo nunca sabía cuál de las dos iba a darme, pero luego siempre resultaba ser la indicada, porque la intuición de Rayya respecto a las personas era extraordinaria. De manera que siempre terminaba haciendo lo que ella me decía, aliviadísima por tener resuelta la faceta más dura de mi existencia, la relativa a gestionar a otras personas.

«¿Cómo he sobrevivido hasta ahora sin ella?», me preguntaba a menudo.

¿Y cómo sobreviviría en el futuro si desaparecía de mi vida?

No *podía* desaparecer.

No lo soportaría.

Pero ¿cómo asegurarme de que no desaparecería? ¿Cómo asegurarme de no tener que volver nunca más al desierto inhóspito de miedo y ansiedad en el que había luchado por salir adelante sola durante tantos años? Aquel problema me resultaba psicológicamente acuciante (no podía ser de otra manera; ¡la seña de identidad de la adicción es la necesidad acuciante!), pero también me desconcertaba desde un punto de vista ético, porque Rayya no me pertenecía. Y yo pertenecía a otra persona, alguien a quien quería muchísimo.

Cuando lo pienso ahora, me doy cuenta de que aquella pudo ser una buena ocasión de decir la verdad.

Son varias las conversaciones importantes y difíciles que podía haber mantenido entonces en mi matrimonio y también con Rayya. Conversaciones como mis crecientes sentimientos de amor hacia mi mejor amiga. Conversaciones que podrían habernos obligado a todos a hacer cambios drásticos en nuestra vida o que, al menos, habrían sacado la verdad a la luz de manera más rápida y limpia.

Pero yo no era ni remotamente capaz de tener esas conversaciones. Carecía de las destrezas necesarias para esa clase de sinceridad rigurosa, y también del valor. Puedo afirmar, con toda franqueza, que habría preferido morirme antes que contar a alguien lo que sentía por Rayya. No quería hacer daño a nadie, no quería sufrir yo, no quería perder nada de lo que tenía, no quería perder a nadie. Así que, en lugar de ser transparente, hice lo que llevaba haciendo toda mi vida: sobrevivir. Maniobré, manipulé y me guardé secretos para sentir que controlaba la situación.

Así pues ¿cómo conseguí que Rayya no dejara mi iglesia y volviera a Nueva York después de su primer verano en New Jersey?

Al igual que otros ilustres residentes de New Jersey antes que yo, le hice una oferta que no pudiera rechazar.

La invité a quedarse en la iglesia otros nueve meses… gratis.

¿Y cómo justifiqué dicha oferta ante mí, ante ella, ante los demás?

Le dije que tenía que escribir un libro.

Para ser justos, no era tan mala idea. Rayya era una de las personas con más talento para contar historias que yo había conocido y su vida, tan llena de altibajos, era de lo más cinematográfica. Me encantaban sus historias y pensaba que al resto del mundo también le gustarían. Así que le sugerí que se quedara en la iglesia el resto del año y escribiera la historia de su vida. Le dije:

—Dame un primer borrador dentro de nueve meses. Ese es el precio del alquiler.

—¡Pero si no sé cómo se escribe un libro! —protestó Rayya.

—Claro que sabes —le prometí—. ¡Es muy fácil! Solo tienes que contar lo que pasó usando tu propia voz. Imagínate que estás hablando conmigo. Ya has escrito canciones y guiones de cine. En realidad es lo mismo, más fácil incluso, porque se trata de contar una historia, algo que se te da fenomenal. Será como una residencia artística. Será una *beca*. ¡Yo te ayudaré! Y, cuando hayas terminado el libro, se lo mandaré a mi agente.

Al recordar ahora esas palabras, siento vértigo, náuseas.

Reconozco la sensación y se llama *vergüenza*.

Porque salta a la vista cuáles eran mis motivos ulteriores, y no pueden considerarse íntegros. Estaba intentando manipular la vida de otra persona. Estaba aprovechándome de los anhelos de otra persona para conseguir lo que yo creía necesitar, a saber: que Rayya *se quedara*. En lugar de sincerarme sobre mis sentimientos y mis necesidades, disfracé mis verdaderas razones de magnánima generosidad.

¿Y qué podía hacer Rayya salvo aceptar?

Esperad, dejadme dar una vuelta a eso.

No estoy dando a entender que Rayya no tuviera capacidad de decisión en este asunto. ¡Por supuesto que la tenía! Rayya jamás fue víctima de nadie, y yo no soy lo bastante poderosa como para controlar el destino de otra persona..., por mucho que lo intente. Y tampoco hay que descartar la posibilidad de que Rayya estuviera usando sus propias y sutiles estrategias de manipulación para conseguir lo que quería de *mí.*

Pero recordemos también las circunstancias. Ella acababa de divorciarse, andaba mal de dinero y había estado viviendo en un estudio minúsculo con vistas a una pared de ladrillo. Tenía casi cincuenta años y el cuerpo maltrecho por una vida de drogadicción y malas calles y por la hepatitis C. Pasarse los días de pie cortando el pelo le resultaba cada vez más difícil.

Y vivía con la continua sensación de estar fracasando como artista.

Entonces viene alguien y te ofrece la oportunidad de dedicarte a crear y estar casi un año sin trabajar. Alguien que te ofrece amistad, comunidad y acceso a una vida de glamour. Alguien que te considera *maravillosa* y así te lo hace saber todo el tiempo. Alguien que te ofrece un lugar precioso en el que vivir, apoyo creativo, acceso privilegiado al mundo editorial de Nueva York y es posible incluso que fama y éxito. (El *éxito* era algo que Rayya ansiaba tanto que llevaba la palabra en árabe tatuada en el brazo). Alguien que te dice: «¡Tu historia es valiosa! ¡Tú eres valiosa!».

Y era cierto. La historia de Rayya era valiosa y ella también.

Pero esas no eran las razones de mi oferta.

Yo le hice aquella oferta porque a esas alturas estaba convencida de que no podría vivir sin Rayya y no se me ocurría otra manera de que no me dejara que no fuera brindarle un paquete de promesas e incentivos que quizá —quizá— la convencieran de seguir en mi vida aunque solo fuera un ratito más.

Y esa, aunque me duele en el alma reconocerlo, es la verdad.

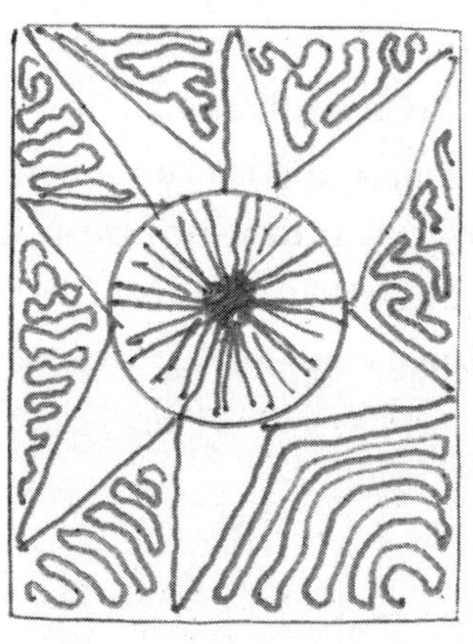

DIOS REFLEXIONA Y ME PIDE QUE ME QUEDE

Dios reflexiona y me dice, en voz muy baja:

Sé lo que quieres, cariño.

Quieres no estar aquí.

Es lo único que siempre has querido:
encontrar el portal que te saque de este mundo aterrador.

Huir de tu humanidad,
con sus inevitables dilemas, sus duras pruebas y sus terribles desilusiones.

Ese fue el sueño infantil,
que se convirtió en fantasía adolescente,
que se transformó en anhelo insondable,
que degeneró en una búsqueda incansable por:
Sácame de aquí de una puta vez.

Qué bien te vino descubrir
todas esas pequeñas trampas, estrategias y sustancias
que te transportaban justo a donde querías estar:

estimulada,
abrazada,
resguardada,
amortiguada,

segura
y ausente.

Pero qué horrible despertar una y otra vez,
después de tanto esfuerzo,
y comprobar que seguías aquí.

Y que *seguías* sin saber cómo se hace para estar aquí.

(Los dilemas, las pruebas, las desilusiones).

Ángel.

Mi chiquitina.

Siempre incansable en tu esfuerzo por huir.

¿No te preguntas por qué no ha funcionado aún?

Una chica tan lista como tú,
¿no crees que a estas alturas ya deberías ser capaz
de burlar el sistema y poner fin a todo el sufrimiento?

¿No te has parado nunca a pensar por qué no te dejo ir para siempre?

Solo puedo asegurarte una cosa: no lo hago para castigarte.

Te mantengo aquí porque te quiero aquí.

Te quiero aquí tal como eres *tú*: con todo lo que eres y todo lo que has hecho.

Te hice así por un motivo.

Te puse en ese cuerpo concreto por un motivo.

Para que habites la tierra, por así decirlo.

Para que aprendas a aceptar la vida tal y como te viene.

Y dejes de buscar
otra maestra,
otra alma gemela,
otra dirección,
otra distracción,
otra meta,
otra sensación mágica,
que te transporte a un plano de vibración más alto aún
del que siempre bajarás con el corazón roto.

Tú, que siempre has estado enamorada de la novedad.

Tú, que siempre vas en busca de lo siguiente.

Esta noche te pido que pruebes algo nuevo *de verdad*.

Te pido que confíes en mí.

Querida mía.

Mi hija amada.

Te pido que te *quedes*.

La fábrica de justificaciones

Una vez más he de tener cuidado al contar nuestra historia. Igual que no quiero idealizar mi relación con Rayya, tampoco quiero patologizarla.

No soy una mera disfunción andante; nadie lo es.

También soy una persona maravillosa: buena, generosa, de gran corazón, entusiasta y siempre dispuesta a celebrar y levantar la moral a mis amigos. Me encanta compartir, me encanta dar y me encanta contribuir a los sueños y el talento de otras personas.

Y Rayya también era una persona maravillosa: vibrante, valiente, cariñosa, divertida y leal.

Nuestro mutuo amor era sincero y al mismo tiempo estuvo marcado por la disfuncionalidad y la manipulación. Al igual que en muchas relaciones, nuestras virtudes y nuestros defectos coexistían. Sí, en un principio yo había querido rescatar a Rayya cuando estaba perdida y necesitada de ayuda porque me siento fuertemente atraída por personas perdidas y necesitadas de ayuda. Pero entonces ella dio la vuelta a la situación y me ofreció algo que nadie me había ofrecido nunca. Me dio una profunda sensación de seguridad emocional, y me proporcionó un modelo de espíritu de compasión y tolerancia hacia los que sufren y batallan con la vida. Fortaleció mi voluntad y ablandó mi corazón. Me gustaba la persona en la que me convertía yo en su presencia. Era más valiente y más amable cuando Rayya estaba conmigo. Quizá así es como funciona el amor verdadero. Haciéndonos mejores. Pero es que además Rayya parecía hacer todo esto sin esfuerzo —disfrutando incluso— y con cuidado de no exigirme demasiado a cambio. (¡Al menos no al principio!).

Sostengo por tanto que yo quería mucho a Rayya Elias… y por buenas razones.

Pero también soy una adicta al amor, lo que complica un poco las cosas.

En realidad las complica mucho.

Una amiga mía que conoce bien mi caótico historial sentimental y mi reciente viaje hacia la recuperación me preguntó el otro día: «¿Dónde está exactamente la frontera entre el amor a secas y la adicción al amor?».

A lo que solo pude contestar: «Tengo malas noticias para ti, amiga. Nadie lo sabe a ciencia cierta».

Ocurre con todas las adicciones. ¿Cuándo se convierte alguien que bebe de forma habitual en alguien que bebe mucho? ¿Y cuándo se convierte alguien que bebe mucho en alguien que tiene un problema con la bebida? ¿Y cuándo se convierte alguien con un problema con la bebida en alcohólico? ¿Y cuándo empieza a ser un alcohólico un peligro para sí mismo y para los demás?

A menudo es imposible saber a ciencia cierta cuándo, cómo y por qué se producen estas agudizaciones. En los grupos de apoyo se llama «línea invisible» a ese momento difuso en que la dependencia pasa a ser absoluta y el adicto ya no es capaz de llevar una vida razonable o digna. La invisibilidad de dicha línea es en gran parte la razón por la que es tan difícil identificar y tratar la adicción. También explica por qué los adictos de todas las clases son expertos en negar que tienen un problema y se les da tan bien despistar y engañar a sus seres queridos.

Pero, si tuviera que definir la diferencia entre el amor a secas y la adicción al amor, diría que tiene que ver con el grado de intensidad, con la sensación de urgencia, de dependencia y de desesperación que crece hasta convertirse en una obsesión que deja un reguero de mentiras, destrucción y pérdida de identidad. Y, una vez se despierta a ese fantasma hambriento, saciarlo es imposible.

Por tanto la triste realidad es que me enamoré de Rayya por una serie de motivos de lo más comprensibles, pero con el tiempo pasé a quererla con el hambre demencial de una verdadera adicta. Pero eso ocurrió porque yo tenía un sistema operativo secreto basado en el miedo y la necesidad que estaba en la base de todas nuestras interacciones, que gobernaba mi toma de decisiones desde los recovecos más oscuros de mi cabeza y me empujaba a comportamientos que no eran ni seguros, ni éticos ni sinceros.

Y luego resultó que ella hacía lo mismo.

Nunca sabré exactamente cuándo empezó Rayya a beber. No tengo manera de saberlo. Nunca dio una respuesta directa a nadie al respecto. Su relato sobre el alcohol variaba en función del interlocutor. Pero ahora sé que llevaba bebiendo en secreto desde mucho antes de que empezara a hacerlo en público.

En cualquier caso, dejadme intentar atar cabos a partir de lo que sé.

Rayya se mudó a mi iglesia en 2008. Cuando la invité a quedarse nueve meses más, se puso a escribir unas memorias en las que contaba su milagrosa recuperación de la drogadicción. Le costaba encontrar la concentración necesaria para escribir, pero no desistía y yo le daba ánimos y consejos siempre que tenía ocasión. Estaba decidida, me aseguraba, a terminar por una vez en su vida un proyecto creativo del que pudiera sentirse orgullosa, por mucho que le costara.

Pero cuando los nueve meses tocaron a su fin, Rayya no había terminado el libro y yo no soportaba dejarla ir. Llegamos a un acuerdo por el que ella me pagaría un dinero al mes suficiente para los suministros, y así podría mudarse oficialmente a la iglesia y convertirla en su casa.

Mi alivio era inmenso. *Rayya se quedaba. Estaba salvada para siempre.*

Cada día estábamos más unidas. Ella me llamaba siempre que tenía un problema, y yo la llamaba siempre que tenía un problema. Pero solucionar problemas no era lo único que nos unía; también nos encantaba estar juntas. Muy pronto Rayya se convirtió en mi acompañante en actos sociales y compromisos profesionales. Cogió un avión a Londres para peinarme y maquillarme para el estreno de la película *Come, reza, ama* y también recorrió conmigo la alfombra roja. (Jamás olvidaré a Rayya haciendo reír a carcajadas a Julia Roberts cuando le dijo al abrazarla: «¡Joder, colega, qué bien hueles!»). Viajamos juntas a México, a Detroit, a Los Ángeles, a Austin, a Australia, a Nueva Zelanda, a Miami. Íbamos al cine, a bodas, a Target, a McDonald's, a cenas de Acción de Gracias, a las oficinas de Tráfico, a conciertos de Beyoncé, al karaoke, a la costa de Jersey. Conocimos juntas a Oprah. Nos probábamos sujetadores juntas, íbamos juntas a comprar zapatos, íbamos a comer barbacoas coreanas juntas, preparábamos tacos juntas, veíamos partidos de fútbol americano juntas, nos poníamos bótox juntas.

Casi siempre aparecíamos en público como «Rayya y Liz» y la gente empezaba a acostumbrarse a que fuéramos pareja. Os preguntaréis cómo afectaba esto a mi matrimonio, pero yo, haciendo uso de mi excelente capacidad para compartimentar, me convencí de que no había el más mínimo problema. Tal y como yo lo veía, ahora tenía una pareja platónica que disfrutaba asistiendo conmigo a los eventos sociales que tan poco gustaban a mi marido y encima me ayudaba a estabilizar mi salud mental. Según como se mirara —me refiero a por el intersticio entre los dedos de unas manos tapándote la cara—, era una situación en la que todos salíamos ganando.

Pero aunque Rayya y yo no habíamos rebasado ninguna frontera evidente —jamás flirteábamos, ni tuvimos un acercamiento físico—, ahora me doy cuenta de que ambas vivíamos en un estado de negación de lo que estaba pasando. Y lo que estaba pasando era que yo estaba trasladando mi amor y mi lealtad de una persona a otra, igual que se traslada una cubertería cara de una casa a otra, cuchara a cuchara y cuando nadie miraba. Y fingiendo que no lo hacía.

Mientras tanto, Rayya salía con otras mujeres. Yo trataba de apoyar sus aventuras románticas porque por supuesto se merecía tener a alguien que la quisiera en su vida, ¡alguien que estuviera disponible! Pero, si soy sincera, me doy cuenta de que ninguna de estas mujeres tenía nada qué hacer con Rayya, por estupendas que fueran —y a menudo lo *eran*—, porque Rayya tampoco estaba disponible. Me había grabado en su corazón igual que yo la había grabado en el mío. Siempre que volvía a casa después de una cita nos decía a mí y a nuestros amigos:

—Era muy agradable, pero no es Liz.

—Pero no puedes esperar alcanzar ese grado de intimidad en una sola cita —decía yo (secretamente alborozada)—. ¡Tú y yo llevamos quince años siendo amigas, Rayya! ¡Hemos necesitado todo ese tiempo para llegar a estar tan unidas! ¡Tienes que dar una oportunidad a las personas!

—¿Y no podríamos clonarte directamente, y así te tendría a ti? —me decía—. ¿No sería más fácil para todos?

Y entonces los presentes se reían y se comportaban como si hubiera dicho la cosa más normal del mundo.

Claro que no a todo el mundo le gustaba el Show de Rayya y Liz.

Una vieja amiga de Rayya me contó años más tarde que a veces estaba en plena conversación telefónica con ella, contándole algo íntimo, cuando de pronto Rayya decía: «Te dejo, está llamándome Liz por la otra línea», y a continuación colgaba y tardaba días en llamarla.

Otra vieja amiga de Rayya le dijo en su momento:

—Es como si hubieras dividido a tus amigos en dos categorías. Por un lado está la Clase A, que es solo Liz. Y por otra la Clase B, que somos todos los demás.

—Es verdad —fue lo que contestó Rayya con su franqueza característica—. Y así va a ser siempre.

Y un día una vieja amiga *mía* estaba hablando con un conocido sobre un evento al que yo había asistido con Rayya Elias y el conocido preguntó:

—¿Quién es Rayya Elias?

Sin pensar, mi amiga contestó:

—Es el amor de la vida de Liz.

De manera que todos lo *sabían*. Pero en realidad *no*.

Porque eso es lo que crean las vidas secretas; distorsiones extremas y alucinógenas de la realidad.

Y hablando de distorsiones de la realidad, fue en algún momento de 2011 cuando empecé a darme cuenta de que el amor de mi vida siempre llevaba encima botellas de angostura escondidas en el bolso.

El amargo de angostura es una bebida que no puede faltar en un bar, una potente mezcla de hierbas, especias y alcohol que, añadida a determinados cócteles, acentúa y al mismo tiempo refresca sus aromas. La angostura tiene un sabor tan intenso que no hace falta añadir mucha, basta un chorrito. Pero Rayya no estaba usando el amargo de angostura para refrescar ningún cóctel, ya que no bebía cócteles porque estaba sobria. Y tampoco lo usaba para añadir unas gotitas a una bebida sin alcohol, como hacen algunas personas. No, lo que hacía era *bebérselo* directamente antes, durante y después de las comidas, con hielo, a menudo una botella entera. Y el amargo de angostura tiene un 44,7 por ciento de alcohol, prácticamente igual que el vodka, el whisky, el ron y el tequila.

No sé si tiene sentido que alguien que afirma estar sobrio beba todos los días, pero era lo que hacía Rayya. Y lo hacía mientras hablaba de su sobriedad en reuniones del programa de los doce pasos (incluidas reuniones de Alcohólicos Anónimos) y escribía un libro sobre cómo había derrotado a su adicción a las drogas.

Muy pronto las botellas de amargo de angostura empezaron a aparecer por todas partes, no solo en el bolso de Rayya, también en su maleta, en la nevera, en las estanterías de la cocina al lado de sus cereales, en la guantera de su coche. Incluso guardaba —*muchas*— en las casas de sus amigos para cuando iba de visita. (Después de que muriera estuvimos años encontrándonoslas en los sitios más insospechados). Cuando cogíamos un avión, siempre facturaba su equipaje porque no iba a ninguna parte sin reservas considerables de esas botellitas mágicas.

No cuestioné nada de esto porque por entonces no cuestionaba nada de lo que hacía Rayya, quien básicamente era para mí una figura divina que nunca hacía nada mal. Aun así, en una ocasión me dijo que un médico le había «recetado» el amargo de angostura para ayudarla a digerir las comidas y aliviar su dolor de estómago crónico.

No sé qué es lo que le dijo el médico en realidad, porque no estaba allí.

Pero sé otras cosas.

Sé que, unos años más tarde, Rayya también me dijo que un médico le había recetado cocaína (no os preocupéis, ya llegaremos a esa historia más adelante), de manera que es posible que no fuera una narradora fiable en esas cuestiones. Pero también sé que la angostura es lo que comúnmente se conoce como «digestivo», es decir, algo que ayuda a hacer la digestión. La mezcla, de hecho, la creó en 1824 un alemán que era cirujano general del ejército de Simón Bolívar y que se lo recetaba a los soldados en Venezuela que tenían problemas estomacales. En otras palabras, que el amargo de angostura sí tuvo un uso medicinal.

Lo mismo que la cocaína, por otra parte.

También sé que Rayya padecía dolor de estómago crónico, es probable que como resultado del caos gastrointestinal que puede causar una prolongada dependencia a los opioides. En su caso el dolor estaba exacerbado por su hepatitis C, y por el hecho de que casi siempre comía igual que un niño de diez años en una fiesta de cumpleaños.

De hecho, Rayya habitaba un cuerpo que sufría de una manera o de otra y en todo momento. Tenía dolor de espalda, de articulaciones y de cabeza persistentes. Las piernas —que se había roto siendo niña y más tarde de nuevo en una brutal paliza que recibió de dos traficantes de drogas en la calle— le dolían constantemente. Tenía artritis en las caderas, los hombros, los pies y las manos. (En otras palabras, esta persona que siempre parecía a gusto dentro de su piel *literalmente nunca lo estaba*). Y dado que no sabemos cómo lleva las cuentas nuestro cuerpo, creo que es acertado suponer que su extremo dolor físico era también el legado de traumas profundos y sin curar.

Fuera cual fuera la causa, yo sí sabía que Rayya vomitaba con frecuencia, casi a diario, y que el estómago la molestaba casi siempre. Así que estoy segura de que el amargo de angostura mitigaba su padecimiento físico. Quizá también el emocional. Cualquier cosa con un 44,7 por ciento de alcohol tiene un efecto analgésico.

Pero al mismo tiempo me cuesta creer que un médico serio recomiende una ingesta diaria de bebidas alcohólicas a una paciente que no solo es una adicta en recuperación, sino que también tiene una enfermedad hepática incurable y potencialmente mortal. Me bastó un minuto en Google para localizar un estudio del *World Journal of Clinical Cases* según el cual «en pacientes con VCH (hepatitis C) no hay nivel de ingesta de alcohol inocuo». Se ha demostrado que beber cuando se tiene un hígado infectado de VCH aumenta la replicación del virus, debilita el sistema inmunitario, aumenta el estrés oxidativo y conduce a tasas más elevadas de cirrosis mortal y carcinoma hepatocelular, más conocido como cáncer de hígado. Lo que en última instancia fue lo que mató a mi querida amiga.

Había personas en la vida de Rayya que tenían preguntas más incisivas que yo sobre las omnipresentes botellitas de angostura. Decían: «Espera, ¿pero no estás sobria? ¿De verdad puedes beber eso?».

«Son solo hierbas —decía Rayya—. Para mis digestiones».

«¡Pero tiene alcohol!», contestaban, por ejemplo.

Y aquí es donde la cosa se ponía turbia.

Porque en múltiples ocasiones a lo largo de los años —tantas que no sabría contarlas—vi a Rayya parpadear atónita y decir, con sinceridad convincente: «¿En serio? Vaya por Dios, no lo sabía».

Incluso recuerdo que una vez alguien enseñó a Rayya la etiqueta de la botella y señaló donde ponía «44,7 % alc./vol.». A lo que Rayya respondió: «¡Anda!, si es que sin gafas ni lo veo».

Un día incluso la oí decir a un amigo: «En realidad el amargo no es alcohol normal. Es como alcohol *quemado*».

(¿Cuál fue la respuesta del amigo?: «No sé, Ray, estoy bastante seguro de que un 44,7 por ciento de alcohol quiere decir un 44,7 por ciento de alcohol»).

Al recordarlo ahora me cuesta entender cómo pudo no extrañarme esta disonancia cognitiva tan extrema. Estaba viendo a una persona supuestamente sobria beber a diario sin reconocerlo y ante mis propios ojos. También estaba viendo a la persona más sincera que conocía fingir, una y otra vez, que no sabía que su bebida alcohólica contenía alcohol.

Y aquí es donde entra en juego mi enfermedad: porque me las arreglé para que nada de esto fuera un problema.

Lo pasé por alto, en lugar de hacer un alto y pensar en lo que ocurría.

Pero es que no tenía otra opción. Mi cerebro atenazado por el miedo y la necesidad era incapaz de gestionar una realidad en la que Rayya tuviera flaquezas o defectos de personalidad, porque se había convertido en mi lugar seguro. Para mí Rayya era la encarnación humana de la fiabilidad. Y no podía renunciar a eso. Necesitaba seguir viviendo en una trama argumental en la que Rayya fuera la encarnación misma de la integridad. Porque, de lo contrario, mi miedo al mundo regresaría y esa era una idea que no podía soportar.

Es increíble lo que puedes no llegar a ver cuando no soportas la idea de verlo.

Por favor, no me malinterpretéis. No estoy juzgando a Rayya. No tengo el más mínimo derecho a juzgar los complicados mecanismos de afrontamiento, las trampas para huir del dolor o las estrategias de enmascaramiento de dependencias de otras personas. ¡Pensad en todos los secretos que tenía yo durante esos años! Lo que hago más bien es maravillarme ante la compleja e intricada fábrica de justificaciones que es la mente de un adicto que consume activamente, y de la que los comportamientos de Rayya y mío son el ejemplo perfecto.

Pero sí conviene señalar que durante más de diez años, antes de que Rayya empezara a llevar botellas de alcohol encima a todas partes, había ido a las reuniones de programas de doce pasos dirigidos tanto a alcohólicos como toxicómanos. Y aunque su asistencia a las reuniones se había vuelto cada vez más esporádica, no podía haber olvidado las advertencias que se daban constantemente en ellas, a saber: que el alcohol es una droga tan potente como cualquier narcótico; que los adictos no pueden consumir *ninguna* sustancia psicoactiva sin arriesgarse a recaer; que la recuperación exige sobriedad absoluta, y que creer que el alcohol es «diferente» de las otras drogas ha llevado a muchos adictos a recaer en el consumo activo.

A lo largo de los años Rayya tuvo que oír estas advertencias, tanto leídas como explicadas, cientos, si no miles, de veces.

De manera que lo sabía.

Y aun así seguía en sus trece. No solo el alcohol era «diferente», sino que además el amargo de angostura no era alcohol.

Así que, como podéis ver, no había ningún problema.

Ninguno en absoluto.

¿Qué es una advertencia de contenido delicado?

Creo que es justo decir que 2013 fue el mejor año para Rayya y para mí, al menos visto desde fuera.

En marzo de ese año Rayya publicó *Harley Loco.*

En octubre yo publiqué *La firma de todas las cosas.*

Para ambas estos libros fueron campos de pruebas y triunfos personales.

Las memorias de Rayya constituyeron la demostración ante sí misma y ante su comunidad de que poseía la disciplina necesaria para empezar, continuar y completar un proyecto creativo que la situaría en el mapa, y también de que una niña inmigrante que a duras penas había terminado la escuela secundaria, que había sido drogadicta durante la mayor parte de su vida adulta y para quien el inglés era una tercera lengua podía escribir.

Mi novela fue la demostración para una legión de críticos profesionales y aficionados de que, a pesar del enorme éxito comercial de *Come, reza, ama* —un libro que me había propulsado directamente al gueto de la literatura romántica en la imaginación de muchas personas—, aún era capaz de escribir una novela que me consolidaba como una autora de peso.

Ambas nos habíamos dejado la piel en estos proyectos —les habíamos dedicado cuatro años cada una— y nuestros esfuerzos fueron sobradamente celebrados. Rayya fue comparada con Patti Smith y Jim Carroll, calificada de «Huckleberry Fin heroinómana», y Deborah Harry afirmó que había escrito una obra maestra punki que era «religión en estado puro». Yo fui número uno de la lista de libros más vendidos de *The New York Times*, me compararon con Victor Hugo, vendí los derechos audiovisuales a la BBC y estuve en todas las listas de «Mejores libros del año».

Y después de publicar nuestros libros *seguimos* dejándonos la piel.

Dale que te pego y sin parar.

Yo viajé por todo el mundo para la promoción de mi novela, y también participé en la de las memorias de Rayya, cuyo prólogo había escrito. Rayya a menudo me acompañaba en mis viajes. Aquel año nos entrevistaron y fotografiaron mucho juntas porque la gente empezaba a interesarse por nuestra, en apariencia, improbable amistad. ¿Cómo habían llegado a estar tan unidas la señora de *Come, reza, ama* y una exconvicta siria educada en las calles?

«Es una unión que va completamente en contra del orden natural de las cosas —publicó *The Sydney Morning Herald* en un reportaje sobre nosotras titulado "Los opuestos se atraen"—. Y sin embargo ahí están, unidas por catorce años de amistad profunda, quitándose la palabra la una a la otra, mientras Elias le arregla distraída el pelo a Gilbert».

«Suena a historia de amor —decía Rayya en aquel artículo—. Y lo es, totalmente».

A lo que, según la publicación, yo contesté: «Bueno. La verdad es que prefiero ir a la lavandería contigo que a Praga con cualquier otra persona».

Con el tiempo estas entrevistas empezaron a generarme ansiedad porque me daba cuenta de que revelaba demasiado mis sentimientos en ellas. Mi apasionada devoción por Rayya, que yo creía disimular a la perfección, resultaba implacablemente obvia en cada artículo. La gente no hacía más que sacarme fotografías mirando a mi «amiga» con adoración y cada vez que las veía me ponía mala.

Por aquella época había estado leyendo las novelas de Hilary Mantel sobre Thomas Cromwell. En ellas, Cromwell —que movía los hilos del reinado de Enrique VIII—, dice constantemente a otros cortesanos: «Cambia ese gesto». Con lo que quiere decir: *Tus expresiones faciales están dando demasiada información sobre tus verdaderos sentimientos y corres peligro mortal.*

Pero a mí nunca se me ha dado bien cambiar el gesto.

Una noche, en una presentación en Michigan, una mujer que hacía cola para que le firmáramos el libro nos dijo:

—Hacéis una pareja increíble. ¡Deberíais casaros!

—¡Ya lo sé! —dijo Rayya—. Si Liz no fuera heterosexual, estaría casada conmigo.

A lo que respondí:

—¡Vamos a ver, que si no estamos casadas no es por el hecho de que yo sea *heterosexual*! ¡Sino porque ya estoy *casada*! Y quiero ser buena.

Y acto seguido me callé, avergonzada.

Para ser justa, lo que dije era cierto. La orientación sexual no tenía nada que ver con mi decisión de mantener en secreto mis sentimientos por Rayya. El género de la persona que amo no puede importarme menos. Pero también era cierto que estaba intentando ser *buena*. Y en aquel momento pensaba que ser buena significaba ser fiel a mi matrimonio, del que se cumplían diez años. No soportaba la idea de fracasar en otra relación o de causar más conflicto o trastorno en mi vida y en la vida de otros. Había avanzado tanto desde mi época de caos sentimental (o eso creía yo) que no quería pasar nunca más por el estigma de otra relación rota. Y estaba orgullosa de mi matrimonio apacible y afectuoso. Mi fidelidad era la demostración de que yo era una persona estable, normal, responsable, fiable y, sí, también *buena*. De manera que necesitaba establecer un límite claro entre Rayya y yo para asegurarme de que éticamente mi comportamiento era irreprochable y no tenía motivos para avergonzarme de mí misma.

Pero al parecer no estaba haciéndolo demasiado bien, porque ¿a qué venía una conversación así en una firma de libros, delante de una completa desconocida?

«Cambia el gesto y cierra la boca», me dije con firmeza y a continuación pregunté a la persona que iba siguiente en la cola:

—¿Para quién es la dedicatoria?

Más tarde, aquella noche, sola en mi habitación de hotel, lloré porque echaba de menos a Rayya, pero también por lo que estaba ocurriendo con mi vida.

Empezaba otra vez a estar fuera de control.

Estaba perdiendo las riendas.

Cambia el gesto.

Olvídate de eso.

Trágatelo.

Escóndelo, escóndelo, escóndelo.

Tener secretos es agotador —tanto como las giras de promoción de un libro— y pasé gran parte de ese año exhausta. Pero también daba gracias por poder estar con Rayya, y es verdad que éramos excelentes compañeras de viaje. Nos sosteníamos mutuamente, nos hacíamos reír y nos protegíamos, cada una a su manera. Rayya me peinaba y maquillaba para todos los eventos y hacía de guardaespaldas cuando la gente trataba de acercarse demasiado. Desde el éxito abrumador de *Come, reza, ama*, me asustaba encontrarme arrinconada por personas inestables, exigentes o de alguna manera conflictivas, a las que, por supuesto, Rayya gestionaba con toda facilidad.

Una de las primeras presentaciones del libro de Rayya se celebró en un bar del Lower East Side en Manhattan, dentro de una lectura grupal titulada «Voces desde los márgenes». La había animado a que leyera el primer capítulo del libro, un relato descarnado (pero también extraña e inesperadamente divertido) de cuando fue secuestrada y agredida después de que un intercambio de drogas se torciera. Aquella noche Rayya no se limitó a leer el capítulo, sino que lo interpretó, y al público le encantó. Estaban sin respiración, riendo y maravillados, y cuando terminó le dedicaron una gran ovación.

Pero concluido el acto, una mujer se nos acercó y nos regañó por no haber hecho una advertencia de contenido delicado antes de la lectura.

—¿Qué es una advertencia de contenido delicado?— preguntó Rayya.

Yo tampoco había oído la expresión, estábamos en 2013.

Con expresión de desaprobación, la mujer nos dijo:

—Es una advertencia que hay que hacer antes de revelar públicamente material que pueda herir sensibilidades. Lo que ha leído esta noche era violento e inquietante. Alguien del público podría haber sufrido una reacción traumática a partir de experiencias propias. —Me miró y añadió—: Y usted sí debería saber lo que es una advertencia de contenido delicado, señora Gilbert.

Al momento me sumí en una espiral de vergüenza y profunda sensación de fracaso moral, que es lo que me pasa cada vez que alguien me critica.

Pero no a Rayya.

Antes de que me diera tiempo a pedir disculpas, Rayya acorraló a la mujer contra la pared y le dijo:

—Escucha, bruja: si no querías que hirieran tu sensibilidad esta noche, no deberías haber venido a una lectura en un bar del Lower East Side titulada «Voces desde los márgenes».

La mujer intentó decir algo, pero Rayya la interrumpió.

—¿Te ha pasado alguna vez algo de lo que he contado? —quiso saber—. Dime la verdad. ¿Te ha secuestrado algún psicópata? ¿Te han violado con una pistola?

—No, pero...

—Bueno, pues es que resulta que ese material sensible del que me hablas es mi puta vida. Esa mierda me pasó de verdad. Es *mi* historia, *mi* libro, cuenta la historia de *mi* cuerpo y no vas a hacer que me sienta avergonzada por compartir la verdad sobre mi vida. De hecho, si eres incapaz de disfrutar de la velada como el resto de la gente, lárgate. A nadie le interesan tus chorradas.

Así de efectiva era Rayya como guardaespaldas.

Lo que no se le daba tan bien eran las entrevistas, que para mí son coser y cantar. Podrías despertarme de un sueño profundo en plena noche, ponerme un micrófono delante y decirme que estoy en directo en la NPR y me quedaría tan ancha. En cambio a Rayya la aterrorizaba que la entrevistaran. Su mayor temor era, en sus propias palabras, quedar «como una puta idiota» en público. Siempre insegura respecto a su falta de estudios y su dicción, temblaba de miedo antes de cada entrevista. Yo la preparaba antes, le recordaba que era la principal experta en el tema de su libro: ella misma.

Pero la gente a menudo le hacía preguntas para las que Rayya no tenía respuesta. En aquel entonces había guerra en Siria y los entrevistadores a menudo daban por hecho que, como nativa del país, tendría una opinión especial sobre el conflicto. Pero Rayya era la persona con menos conciencia política que he conocido en mi vida y no tenía ni idea de lo que estaba pasando en Siria. Así que la enseñé a decir a los periodistas: «Mira, no soy especialista en eso. Salí del país de niña y nunca he mirado atrás. Pero si quieres preguntarme por la escena punk y underground del Detroit de los ochenta…».

Rayya también tenía pavor a quedarse en blanco durante una entrevista. Así que la enseñé a, en caso de no saber cómo contestar a una pregunta, decir: «Perdóname, pero he consumido tantas sustancias que la cabeza no siempre me funciona bien. Dame un minuto para pensar». Esa respuesta siempre suscitaba risas y quitaba tensión.

En realidad no tenía motivos para estar preocupada, porque salió airosa de las entrevistas igual que salía airosa de todo: siendo ella misma, mostrándose como una persona descarnada y vulnerable que no se parecía a nadie. Y, cuando hicimos una presentación juntas en la Sydney Opera House, la animé a cerrarla cantando el padrenuestro en arameo, tal y como le había enseñado su abuela en Siria. La voz de Rayya, potente y a capella llenando aquel teatro legendario con viejas palabras de fe, fue como una conexión directa con la divinidad. El público lloró.

Hicimos juntas una reverencia.

Ahora me doy cuenta de que aquel año Rayya y yo *brillamos* igual que dos estrellas del firmamento. Yo, una autora felizmente casada de fama internacional. Ella, un ejemplo radiante del milagro de la sobriedad. Las dos publicitando nuestra historia, viendo mundo y ofreciendo inspiración. Pero las dos también estábamos, cada una a su manera, asustadas, preocupadas y llenas de secretos apenas contenidos.

Todos los cuales no tardarían en aflorar.

Porque, después de todo, la verdad tiene piernas.

Y cuando todo lo demás ha saltado por los aires, la verdad siempre —pero siempre— sigue en pie, esperando pacientemente a ser vista por fin.

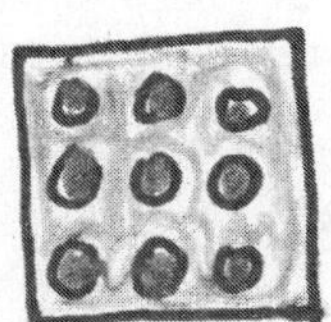

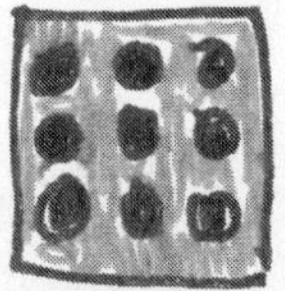

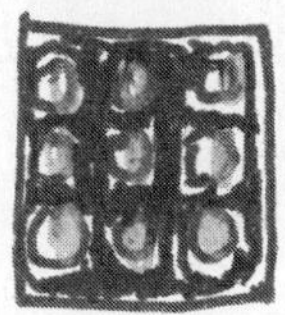

HAZ DE TU CASA UN TEMPLO

Resulta que dejarlo no es lo mismo que recuperarse.

Cualquiera puede dejar algo durante un tiempo.

Cualquiera puede apretar los dientes,
meterse los puños en los bolsillos
y apartar la vista de sus deseos.

Cualquiera puede hacer marcas de tiza
en las paredes de su celda,
tachando días con desgana.

Tú eso lo has hecho.

Durante semanas, meses..., a veces incluso años.

Ser buena, seguir limpia, pasear con ataduras invisibles.

Hasta que no lo soportas más, y entonces te desbocas.

Niña, necesitamos que dejes ya de hacer eso.

La solución esta vez no es intentarlo con más ahínco.

No más intentos, de hecho.

(No más trucos tampoco).

Solo una invitación, y dice:
Entrégalo todo a Dios.

Haz de tu casa un templo consagrado al vacío,
mi niña querida y cansada,
y la paz irá a vivir contigo para siempre.

Cabrones inflexibles

En algún momento de 2013 —no recuerdo cuándo exactamente—, Rayya me preguntó si podíamos ir a cenar solas. Había algo que quería contarme en privado, me dijo. Algo que temía que me llevara a juzgarla, o a malinterpretarla por completo.

«Puedes contarme lo que quieras», fue mi respuesta, porque era verdad, podía.

Aquella noche, mientras comíamos sushi, Rayya se lanzó a relatarme una historia de lo más increíble. Me dijo que, la última vez que había vuelto a Detroit, algunos de sus amigos y parientes le habían organizado una «intervención a la inversa», reuniéndose para pedirle que por favor, por lo que más quisiera, empezara a beber vino.

Al parecer, los seres queridos de Rayya en Detroit querían poder compartir una buena botella de vino con ella de vez en cuando, igual que hacían con otras personas. ¿Por qué tenía que privarse Rayya de una botella de vino, preguntaban, en especial en comidas de postín o de celebración? ¡Siendo ella tan amante de la buena mesa, además, alguien que valoraba las cosas ricas! Por lo visto, también la informaron de que odiaban verla encasillada para siempre en esa etiqueta de «adicta», ¡cuando llevaba tanto tiempo sin consumir drogas y era evidente que estaba curada! ¿Cuándo se libraría por fin de esa etiqueta indigna que suponía reconocer sus adicciones? ¡Era como si Rayya estuviera obligada a llevar la letra escarlata! ¡Si la persona que era ahora no tenía nada que ver con la de más de veinte años atrás! ¿Por qué tenía que seguir exiliada de la placentera experiencia de las bebidas adultas igual que una niña pequeña? ¿Por qué seguir excluida? Cada vez que Rayya no bebía, hacía sentir raros *a los demás.*

«Venga —habían dicho estos seres queridos, pero curiosamente anónimos—. ¡Tómate una copa de vino con nosotros! ¡Prueba! ¡No te va a hacer daño!».

—Así que me tomé una copa de vino —confesó Rayya— ¡y la disfruté muchísimo! Y no me hizo ningún daño. Así que lo que quiero decirte, aunque me da terror, es que me gustaría empezar a tomarme alguna que otra copa de vino contigo en la cena. ¡Pero me daba miedo sacar el tema porque pienso que me vas a condenar por ello y te voy a perder!

—¡Nunca me vas a perder, cariño! —dije—. ¡Jamás en la vida! —Y, a continuación, como buena fanática de los grandes gestos de lealtad, añadí—: Es más, vamos a pedirte esa copa de vino ahora mismo.

Y llamé al camarero.

—Ay, Dios mío. No sabes cuánto me alivia tu reacción —dijo Rayya secándose los ojos—. Me daba terror lo que pudieras decirme. Y me aterra lo que puedan decir mis amigos sobrios porque son un hatajo de fundamentalistas dogmáticos. Ya sabes que un programa de doce pasos tiene mucho de secta. Para esos cabrones inflexibles todo es o blanco o negro. Así que no hace falta que se lo contemos, ¿vale? Porque fliparían en colores, y no me apetece aguantar eso. Pero lo que quiero que entiendas, cariño, es que esto *no tiene* ninguna importancia. Sabes que nunca he sido adicta al alcohol, ¿verdad? ¿Me has oído hablar *alguna vez* de beber alcohol? Siempre he odiado emborracharme. Odio el sabor, odio la sensación. Con el alcohol no habría conseguido *ni acercarme* a donde necesitaba llegar, a estar tan puesta y tan anulada como necesitaba estar entonces. Para eso necesitaría heroína y cocaína. Y además, para cuando el alcohol te noquea, ya estás vomitando y malísima, y, cuando quieres darte cuenta, te han llevado al hospital y te han hecho un lavado de estómago. A tomar por culo esa mierda. Es un lío. Y además tampoco puedo tomarme más de una copa de vino sin que me siente mal. En realidad, odio un poco el alcohol. Así que no hay ningún peligro.

Veamos.

No sé si aquella conversación en Detroit, cuando los seres queridos de Rayya «se reunieron» para suplicarle que empezara a beber vino, se produjo en realidad. Pero sí sé que si yo no hubiera estado tan ciega de amor, o si hubiera sido una persona distinta, quizá le habría hecho unas cuantas preguntas aclaratorias a Rayya.

Que tal vez habrían empezado por: «Espera, ¿cómo que una "intervención a la inversa"? *¿Qué me estás contando?*».

Y tal vez habrían terminado con: «Espera, ¿cómo es que quieres beber vino si odias el alcohol?».

Desde luego en algún momento de su relato podría haberla interrumpido y preguntado: «Espera, ¿me puedes explicar por qué quieres ocultarle esto a tus amigos del grupo de apoyo? ¿No eras tú la que me decía siempre que los secretos son la verdadera enfermedad?».

Pero no pensé ninguna de esas cosas.

En lugar de eso, pensé: «Rayya está muy por encima del resto de la gente. Las reglas normales no son aplicables en su caso».

Y así fue como, en los años siguientes, vi a Rayya beber vino con sus amigos cada noche durante la cena. Solo una copa. En ocasiones dos. O quizá una cerveza seguida de una copa de vino. O una cerveza, varias copas de vino y un cóctel, seguidos de un whisky y un licor digestivo. Y por supuesto la vi beberse un océano de amargos de angostura con cada comida, en ocasiones en cualquier momento del día, si le dolía el estómago. Pero jamás la vi borracha o fuera de control. Quizá algo exaltada en algunos momentos, pero nunca *perdiendo los papeles*. Excepto quizá esa vez, en el cumpleaños de un amigo, cuando parecía haber bebido mucho y pensé que tal vez no debería haber conducido. Pero no dije nada porque Rayya era una conductora excelente y siempre me había sentido segura con ella al volante.

Y luego estuvo aquella noche en que se emborrachó y armó tal jaleo en un restaurante de San Francisco que pasé muchísima vergüenza, por ella, por mí y por todos los que se vieron afectados. De vuelta al hotel, Rayya se desmayó en la acera y un amigo tuvo que ayudarme a arrastrar su cuerpo semiinconsciente calle abajo, por el vestíbulo del hotel y hasta nuestra habitación.

—Tiene un hígado muy delicado —le dije al atónito portero del hotel—. Nunca se pone así. No es que tenga un problema con la bebida ni nada.

¡Aquí no ha pasado nada, señores!

Al día siguiente Rayya estaba tan indispuesta y deshidratada que llamé a uno de esos servicios antirresaca a domicilio que te ponen una vía intravenosa con electrolitos y vitaminas. Desde luego fue un comportamiento facilitador de libro por mi parte, pero lo que recuerdo especialmente es esto: mientras yo la miraba exhausta —después de pasarme la noche despierta cuidándola mientras vomitaba y sufría—, Rayya se dedicó a bromear con la enfermera sobre lo mucho que le gustaban las agujas y los fármacos. Llegó incluso a decirle: «Oye, ¿qué tal si me dejas chutarme con algo que lleves escondido en ese maletín negro?».

Lo dicho: ¡aquí no ha pasado nada, señores!

El caso es que, por aquella época, el alcohol tenía un papel tan grande en mi propia existencia que en ningún momento me cuestioné si era bueno o malo, saludable o nocivo. Beber ha sido parte importante de mi historia familiar y también de mis dos matrimonios. (Para empezar, a mis dos maridos los conocí en bares). El vino, sobre todo, era una presencia habitual en mi hogar familiar, el invitado elegante y locuaz que siempre era bienvenido a la mesa. Así que estaba más que dispuesta a beber vino con mi persona favorita. Y con Rayya beber era divertido porque con ella cualquier cosa era divertida.

Luego resultó que Rayya tenía motivos para temer que su grupo de apoyo flipara en colores cuando supieran que estaba bebiendo. Porque no tardaron en enterarse. Y fliparon mucho. Unos más que otros, en función de lo unidos que estuvieran a Rayya o de lo duro que hubieran tenido que trabajar en sus propios problemas de codependencia, pero todos fliparon bastante. Algunos lloraron, otros se enfurecieron, algunos discutieron con ella, otros la expulsaron de su vida aduciendo que no podían permitir que esa clase de comportamiento pusiera en peligro su propia sobriedad. Y algunos contraatacaron con cosas tales como:

«No *esperes* que te dé el visto bueno a esta puta patraña, Rayya».

O: «No pienso fingir que no pasa nada mientras mi amiga se miente a sí misma diciéndose que no es una adicta».

O: «¿Cómo se te ocurre abrir la puerta así al consumo de *cualquier* sustancia? Aparte de ser adicta, ¡tienes hepatitis C, tronca! ¿En serio vas a ponerte a beber alcohol con un hígado hepático? ¡Va a matarte!».

Pero Rayya insistía en que no tenía un problema con el alcohol, en que su médico le había dicho que no pasaba nada, en que ya *no era* adicta. Es más, según ella, todos esos fanáticos de la sobriedad necesitaban tranquilizarse de una puta vez y meterse en sus propios asuntos..., ¡y, ya de paso, preguntarse por qué seguían siendo tan infelices después de casi veinte años de recuperación! Si tan maravilloso era hacer un puto programa, ¡por qué seguían protestando y gimoteando en las reuniones semanales sobre las mismas neuras de mierda? ¿No se hartaban nunca del sonido de su propia voz? ¡Hatajo de víctimas!

Lo que hizo Rayya a continuación fue básicamente echar de su vida a todos sus amigos sobrios. Eso, o acusarlos de haberla abandonado. Le dolía que no confiaran en ella, pero se negaba a seguir viviendo de acuerdo con sus códigos. Además, eran unas personas negativas y deprimentes, así que a tomar por culo.

Con la perspectiva que dan los años, sé que debo tener mucho cuidado con cómo cuento esta historia. Debo tener cuidado con cómo juzgo a Rayya, también cómo me juzgo a mí entonces por no poder o no saber ver los peligros de aquella situación. Sin la presencia atenuante de la clemencia, la retrospectiva puede ser una divinidad cruel que condena sin rodeos a aquellas dos ignorantes mortales por algo que no sabían: *¿cómo pudiste ser tan estúpida y temeraria?*

Y también debo recordar las desoladoras reglas de la Escuela Tierra. Lo cierto es que hay situaciones en la vida humana en que no somos capaces de ver más allá de lo que consideramos cierto *en ese momento preciso*. Solo disponemos del aprendizaje adquirido hasta entonces. Hoy —y ayer mucho menos— no podemos acceder a la sabiduría de mañana. Y cuando la sabiduría llega por fin, para bien o para mal, a menudo lo hace en forma de experiencia dolorosa. Y, si no has vivido aún esa experiencia, no puedes tener la sabiduría.

Así es como funciona la Escuela Tierra, y no te puedes saltar cursos.

Por tanto, permitidme ser humilde y clemente cuando digo que hoy, casi diez años más tarde, sé mucho más sobre la adicción de lo que sabía entonces. Desde luego no lo sé *todo*, pero he aprendido mucho. Y ese aprendizaje lo hice gracias a mi dolorosa experiencia con la recaída de Rayya, así como a mi recuperación de mi adicción al sexo y al amor, que aún prosigue. Y, lo que quizá ha sido lo más educativo y también devastador, ahora tengo acceso a los diarios de Rayya, que me dejó al morir y que me animó a usar como documentación para el libro sobre ella que quería que escribiera algún día. En esos diarios, Rayya revela la verdad de lo que ocurría en aquellos años. Bebía y sufría hasta unos extremos que en su momento no vi… porque ella no me dejaba verlo. No dejaba verlo a nadie. Ni siquiera a mí, su amiga para hacer todo el camino «hasta la orilla misma del río». Y por supuesto no dejó que nadie de su grupo de apoyo conociera la verdadera dimensión de su dolor.

«Sin duda soy una adicta —escribe en 2008—. ¿Estoy bebiendo? ¿Tomar amargo de angostura es beber? ¿Sí o no? No estoy segura de que pueda considerarse recaída. ¿Estoy abusando? ¿Estoy echando a perder mi sobriedad? No, no tengo la más mínima intención de joder una sobriedad tan buena, lenta, duradera y hermosa».

Esas palabras fueron escritas varios años antes de que las botellas de angostura hicieran su aparición en público y mucho mucho antes de que Rayya empezara a fingir que ignoraba su contenido en alcohol. Pero al parecer ya se había dado cuenta de que la situación era un problema potencial. Un problema que había decidido guardarse para ella.

«Podría estar la cabeza jugándome malas pasadas? —se pregunta Rayya de nuevo respecto a la bebida en una entrada del diario unos meses después—. ¿Estaré negando mi enfermedad?».

En esa entrada se promete que irá a una reunión ese mismo día y sacará el tema, pero no sé si lo hizo. Lo que sí hizo ese año —a menudo, al parecer— fue encerrarse en la iglesia varios días seguidos y ahogar sus sentimientos en comida, alcohol y televisión. «Ver televisión, comer y dormir. ¿Pereza o depresión? No soy experta, pero lo que sí sé es que he perdido la alegría de vivir».

En 2010 se muestra más enfática respecto a su problema.

«¡DEJA DE BEBER!», es el último y más perentorio de sus propósitos de Año Nuevo.

Pero no deja de beber, y sigue sin contárselo a nadie.

Más tarde ese mismo año, derrotada: «Soy un puto desastre y estoy loca».

«Vino, vino y más vino —escribe en 2011—. ¿Tan malo es? ¿Es como la heroína? No lo creo, pero el caso es que últimamente me tiene atrapada».

¿Cómo que *atrapada* por el vino? Esto lo escribió dos años antes de que me explicara que sus seres queridos de Detroit le habían hecho una «intervención a la inversa» para pedirle que se tomara una copa de vino de vez en cuando.

Para 2012, coincidiendo con la época en que yo consideraba a Rayya la persona que tenía la respuesta a todos mis problemas y cuya presencia borraba de un plumazo mi dolor y mi miedo, escribe: «¿Por qué sufro? Tengo miedo de mí misma, de mis pensamientos. Cuando me despierto por la mañana tengo miedo al día. Tengo miedo de sentir porque lo asocio al dolor. Tengo miedo de no poder cuidarme sola. De no saber cosas, las que sea. Así que me pongo la coraza. No dejo entrar a nadie, salgo a la jungla de asfalto y me convierto en todo lo que me asusta. Me hago PODEROSA».

Antes de seguir, tengo que mencionar algo doloroso para limpiar mi conciencia.

Ha habido épocas en los años desde que murió Rayya en que me he culpado de lo que le pasó, de su declive gradual seguido de la recaída definitiva en la adicción activa.

¡Porque mirad lo que hice!

La convencí de dejar Nueva York, separándola del grupo de apoyo que era su familia espiritual desde hacía muchos años. La instalé en una antigua iglesia en mitad del campo y la dejé a solas con sus pensamientos por toda compañía, una situación siempre peligrosa para una persona adicta. Le encargué escribir un libro que no estaba segura de poder escribir, desencadenando con ello sus inseguridades y miedos más profundos. La arrastré a un estilo de vida en el que el alcohol era el centro de cualquier reunión mínimamente sofisticada. Reforcé las historias que más ensalzaban su ego, tratándola como si fuera poco menos que el poder supremo del universo y compré por completo esa mitologización de sí misma como «poderosa». Y, lo peor de todo, estuve años sin expresarle mis verdaderos sentimientos, algo que es probable que creara una nube de confusión, de señales contradictorias y de perplejidad dentro de su cabeza respecto a la verdadera naturaleza de nuestra relación.

«Normal que bebiera», me digo a veces.

Pero debo tener cuidado con esa forma de pensar, porque la culpa es uno de los métodos favoritos de mi ego para derribarme, y, si me hundo en ella a suficiente profundidad, terminaré recayendo también yo, solo para aliviar el dolor. La terrorista que vive dentro de mi cabeza está siempre diciéndome que soy culpable del dolor que haya sentido alguna vez cualquier persona asociada a mí. Mi codependencia me hace concebir ideas marcianas sobre ser responsable de los demás, y mi ansiedad distorsiona mi percepción de la realidad, convenciéndome de que puedo controlar a las personas y mantenerlas a salvo si me esfuerzo lo suficiente.

Pero no puedo controlar a nadie.

Y tampoco puedo proteger a las personas de sus propias decisiones.

Los adultos son libres de hacer lo que deciden, incluso si eso los lleva a la autodestrucción o la muerte. Y, tal y como siempre me recuerda mi madrina cuando estoy a punto de entrometerme en el territorio de alguien, «Dios no te trajo a la vida de esas personas para que las controlaras».

Porque no puedo controlarlas.

Bastante me cuesta ya controlarme a mí misma.

Y, como me cuesta tanto controlarme, he cometido equivocaciones. Equivocaciones graves. He utilizado a personas y he intentado manipularlas de maneras nada éticas. Y desde luego utilicé y manipulé a Rayya para que me proporcionara la sensación de seguridad y el valor que yo no era capaz de reunir por mí misma. Pero también tengo que recordarme todos los días —algunos varias veces— que no soy responsable de las adicciones de nadie, porque no tengo tanta autoridad. No puedo obligar a alguien a consumir ni tampoco (tal y como me ha enseñado la vida una y otra vez) impedir que consuma.

Y jamás en la historia ha podido alguien impedir algo que a Rayya Elias se le hubiera metido en la cabeza hacer. Su voluntad era igual que un tren despendolado y lleno hasta arriba de explosivos.

Y lo mismo puede decirse de mí.

Y de todos los adictos.

Somos trenes despendolados y nadie ni nada puede impedirnos poner en práctica nuestras peores y más demenciales ideas una vez estamos decididos.

Solo un milagro.

DÉJALO SALIR

Alguien me dijo una vez en una reunión del programa de doce pasos:

¿Te crees la única aquí que ha vivido un infierno, tronca?

¿Te crees que nadie aquí ha querido lo mismo que tú, encontrar la manera de colocarse sin pagar después por ello?

¿Te crees que nadie se ha esforzado tanto como tú por encontrar un colocón duradero?

¿Te crees que alguien aquí tenía ganas de dejar la única cosa que le hacía sentir bien?

¿Te crees que no las pasó putas cuando por fin la dejó?

¿Te crees la única que ha perdido algo irrecuperable?

¿Te crees que alguien piensa que mantenerse sobrio consiste en ser más fuerte que los demás?

¿Mejor? ¿Más listo? ¿Más disciplinado?

¿Te crees que esto va del tiempo que has completado
o de cuánto de ti misma estás dispuesta a alejar
del alcance de los demás?

Buen intento.

Pero qué putoequivocada estás, amiga.

Esta noche lo has entendido todo al revés, peque.

Ahora mismo todo lo que necesitas saber es esto:

Tu ego lucha a vida o muerte, y no descansa.

Y tu adicción te grita a voz en cuello que no te olvides de ella.

Y tu cabeza está ocupada contándote sus peores mentiras.

Tu única posibilidad de sobrevivir es dejar de luchar.

Ríndete a la total imposibilidad
de organizar tu vida de acuerdo con tus deseos,
y comprobarás que las cosas se vuelven mucho más fáciles.

Controlas el mundo mucho menos de lo que te crees, novata,
y, si quieres ser feliz, intenta controlar *aún menos*.

Deja de cerrarte a ese regalo maravilloso que te hemos dado
para curarte inmediatamente.

Se llama *rendición.*

Lo tienes en la mano ahora mismo,
pero también estás aplastándolo.

Chica, abre la mano.

Tronca, déjalo salir.

WHAT
HURTS YOU
BLESSES
YOU.
DARKNESS
IS
YOUR
CANDLE -
Rumi

Esto es lo que no quiero que nadie sepa de mí hoy

Dejadme parar aquí un momento.

Dejadme recobrar el aliento, en este momento y lugar.

Mientras escribo estas palabras, Rayya lleva muerta 2.137 días.

Yo llevo limpia y sobria 1.617 días.

Como adicta al sexo y al amor en recuperación, llamo «día limpio» a cualquiera en el que no he usado a otro ser humano de estimulante, de sedativo, de pastilla para dormir, de juguete sexual, de niñera, de sustituto de figura paterna o de vistoso trofeo; tampoco como oráculo de Delfos de infinita sabiduría que está ahí para contestar a mis preguntas vitales más difíciles, y por supuesto tampoco como un espejo en el que mirarme en busca de pruebas de que soy cautivadora, atractiva, apreciable, normal, respetable, especial, deseable, valiosa, irremplazable, adorada, segura de mí misma o buena.

Ser una adicta al sexo y al amor en recuperación no significa que no pueda volver a experimentar ninguna de esas dos cosas; tan solo que debo hacerlo de manera controlada, y cuento con un plan al respecto para cuando llegue el momento, si es que llega. Hablaré de él más adelante.

Pero estar limpia y sobria (al menos para mí) también significa que decido dejar de consumir drogas o alcohol. En cualquiera de sus formas. Lo único que hacen las drogas y el alcohol es allanar el camino de mi adicción primaria. A ese guardián perezoso e ineficaz que he situado a mis Puertas del Sentido Común le basta un sorbo de alcohol para empezar a invitar a todo el mundo a entrar sin molestarse en comprobar sus credenciales ni pedirles su documento de identidad. Por tanto las sustancias potencialmente psicoactivas son inherentemente peligrosas para mí. Y, parafraseando a Rayya, tampoco es que me lleven ni de lejos hasta donde quiero ir.

Sobre todo, tal y como he aprendido estos últimos cinco años, estar sobria y siguiendo un programa de recuperación implica tener mucho, pero que mucho cuidado con lo que pienso, y no dejar nunca mis pensamientos sin analizar o sin comunicar. Para proteger mi sobriedad, cada día debo revelar a alguien la verdad de lo que ocurre dentro de ese manicomio decimonónico cerrado a cal y canto que es mi cabeza.

Una adicción es una enfermedad de la mente. Es una enfermedad que busca a toda costa acorralarme en la oscuridad de mis pensamientos para matarme. Y empieza a matarme llenándome la conciencia de una multitud de pensamientos lúgubres y siniestros sobre la mierda de persona que soy, sobre lo horribles que son los demás, sobre lo maltratada e incomprendida que he sido siempre, sobre las equivocaciones imperdonables que he cometido, sobre lo espantoso que es este mundo y lo mucho que me merezco algo que alivie todo este sufrimiento de forma instantánea.

Mi opinión es que todo ser humano se enfrenta a estos pensamientos destructivos y demoniacos, pero que en el caso de los adictos enseguida se vuelven incontrolables e insoportables. Una vez se desata la tormenta de pensamientos —provocada, tal y como dice el Gran Libro de Alcohólicos Anónimos, «por cien manifestaciones distintas de miedo, autoengaño, egocentrismo y autocompasión»—, estoy perdida. Mi adicción me llevará a pensar que estoy en un infierno y a continuación intentará convencerme de que la única manera sensata de salir de él es: usar algo o a alguien de fármaco, tener un comportamiento desaforado, perder el control o morirme. Y esas voces sombrías siempre están aconsejándome que mantenga en secreto los tormentos de mi vida interior.

Si Satán existiera, su método más efectivo para sembrar dolor y destrucción sería esconderse dentro de la mente humana y decir cosas como: «Eres un fracaso y un puto desastre, nadie te comprende, te mereces un respiro, deberías salir a tomar una copa, o a darte un atracón de comida, o a gastar dinero, a follarte a alguien, a tomar las riendas de la existencia de alguien, a echar tu vida por la borda o a pegarte un tiro..., *pero no le cuentes a nadie nada de lo que te he dicho*».

(Satán, que en hebreo significa «adversario» o «acusador», es una siniestra figura interior a la que conozco demasiado bien).

La mejor manera de adelantarse a ese paisaje infernal que es mi cerebro adicto es hacer un ejercicio de sinceridad total en el entorno de una comunidad sobria y de confianza. Cada día tengo que sacarme los pensamientos de la cabeza y ponerlos en palabras, a plena luz, donde puedan ser vistos, comunicados y su veracidad puesta a prueba por personas a las que importo y que comprenden la naturaleza de la adicción. Como parte de mi recuperación, debo (no debo, sino que *puedo*) hablar con mi madrina a diario y presentarle mi última hornada de miedos, fantasías y resentimientos. Pero también tengo ocasión de expresar mis pensamientos y sentimientos dolorosos en reuniones y de analizarlos en privado dentro de mi hermandad de adictas al sexo y al amor en recuperación. Con una de mis mejores amigas del programa hablo por teléfono varios días a la semana y la conversación siempre empieza por: «Vale, amiga, esto es lo que no quiero que nadie sepa de mí hoy».

Porque así es como te mantienes sobria. Es fundamental que le cuentes a alguien cosas que no quieres que sepa nadie más. De otro modo, tu yo en la sombra seguirá dirigiendo el cotarro desde los rincones más tenebrosos de tu cabeza, nutriéndose de oscuridad, atento a la mínima oportunidad de atacar y derribarte una vez más…, quizá para siempre.

A fin de cuentas y tal y como se dice en los grupos de apoyo: «La adicción no descansa; solo espera».

Cuando pienso en Rayya y Liz en el año 2013 (con Rayya fingiendo que sigue sobria y Liz fingiendo que no está enamorada de Rayya), se apodera de mí un deseo irrefrenable de colarme por un portal en el tiempo, sentarlas a las dos a una mesa y decir: «Vamos a ver, chicas: *tenéis* que contarle a alguien lo que está pasando aquí. Las dos lleváis vidas secretas y eso os va a destruir. Este grado de ocultamiento, de negación, estos intentos de autocontrol, este automedicarse sin ton ni son, este *consumo* no es sostenible para ninguna de las dos. Os vais a estrellar como no le hagáis frente».

El caso es que Rayya *ya tenía* una comunidad integrada por adictos en recuperación que llevaban años queriéndola y que habrían escuchado de buena gana la admisión de su vergüenza y sus miedos y la habrían ayudado a procesar su irrefrenable deseo de beber. La habrían guiado de vuelta a los principios del programa, a los actos de servicio que nos mantienen sobrios; a una situación de humildad y rendición. Pero Rayya había echado a todas esas personas de su lado para trazar su propio camino. Y lo último que debe hacer una persona adicta es trazar su propio camino.

Rayya también había echado de su vida al Dios de su entendimiento. De hecho, durante aquellos vertiginosos años de éxitos y secretos, las dos habíamos dejado de lado nuestra conexión con una inteligencia superior. Y a los adictos no les conviene perder el contacto con un poder superior, porque empiezan a creer que su pensamiento trastornado es la inteligencia suprema del universo, y eso nunca termina bien.

Me vienen a la cabeza dos cartas conmovedoras que se intercambiaron a principios de la década de 1960 el psicoanalista suizo Carl Jung y Bill Wilson, cofundador de Alcohólicos Anónimos. En su carta, Bill W. (como se lo conoce en los grupos de apoyo), da las gracias a Jung por un incidente ocurrido treinta años antes. Un doliente alcohólico americano llamado Rowland H. había viajado a Suiza para conocer en persona a Jung y suplicado al famoso médico que lo curara de su adicción. Al parecer Jung estuvo muchos meses tratando a Rowland, quien sin embargo recaía una y otra vez. Al final Jung decidió que no podía hacer nada más por aquel hombre, que el pobre desdichado era inmune a la ayuda médica o psiquiátrica y probablemente no tardaría en morir. Cuando Rowland le preguntó angustiado si *no* había cura posible a su alcoholismo, Jung mencionó tener noticia de adictos que se habían salvado después de experimentar un intenso despertar espiritual. Aunque experiencias espontáneas de este tipo eran infrecuentes, en ocasiones se producían. De modo que Jung recomendó a Rowland H. que se buscara una comunidad religiosa y «cruzara los dedos».

Rowland H., desesperado y humillado, no tardó en regresar a Estados Unidos, donde se unió a algo llamado el Grupo de Oxford, un colectivo de individuos de espiritualidad similar convencidos de que el miedo y el egoísmo están en el origen de todo el sufrimiento humano, incluido el sufrimiento que conduce a la adicción. Los miembros del Grupo de Oxford no formaban una agrupación religiosa *per se* —no había cuotas ni mensualidades, no había jerarquía, ni libro de normas, ni estatutos—, sino un «organismo» multiconfesional de individuos que habían renunciado por completo a tratar de gestionar su abrumadora existencia y «puesto su vida en manos de Dios».

Ese era el plan: no tener otro plan que el plan de Dios.

Era una idea bastante radical. Sobre todo por esto: los fundadores del Grupo de Oxford habían llegado a la conclusión de que la voz de Dios puede oírse no leyendo la Biblia o escuchando sermones, sino mediante la contemplación silenciosa y la escucha interior privada. En una época en que prácticas así eran desconocidas en Occidente, de lo que hablaban estas personas era básicamente de meditación. En esencia, el Grupo de Oxford animaba a sus miembros a convertirse en místicos, a prestar atención a voces enterradas dentro de ellos que los guiarían a través de los tormentos del mundo. Voces que solo ellos podían oír.

Y lo más loco de todo es esto: funcionó.

Descubrieron que la pregunta «¿Señor, cuál es tu voluntad para mí?» era muy eficaz para abrir la puerta a la divinidad. Si la formulaban con humildad sincera, oían y *sentían* consejos llegados desde el más allá. Y, cuando seguían ese sistema de guía interior —y se rendían por completo a su voluntad—, muchos recobraban el sano juicio. Incluso algunos de los alcohólicos y adictos más desesperados pudieron por fin encontrar paz y sobriedad.

Con el tiempo, los miembros del grupo también descubrieron que el problema del ensimismamiento podía mitigarse mediante actos de servicio a la comunidad y que superar el miedo es posible gracias a un sistema de «conversaciones» que pueden mantener a diario los miembros y en las que confiesan sus terrores y resentimientos más oscuros con la seguridad de que van a ser recibidos con amabilidad.

Si todo esto recuerda a una reunión de Alcohólicos Anónimos, no es casual, porque el Grupo de Oxford (que logró que Rowland H. alcanzara la sobriedad, y, con el tiempo, hizo lo mismo con Bill A.) fue el modelo en que se basó Alcohólicos Anónimos. Y Alcohólicos Anónimos, con sus numerosos programas de apadrinamiento en doce pasos, incluida la hermandad a la que pertenezco yo ahora mismo, sigue defendiendo esos mismos principios, a saber: que el egoísmo y el miedo son la causa de nuestros problemas mentales; que sincerarnos a diario sobre nuestros pensamientos más oscuros delante de un grupo de amigos comprensivos te mantiene lejos del infierno; que dentro de un «organismo» de personas afines no debería haber ni jerarquía ni cuotas de socio, y que poner tu voluntad en manos de un poder superior de tu entendimiento es lo que en última instancia te libera.

Ese concepto sutil pero audaz de que el único poder superior capaz de liberarte es el poder superior de tu propio entendimiento siempre ha sido una de las claves del éxito del programa de los doce pasos. No importa quién o qué sea el arquetipo espiritual del adicto; lo esencial es que se rinda a una inteligencia más grande que la suya y deje a un lado su hinchado ego para reconocer que su vida está fuera de control y que necesita una gestión nueva y distinta.

No deja de admirarme la infinitud y diversidad de los poderes superiores que he encontrado en los grupos de recuperación. Para algunos de mis compañeros, Dios es un *sentimiento*, algo que experimentan en presencia del arte y de la música, por ejemplo, que eleva su espíritu y les da ganas de vivir. Para otros, Dios es la naturaleza, tal y como indicaría la palabra *God* (Dios) tomada como acrónimo de *Go Out Doors*, Sal al Aire Libre. Y para otros más, Dios es una consciencia que reside en las directrices y la sabiduría colectiva de las reuniones mismas del programa de los doce pasos (tal y como indica el también útil acrónimo GOD, *Group of Drunks*, Grupo de Borrachos).

Tengo compañeros que aún creen en el Dios en el que fueron culturalmente educados, mientras que otros han roto de forma radical con su sistema religioso original, sobre todo si era abusivo u opresivo. Hay quienes sienten que su poder superior es masculino, mientras que otros se guían por madres espirituales, diosas poderosas o un ejército de ángeles sin edad ni género. Hay quienes ven a Dios sencillamente como una *realidad* («aquello que es»), una fuerza inamovible e innegociable contra la que han dejado de luchar. Otros encuentran divinidad en el silencio y la meditación, en un espacio que llaman «unidad sin palabras» u «observación acrítica». Hay quienes experimentan a Dios como el acto de esperar humildemente y sin perder la fe en momentos difíciles en lugar de actuar por impulso. («Dios está en las pausas», nos dicen a menudo y también me han enseñado que PAUSA puede significar «Puede Asomar Una Solución Agazapada»).

Algunos adictos en recuperación se creen guiados por ángeles, mientras que otros piden ayuda a sus antepasados. Algunos creen que Dios les envía señales, sueños y visiones. Yo misma *oigo* a mi poder superior, al que elijo llamar Dios, como una voz de amor incondicional, increíblemente afectuosa e infinitamente sabia, que me habla desde dentro de mi propia mente.

Cada adicto decide por sí mismo a quién o a qué se rinde, pero la capitulación es esencial para que se produzca el milagro de la recuperación.

Rendición.

El problema es que no es tan sencillo.

Rendirse es un concepto al que cuesta enfrentarse y resulta bastante insólito que surgiera de un grupo de hombres blancos cristianos privilegiados de principios del siglo xx, nacidos en una sociedad capitalista, individualista y militarista que les había prometido la felicidad a cambio de la búsqueda continua de poder e influencia y la aspiración constante de riqueza, estatus y bienes materiales. Sin embargo el capitalismo abandonó cruelmente a estos hombres, como a tantos de nosotros, y los dejó en la bancarrota espiritual. El propio Rowland H. (nacido Rowland Hazard Tercero) era descendiente de una acaudalada familia de comerciantes textiles y se graduó en Yale. Se casó con la heredera de una familia de banqueros de Chicago y ejerció brevemente de senador. Pero vivir en la cúspide de la sociedad no lo liberó de una vida de alcoholismo y sufrimiento, y ni los mejores médicos del mundo lograban curarlo. Fue entregar su voluntad a un poder superior lo que le salvó la vida, le devolvió la cordura y dio sentido a su alma.

«Muerte total del ego» es la potente frase que emplea Bill W. en su carta a Carl Jung, en referencia al colapso absoluto del yo (más conocido como «tocar fondo») que debe experimentar un adicto antes de reconocer por fin su impotencia ante sus adicciones. Todo el andamiaje externo que has construido para sostener tu identidad frágil pero obstinada debe romperse y derrumbarse ante tus ojos para que por fin reconozcas que quizá estás fuera de control y ahí fuera puede haber un poder más grande que tú, un poder más grande que nada que tus pensamientos distorsionados puedan proporcionarte.

Jung estaba de acuerdo. Recordando a su paciente Rowland H. de muchos años antes, escribió a Bill W.: «Sus ansias de alcohol eran el equivalente, salvando las distancias, de la sed de plenitud expresada en lenguaje medieval: la unión con Dios». Sin ese poderoso sentimiento de unión espiritual, decía Jung, el hombre corriente «no puede resistir el poder del mal, tan acertadamente llamado el Maligno».

Por eso Alcohólicos Anónimos, con todos sus defectos y su chirriante lenguaje de la década de 1930, sigue siendo la mejor opción cuando lo que se busca es la sobriedad. Las tasas de recuperación de la adicción son escandalosamente bajas, pero se calcula que AA es un 60 por ciento más eficaz que cualquier otro programa a la hora de ayudar a adictos a desintoxicarse y mantenerse sin consumir, precisamente porque guía a las personas hacia una solución espiritual y comunal a una enfermedad para la que, después de tantas décadas, sigue sin haber un tratamiento mejor. Y también porque, después de tantos años, continúa siendo gratis.

Pero hay muchas personas que no soportan el discurso de rendición espiritual. Y, cuanto más fuertes son los constructos del ego, más difícil es liberar la fantasía de la voluntad y el poder propios, y entregarse por completo al flujo de lo que algunos adictos en recuperación llaman «la vida según las reglas de la vida» (y que al parecer los no adictos llaman «vida» a secas).

Cuando leo hoy los diarios de Rayya y comparo su dolor secreto con ese personaje «fuerte» que mostraba en público, me doy cuenta de que no quería reconocer su impotencia ante nadie, ni siquiera ante el Dios de su entendimiento, fuera quien fuera o fuera lo que fuera. No quería que nadie supiera lo que hacía, no destinaba tiempo alguno a prácticas espirituales y desde luego no estaba dispuesta a que nadie le dijera que no debía beber. La «vida según las reglas de la vida» no tenía cabida allí. Allí las únicas reglas las ponía Rayya. Y puesto que Rayya era la cabrona más grande, dura, inteligente, guay y genial del mundo, sus reglas siempre eran una versión extremadamente convincente de «lo tengo controlado».

El problema era que *no lo tenía.*

Y en lugar de buscar orientación en un poder superior, se hacía preguntas a sí misma.

«¿Soy vaga? —escribe—. Cuando pienso en esa palabra, imagino a alguien que no está dispuesto a hacer nada por nadie ni para sí mismo. Que se pasa los días viendo la televisión, comiendo y machacándose».

«Soy adicta —escribe—. Soy adicta a los zapatos, a la comida...».

«Tengo la sensación de que me hundo —escribe—. Qué pena que se me dé tan mal la vida».

«¿Qué quiero? —escribió en su diario en 2009—. Sé lo que quiero: ser rica y famosa, ligar y tener gente que me admire y me adule. Que mis amigos digan: "¡Lo sabía! Sabía que ibas a ser famosa! ¡Sabía que lo conseguirías!". Ya está, ya lo he dicho. La verdad es que haberlo soltado resulta liberador. ¡¡QUIERO SER FAMOSA Y RICA CON DINERO Y SALUD Y SENTIRME DESEADA Y AMADA Y SOBRIA Y TENER UNA RELACIÓN SEXY Y SALUDABLE Y DISFRUTAR CADA MOMENTO DEL DÍA!!».

Quiero, quiero, quiero... Ahí está, el feroz redoble del ego, aporreando el horno abrasador del ser.

Pero querer todas esas cosas no salvó a Rayya ni del secretismo ni del sufrimiento.

Tampoco la salvó de beber.

E incluso en 2013, cuando el libro autobiográfico sobre su triunfo sobre las drogas se publicó con excelente acogida de la crítica y Rayya empezó a conseguir todo aquello que siempre había querido, esto es lo que escribía en su diario: «Las desgracias pasan, la vida pasa y te adaptas o cambias, o te pierdes en ese vacío en el que se ha convertido tu negra realidad. Todos los *debería, podría o desearía* quedan fagocitados dentro de esa costosa melé que es tu vida. Por fuera tu aspecto es cada vez mejor, mientras por dentro estás pudriéndote».

Así como a Rowland H. no pudieron salvarlo la riqueza, el privilegio, un matrimonio dinástico, un puesto de senador o el acceso a uno de los psiquiatras más brillantes y legendarios de la historia, a Rayya Elias no pudieron salvarla el éxito popular y el reconocimiento que siempre había ansiado y que por fin recibía a raudales.

Lo mismo que todos mis éxitos no podían salvarme a mí de mi ansiedad y de mi adicción al amor.

Es cierto que las cosas pintaban «de maravilla» para las dos en aquellos años emocionantes y ajetreados, pero en el fondo no era así.

Y, tal como se escribió Rayya a sí misma entonces, con secreta resignación: «Al menos cuando eres drogadicta todo encaja. Tu aspecto es malo, te sientes mal y tu futuro es negro».

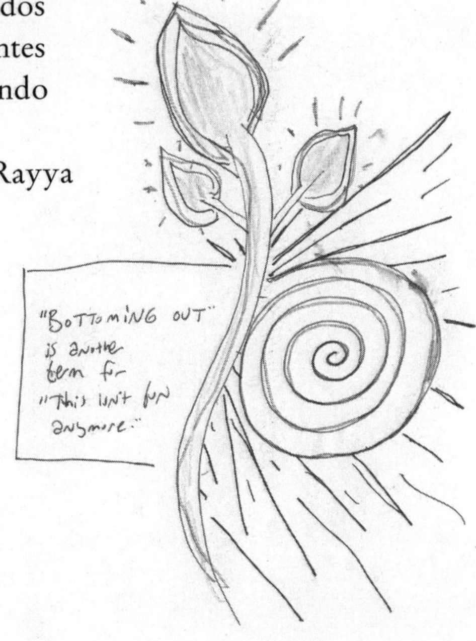

CÓMO RENDIRSE

Por una vez en tu vida,
deja que el cuchillo corte la mantequilla.

Pronto estaré bajo tierra

El 25 de abril de 2016 Rayya me llamó por teléfono.

—¿Estás sentada? —me preguntó, igual que en las películas.

Me senté.

—Me han encontrado tumores —dijo—. Muchos. No solo en el hígado. También en el páncreas.

Me quedé sin respiración y tardé un largo instante en recuperarla.

Sabía que aquel día le hacían una ecografía, pero había dado por hecho, igual que ella, que los resultados no solo serían buenos, sino motivo de celebración.

Hacía poco Rayya se había enterado de que existía un tratamiento nuevo para la hepatitis C, una enfermedad que había maltratado su cuerpo durante años, causándole dolor de estómago, hematomas y hemorragias, así como hinchazón en las piernas y en el abdomen. La hepatitis C siempre se había considerado incurable, pero recientemente los antivirales de acción directa o AAD habían logrado erradicar por completo el virus del hígado tomados en dosis concentradas durante un periodo de entre seis meses y un año.

A Rayya le parecía un milagro. Sin el virus en su organismo, ¡qué no podría hacer! ¡Tendría energía, lucidez! ¡Una vida nueva por delante!

La cura prometida era ciertamente milagrosa, pero nada barata. La mayoría de las aseguradoras no cubrían el tratamiento y, según ciertos cálculos, el acceso a estos fármacos maravillosos podía ascender a ochenta mil dólares. Pero yo le había dicho a Rayya que la ayudaría a pagar el tratamiento si sus médicos lo recomendaban.

¿Qué mejor destino para mi dinero que devolver la salud y el bienestar a mi mejor amiga, mi persona, mi *Rayya*?

Pero antes de tomar los AAD tenía que hacerse una ecografía del hígado y comprobar si era candidata al tratamiento. Nos lo habíamos tomado casi como una mera formalidad. El médico de Rayya prácticamente le había asegurado que saldría bien. Siempre que no tuviera cirrosis avanzada, o cáncer de hígado o algo igual de improbable, cumpliría los requisitos para el tratamiento. Así que pidió cita para hacerse una ecografía en Nueva York a primera hora de un lunes por la mañana, convencida de que le darían luz verde.

Esa mañana estuvo de lo más animada y locuaz con el personal del hospital, feliz ante la perspectiva de liberarse por fin de una enfermedad que la consumía desde hacía treinta años. Pero cuando el técnico ecografista pasó el transductor por el abdomen de Rayya y vio la imagen en el monitor, se quedó muy callado.

A continuación salió de la habitación y llamó a un médico, que entró y miró las imágenes. El médico también se quedó callado.

«Te juro que la temperatura bajó como diez grados —me contaría más tarde Rayya—. Nadie hablaba. Fue entonces cuando supe que me iba a morir».

—Hemos detectado unas masas anormales en su hígado y en su páncreas —informó por fin el médico.

Rayya dijo que el hombre estaba pálido. Era joven. Dolorosamente joven. Saltaba a la vista que no sabía aún hacer esa parte de su trabajo, la parte horrible y emocionalmente desgarradora de tener que comunicar a alguien que es posible que padezca una enfermedad terminal.

—¿Qué han encontrado? —preguntó Rayya.

—Una masa grande y más de doce más pequeñas.

—¿Tumores? —preguntó Rayya.

—Eso parece.

—¿Es cáncer?

—No puedo contestar a esa pregunta. Tiene que llevar estos resultados a su médico de atención primaria y concertar cita para una biopsia.

El médico le dio a Rayya una carpeta con los resultados de la ecografía. No fue capaz de mirarla a los ojos.

—Pero ¿pinta feo? —insistió Rayya.

—De nuevo, no puedo contestar a esa pregunta —dijo el médico apartando la mirada—. ¿Tiene alguna pregunta más para mí?

—Pues no sé, tronco. ¿Tienes tú alguna puta *respuesta* para mí?

—Eh..., no.

—Pues entonces yo tampoco tengo preguntas, tronco.

Rayya salió de la clínica a la luz del día con aquella carpeta, que sabía que contenía su sentencia de muerte, bajo el brazo.

Era una preciosa mañana soleada en el Upper East Side de Nueva York, un vecindario que Rayya no solía visitar. Se sentía perdida. Le costaba trabajo pensar. Sabía que tenía que llamar a alguien, pero no recordaba cómo hacerlo. Sabía que tenía que ir a donde hubiera amigos o familia. Necesitaba llegar donde hubiera alguien que le diera un abrazo, pero no se le ocurría la manera de hacerlo. Caminó hasta una boca de metro sin fijarse qué línea era y empezó a bajar hacia la oscuridad. Al llegar al final de las escaleras, se detuvo. Su cuerpo se negó a dar un paso más.

«Pronto estaré bajo tierra —pensó—. Pero no hoy».

Subió a la luz del sol y paró un taxi.

«Total, para qué quiero el dinero», pensó.

Se echó a reír.

A continuación se echó a llorar.

Fue entonces cuando me llamó.

Vi mi futuro

No puedo contar todo lo que ocurrió a continuación, justo después de que a Rayya le diagnosticaran cáncer terminal, porque eso incluiría conversaciones que mantuve con mi hoy exmarido y no quiero hacer pública esa parte de nuestra historia. Fueron conversaciones dolorosas, pero breves y amables. En ellas por fin dije la verdad sobre mis sentimientos por Rayya. Y convinimos poner fin a nuestro matrimonio.

Sí puedo contar que, en cuanto Rayya me llamó el 25 de abril para darme los resultados de su ecografía, supe que se iba a morir y que sería pronto.

Después de colgar el teléfono, me tumbé en la cama y lloré como una magdalena.

Lloré tanto que me salí del tiempo y el espacio.

Vi las cosas desde ese vacío atemporal.

Vi morir a Rayya.

La vi en una cama de hospital exhalando su último aliento, conmigo sentada a su lado cogida de su mano.

La vi desaparecer de este mundo sin que yo le hubiera dicho nunca lo que significaba para mí ni lo mucho que la quería.

Me vi a mí misma yendo a su funeral.

Oí a gente en el funeral diciéndome: «Siento mucho la muerte de tu amiga…», sin que nadie supiera lo que había significado Rayya para mí.

Sin que nadie supiera *nunca* lo que había sido para mí, lo que yo había perdido.

Me vi volviendo a casa del funeral. Llegando en coche a mi bonita casa. Quitándome la ropa de luto y colgándola en un armario.

Vi mi futuro en los años después de la muerte de Rayya.

Lo que vi era espantoso.

Era un paisaje desolado, posapocalíptico en el que yo nunca volvería a estar bien y nadie sabría por qué.

Vi todas estas cosas y mi alma quedó consternada por lo que se presentaba ante ella.

Entonces supe que tenía que ir a acompañar a Rayya hasta su muerte.

No podía evitar que muriera, pero no podía permitir que *ese* futuro, el futuro sombrío e inerte que acababa de visualizar, se materializara.

Había que cambiar las cosas.

Había que confesarlo todo.

No sabía cómo iba a hacer nada de eso.

No veía cómo iba a ser capaz de sobrevivir.

Pero ahora me doy cuenta de que sí vi algo con total claridad. Para cuando por fin dejé de llorar y me levanté de aquella cama, mi matrimonio se había terminado.

ESTA MISMA LUZ

¿Por qué ahora?

¿Por qué esta tarde,
más de un año después de tu muerte,
me ha sobrevenido este dolor punzante, este llanto?

¿Por qué tan súbito, tan lúbrico?

Como si mi cuerpo acabara de darse cuenta de que no estás.

Y jadea y se estremece, desesperado.

¿Cómo pude?

¿Cómo pude acompañarte en tu muerte,
organizar tu funeral y pagar tus facturas,
asistir a tu cremación,
vaciar tu casa,
arreglar tus papeles con hacienda,
regalar tus libros, tus botas, tus guitarras, tus relojes,
gestionar el dolor, la rabia y la locura de todos sin perder
la cabeza,
contestar cortésmente preguntas de la prensa sobre
las circunstancias de tu fallecimiento,
tirar tu cómica reserva oculta de tofes y chocolatinas?
¿Cómo pude hacer todas esas cosas sin que me temblara
la mano siquiera?

Y de pronto esta tarde me he convertido en un coro griego
de sollozos.

No logro dejar de aullar,
y me parece imposible levantarme de esta cama.

Te oigo decir: *Llama a alguien, tonta.*

Pero no se me ocurre nadie a quien llamar.

Porque la única que de verdad entendería lo que he perdido
eres tú.

Y la única que ha sabido consolarme siempre eres tú.

Quizá es la naturaleza de la luz esta tarde la que me ha puesto
tan triste.

El cielo de principios de verano,
azul pálido y moteado de nubes rosa,
siempre me transporta
a la primera noche que pasamos juntas.

Esta misma cama.

Esta misma luz.

No te dejaba dormir,
porque no podía parar de decirte lo mucho que te quería.

Había esperado mucho para decírtelo y ahora no podía parar
de hacerlo.

Hasta que dijiste: «Cariño, yo también te quiero,
pero déjame descansar un poco.
Tengo *cáncer*, joder.

¿Por qué nos hizo tanta gracia?

Nos reímos tanto como lloro yo ahora.

Ay, Rayya, qué vida.

Qué mundo estúpido.

Un mundo que es tal despropósito de sucesos catastróficos
y cambios caóticos que no se entiende que nadie quiera venir
a vivir en él.

¿Y por qué,
cuando al fin encuentra el amor en este desierto estéril, sin ley,
por qué iba a querer nadie abandonarlo?

Mil palomas blancas

El día que por fin le conté a Rayya la verdad —que estaba enamorada de ella, que llevaba enamorada muchos años y que quería estar con ella hasta que muriera— ni siquiera nos habíamos besado.

Y sin embargo fue una conversación sencilla.

Después de confesarle mi amor, le pregunté:

—¿Tú sientes eso por mí?

Menuda pregunta.

Para el caso podía haberle mandado una notita después de clase de gimnasia diciendo: «Marca la casilla del sí o del no».

En el intervalo entre mi pregunta y su respuesta, contuve la respiración, rebosante de esperanza y también de miedo. Miré a Rayya llevarse una mano al pecho y cerrar los ojos.

Después de un largo silencio, abrió los ojos y sonrió.

Dijo:

—Es como si acabara de abrirse una jaula en mi corazón y hubieran salido volando mil palomas blancas.

Luego me abrazó y me dijo:

—Cariño. Amor mío. Mi amor precioso. ¿Por qué has tardado tanto en venir a mí?

Vueltas alrededor de la cama

Ahora me resulta raro, y un poco aséptico, llamar «sexo» a lo que hicimos Rayya y yo aquella primera noche que estuvimos solas en su cama.

Pero «hacer el amor» es una expresión tan irritante y empalagosa que no pienso usarla.

Tampoco puedo decir, en el sentido bíblico, que aquella noche nos «conocimos», porque ya nos conocíamos muy bien. De hecho, yo nunca había llegado a conocer tan bien a nadie —y nadie me ha conocido mejor *a mí*— desde mucho antes de que compartiéramos cama.

Lo sabía todo de Rayya desde el punto de vista físico, mental y emocional. Había visto su cuerpo mil veces y ella el mío también. Nos habíamos visto en vestuarios, playas, consultas de médicos, saunas, piscinas y habitaciones de hotel. ¿Cuántas veces se había vuelto una a la otra y preguntado: «¿Me hacen el culo raro estos vaqueros?». Nos habíamos visto nuestras espinillas, abscesos, quemaduras solares, flacidez y celulitis respectivas. Habíamos bailado juntas más veces de las que era capaz de contar. Nos habíamos consolado y apoyado mutuamente. Cogido de la mano en situaciones de miedo. Habíamos apoyado la cabeza en el regazo de la otra.

Conocía las múltiples cicatrices del cuerpo de Rayya tan bien como mi cocina. La vida había sido dura con ella y conocía todas sus heridas. Había visto las cicatrices de sus cirugías abdominales, de sus cirugías de rodilla, de su reducción de pecho. Conocía las marcas de pinchazos en sus brazos, los tatuajes que se había hecho para taparlas. Había visto la enorme cicatriz en forma de agujero en la planta del pie de un melanoma que le habían quitado. (Yo fui la primera en fijarme en aquella marca grande, marrón y de forma extraña en su pie unos años antes, durante una tarde en la playa. Al principio pensé que era una hoja pegada o una mancha de barro e intenté limpiársela. Cuando no salió, dije: «Cariño, tienes que ir enseguida a que te vean esto». Una semana después, cuando el médico le extirpó el tumor, le dijo a Rayya: «Su amiga le ha salvado la vida»).

Había visto el revoltijo morado de cardenales y cicatrices en su piel resultado de la épica paliza que le habían dado unos camellos en la calle Nueve Este, una paliza que también le había dejado una delgada marca blanca en la frente y un bulto en el labio.

Sabía que tenía una cintura pequeña, delicada incluso, pero que no se la enseñaba a nadie.

Sabía que odiaba sus caderas y sus muslos. A mí me gustaban.

Conocía de sobra la topografía de sus pómulos y la maravillosa rotundidad de su nariz. Conocía el brillo castaño de su pelo. Conocía el ancho espesor de sus cejas. («Oye, ¿de qué parte de Oriente Próximo son esas cejas? —le preguntó una vez a Rayya una mujer egipcia en una calle de Nueva York—. ¿Eres de mi gente?»).

Rayya era *mi* gente.

Llevaba siéndolo muchos años ya.

Sabía que Rayya odiaba cuando una mujer le daba un beso suave y «blando», pero también odiaba que otra persona quisiera mandar en la cama.

Así que me limité a besarla con pasión y a dejar que se hiciera cargo de todo lo demás. Estuvimos tranquilas, en confianza y hermosas. Inevitables y pausadas. Y solo por esa noche ninguna trató de impresionar a la otra. Ninguna *actuó*. De hecho, estuvimos ratos largos sin hacer otra cosa que mirarnos asombradas.

—Tenías que ser tú —no dejaba de decir ella.

—Tenías que ser tú —contestaba yo.

—Siempre fuiste tú —dijo Rayya—. No podía ser otra persona. Eras tú o nadie.

Al final, lo que cuenta no es lo que hicimos aquella noche en la cama, sino en qué *nos convertimos*.

Quizá la mejor manera de describirlo es diciendo que aquella noche Rayya y yo nos convertimos en una historia completa, una historia que por fin tenía sentido.

Yo me quedé dormida justo antes de que saliera el sol, pero Rayya no durmió nada. Después me dijo que se había apoderado de ella una energía desbordante, una energía tan feroz, tan específica y tan primigenia que era incapaz de dormir. Dijo que creyó que explotaría si seguía acostada a mi lado sin hacer nada.

—¿Y qué hiciste? —pregunté.

—Me levanté y me puse a dar vueltas por la habitación, alrededor de la cama.

—¿Por qué?

—Porque quería protegerte. Quería trazar como una *barrera* a tu alrededor con mi energía. Quería crear un campo de fuerza que te protegiera para siempre…, hasta mucho después de que yo no esté. Porque no quiero que nada ni nadie peligroso se acerque nunca lo bastante a ti para hacerte daño.

Mientras Rayya hacía esto —mientras patrullaba la habitación igual que un lobo—, yo dormí plácidamente, ajena a sus movimientos pero sintiéndome más segura de lo que me había sentido en toda mi vida.

Con un par

Le dieron seis meses de vida.
Estábamos en abril.

Para Navidad ya habría muerto, dijeron.

«Cuando llegue el final, será rápido —dijo uno de los médicos cuando Rayya le pidió que le explicara sin paños calientes cómo iría la cosa—. Es lo que ocurre con un cáncer de páncreas e hígado tan avanzado. Pero no estará meses incapacitada. Si deja que el cáncer siga su curso, podrá llevar una vida normal durante un tiempo, pasear, hablar y tener un aspecto razonablemente bueno. Luego sus órganos empezarán a fallar de manera bastante repentina. Hacia el final habrá dolor, pero nos aseguraremos de que no sufra».

Por supuesto, añadió el médico, era posible tratar el cáncer. Si Rayya elegía esa opción, había tratamientos de quimioterapia que podían frenar el crecimiento de los tumores y quizá darle unos pocos años más de vida, pero no existía cura. Y estaría siempre enferma por la quimioterapia.

Rayya rechazó esa opción por completo. «Ni quimio, ni radio, ni cirugía ni hospitales. Nada de medidas para alargar la vida. No me importa morir de cáncer, pero me niego a pasar lo que me queda de vida siendo una paciente oncológica».

Su fortaleza y su convencimiento me asombraron, aunque, claro, Rayya siempre me asombraba. ¡Era muy propio de ella plantar cara a la muerte sin pestañear!

Pero la verdad real y quizá extraña era esta: una vez Rayya superó el shock inicial del diagnóstico, le gustaba la idea de esa muerte repentina que le prometían los médicos si no se trataba el cáncer.

Le gustaba lo que tenía de trágico, de intenso y de breve.

Pero sobre todo le gustaba la libertad que traía a su vida.

No sé si es una reacción normal que una persona se sienta eufórica después de recibir una sentencia de muerte, pero fue lo que le pasó a Rayya. Ni siquiera sé si puede hablarse de «reacción normal» a un diagnóstico de cáncer terminal, pero la reacción de Rayya a la idea de seis meses de vida seguidos de una muerte rápida fue de euforia viva y desaforada. Al principio ocultó esa euforia a otras personas porque sus amigos y familiares todavía estaban asimilando el diagnóstico y no quería asustarlos. Pero cuando estábamos solas se abandonaba a una felicidad desatada por la claridad, la simplicidad de lo que le habían comunicado los médicos.

«La gente se pasa la vida preguntándose cómo morirán —decía—. ¿Y yo lo sé ya? ¡Es increíble! Está hecho, decidido. ¿Que por qué me parece una buena noticia? Porque lo hace todo muy fácil».

A continuación procedía a enumerar todas las cosas que no tendría que hacer nunca más, por las que ya no tendría que preocuparse sabiendo que estaría muerta en seis meses. No tendría que preocuparse nunca más por lo que comía ni por cuánto pesaba. No tendría que preocuparse por esos cigarrillos que no conseguía dejar de fumar ni por el daño que hacían a sus pulmones. No tendría que volver a trabajar ni sentirse mal por no ir al gimnasio. Podría dejar de estresarse por no tener ahorros para la jubilación. No tendría que volver a soportar que le hicieran una citología o una mamografía, ni llevar el coche a que le cambiaran el aceite, ni ir al dentista, ni preocuparse por su calificación de crédito, ni vérselas con personas irritantes, ni pensar en el cambio climático ni interesarse por quién ganaba las elecciones presidenciales. No tendría que envejecer ni preocuparse por quién cuidaría de ella entonces. No volvería a sentir el temor a los lunes por la mañana ni la depresión de baja intensidad que parecían formar parte de su vida cotidiana. Estaba un poco triste, reconocía, por perderse el final de *Juego de tronos*, pero lo superaría.

Ahora no tenía que hacer *nada* excepto, en sus propias palabras: «Vivir a tope, tía, quemarlo todo y a tomar por culo».

En otras palabras, no tenía que hacer nada salvo lo que quería; algo que, además, siempre había sido su sueño.

Y lo que quería hacer Rayya con el resto de su vida —ahora que conocía su «fecha de caducidad», como decía siempre— era pasar cada minuto posible conmigo, tocar toda la música posible, comer comidas increíbles con sus amigos y su familia, hacer algún viaje maravilloso (soñaba con California, Francia, Sudáfrica y Fire Island) y gastarse hasta el último centavo que tenía.

Espoleada por lo breve y valioso que era el tiempo que le quedaba en este mundo, redobló su creatividad y yo hice lo posible por apoyar sus sueños y su inspiración. Alquilé estudios de grabación en Detroit y Nueva York para que pudiéramos grabar canciones que Rayya había compuesto tiempo atrás y también las que habíamos escrito juntas, canciones de amor, de celebración y de tristezas. Hizo una lectura de su obra en Joe's Pub ante un público encantado y consultamos la posibilidad de alquilar un teatro en el *downtown* con idea de producir, sobre la marcha, un monólogo con historias y música sobre su vida. Se ofreció a dar charlas a reclusas de Rikers Island, la cárcel en la que había estado ella, para enseñarles a apreciar su valor y sus posibilidades innatas. («La celda de esta cárcel no es donde vivís ni quienes sois —les aseguró—. Vivís en vuestra conciencia, y sois vuestro corazón. Lo único que importa es tener la conciencia tranquila y bondad en el corazón»).

Empecé a llevarme un cuaderno a todas partes y a apuntar todo lo que decía y hacía Rayya, ávida, creo, de «recopilarla» a ella antes de que se fuera. No fui la única que albergó ese deseo. A principios de aquel verano conocimos a un cineasta británico llamado Marc Francis. Estaba rodando un documental sobre la muerte y sobre morir y nos pidió permiso para grabar unas cuantas escenas de la vida de Rayya enfrentándose a un cáncer terminal. Rayya aceptó encantada. Pero Marc, después de pasarse una tarde entera persiguiéndola con una cámara, decidió descartar su plan inicial para el proyecto y centrar la película en Rayya.

«Es tan carismática —dijo—. Y la valentía y el sentido del humor con que se enfrenta a la muerte son increíbles. Me encanta su audacia a la hora de rechazar un tratamiento y elegir *vivir*. Además, una vez conozca a Rayya, al público no le va a interesar demasiado el resto de los personajes de la película».

Creedme, le comprendí perfectamente.

Rayya estaba tan ilusionada por que un cineasta quisiera documentar su muerte que parecía que le había tocado la lotería.

«¡Es una puta pasada, Marc! —decía cada vez que el director sacaba su cámara—. Tú grábalo todo, tronco. Me importa una mierda lo que vean de mí».

Quizá porque Rayya había «muerto» ya muchas veces siendo drogadicta —perdiendo las constantes vitales en una sobredosis detrás de otra—, la noticia de su defunción inminente al principio no la asustó demasiado. («Ya he estado muerta antes —explicaba— y no es para tanto». Tal y como decía una de las letras de sus canciones: «Mi fe me dará calor / He muerto más veces de las que he nacido»).

Cuando lo pienso ahora, me pregunto si era la idea de liberación del dolor lo que llenó a Rayya de aquella determinación y creatividad repentinas, de aquel entusiasmo desbordante. No liberación del dolor producido por el cáncer, que aún no había empezado a experimentar, sino la promesa de liberarse del dolor de *vivir*, ese que la había empujado a la heroína en su momento y que en los últimos años la había hecho volver a beber. La vida puede ser difícil para todos, pero los adictos sufren la angustia existencial en un grado verdaderamente insoportable. Después de todo, la gente no se clava agujas en el brazo o se atiborra de drogas que te hacen olvidarte de quién eres sin motivo. Y lo que más le había gustado a Rayya siempre de la heroína era que le borraba la consciencia, le permitía descartar por completo su identidad, como si su «ser» no fuera más que un abrigo viejo que ya no usaba y podía dejar olvidado en el suelo. El único problema de la heroína era que después de colocarte tenías que volver a la realidad. Tenías que despertar, levantarte, ponerte el abrigo. Eso siempre le había resultado dolorosísimo. Pero pronto podría abandonar el mundo para *no volver*.

«Vamos a darlo todo —me dijo con los ojos brillando de una felicidad que no le había visto nunca—. Hasta el río, cariño, hasta el río. ¡Vivir con un par hasta que me muera!».

Apasionada, fervorosa, grandilocuentemente, le dije que sí a todo.

Y no fui la única persona del círculo de Rayya en subirse a aquel tren. Hubo unos cuantos familiares y amigos, algunas exparejas y un puñado de compañeros artistas y creadores que se dejaron arrastrar por el subidón del disfrute sin consecuencias que la sentencia de muerte de Rayya había desatado de pronto.

«¿Te acuerdas de esas noches luminosas del principio del todo? —me preguntó hace poco la sobrina de Rayya, Sami, evocando los días posteriores al diagnóstico de cáncer—. ¿Te acuerdas de todas esas noches que fuimos al piano bar Sid Gold's a cantar karaoke? Esas comidas increíbles sin que nadie se preocupara por el precio. Vivíais como si fuerais gánsteres. A todos nos impresionó mucho. Empezamos a hacernos preguntas, en plan: "Vamos a ver, ¿por qué no hacemos todos arte? ¿Por qué no nos gastamos el dinero mientras podemos? ¿Por qué no nos pasamos las noches bailando?". Fue como si vuestro amor nos activara a todos. ¿Te acuerdas?».

Que si me *acuerdo.*

¡Me acuerdo de hasta el último y espectacular detalle!

Lo que recuerdo sobre todo es lo *eléctrica* que me sentía. Me vibraban el cuerpo y la imaginación por la emoción de pensar en vivir sin límites y sin reglas: de hacer lo que nos diera la gana; de arrancarnos los grilletes de la respetabilidad y la responsabilidad; de quemar los últimos meses de la vida de Rayya como su amante literalmente, «a vida o muerte»; de vivir sin frenos nuestro breve pero intenso romance con un grado de pasión tal que de verdad pensé que podríamos generar reservas de amor suficiente para toda mi vida, y que nunca jamás tendría que sufrir ni sentir dolor (¡ni siquiera después de que Rayya muriera!). De alguna manera las dos seríamos rescatadas, transformadas e inmortalizadas gracias al calor abrasador, la felicidad y la liberación de aquella historia de amor absolutamente única.

¡Dios, qué sensación tan maravillosa!

A tomar por culo el precio

Claro que igual debería mencionar que en aquella época las dos estábamos colocadísimas todo el rato.

Si alguna vez quieres ver a dos personas correrse una buena juerga, haz que se enamoren desesperadamente, oblígalas a reprimir su amor durante ocho años, después dales permiso de repente para liberar sus verdaderos sentimientos la una por la otra y hazlo con la muerte inminente como atractivo telón de fondo, que significa que sus actos no van a tener consecuencias. Si resulta que al menos una de esas personas (aunque, para ser sincera, es probable que las dos) es adicta al sexo y al amor, entonces el descontrol está asegurado.

Ese era el viaje en que nos habíamos embarcado Rayya y yo, e íbamos *despendoladas.*

Por entonces también bebíamos mucho. Y había marihuana en abundancia, porque el diagnóstico de cáncer de Rayya le daba acceso a la marihuana con receta de mejor calidad que se podía comprar entonces en Nueva York, y nos dedicamos a probarla toda. Las dos tomábamos alprazolam y zolpidem en cantidad para contrarrestar la sobreestimulación nerviosa. Y, lo que es peor, un amigo nos había suministrado setas alucinógenas y éxtasis para que nos ayudaran a procesar la inminente muerte de

Rayya. Así que todo eso también pasaba y tuvimos momentos de auténtica locura.

Pero la verdad es esta: yo tenía en mi torrente sanguíneo sustancias mucho más potentes que las liberadas por el alcohol, la hierba, el alprazolam, la psilocibina, los tranquilizantes, los somníferos o el éxtasis..., y sospecho que lo mismo podía decirse de Rayya.

Estábamos colocadas hasta las cejas de drogas del amor salidas de nuestra farmacia interior: endorfinas, oxitocina, adrenalina. Y, cuanto más nos colocábamos con esas drogas, más locas estábamos la una por la otra. No podíamos dejar de mirarnos; no podíamos dejar de tocarnos. La ternura y la intimidad de nuestra primera noche juntas en la cama había ido creciendo hasta convertirse en un casi violento (a veces sin el casi) arrebato a medida que nos empujábamos mutuamente a expresiones cada vez más salvajes de erotismo. Estábamos eufóricas, fosforescentes, peligrosas, centelleantes y totalmente desinhibidas. Nos escribíamos poemas, nos quedábamos despiertas solo para vernos respirar, nos expresábamos continuamente nuestra mutua devoción. Reíamos, llorábamos y nos revolcábamos en la cama presas de ataques de ciega pasión. ¿Quién necesita comer? ¿Quién necesita dormir? ¿Quién necesita dinero, planes, ropa, una casa..., nada que no sea amor? ¿A quién le importa una mierda el cáncer? Éramos dos ángeles divinos envueltos en un manto de estrellas. Habíamos esperado mil vidas para estar juntas y nada nos separaría ya nunca, ni siquiera la muerte. Nos querríamos con tal intensidad que la pérdida y el dolor no tendrían poder sobre nosotras, y nuestro amor tendería un puente sobre el cosmos, fuera del alcance del sufrimiento, que nos conectaría la una a la otra en el reino eterno de los seres de luz.

Éramos etéreas, eternas, intrépidas y maravillosas.

Éramos unas *iluminadas*.

Que quede claro: Rayya era la única que oficialmente no tenía futuro, pero yo me comportaba como si tampoco lo tuviera.

Igual que una vez ella había tirado toda su vida por la borda por la cocaína y la heroína, yo tiré la mía por Rayya. Dejé todo en lo que estaba trabajando y me olvidé de todo lo que me importaba antes de que le diagnosticaran el cáncer. Abandoné la novela para la que llevaba dos años documentándome. Cancelé casi todos los actos de promoción de la edición en rústica de mi libro *Libera tu magia*. Cancelé todas las charlas, las entrevistas y los talleres que tenía programados. Cancelé la producción de mi pódcast. Dejé de llamar a mis amigos. Le dije a mi familia que no contaran conmigo, que ya nos veríamos más adelante. Inicié los trámites de divorcio. Me olvidé de la comida sana y pasé a no comer nada o a comer lo mismo que Rayya..., y Rayya comía igual que un reo antes de su ejecución (hamburguesas, pasta, sándwiches BLT, filetes, patatas fritas, pollo frito, foie gras, sushi, M&Ms de mantequilla de cacahuete, palomitas, galletas Oreo, bebidas azucaradas frías y mucho cerdo, o, como Rayya lo llamaba, «la otra vitamina C»). Engordé, dejé de hacer ejercicio, estuve semanas enteras sin salir a la naturaleza y me daba absolutamente igual.

A continuación procedí a volcarme *por completo* en Rayya, a inundarla no solo de amor, sino de dinero y recursos. Me hice cargo de su vida desde un punto de vista económico, financiando sus gastos médicos, su alquiler, su lista de cosas que hacer antes de morir —los estudios de grabación, los billetes de avión, las «últimas cenas»—, y también comprándole cosas. ¡Muchas cosas! Insistí en que tuviera todo lo que había querido alguna vez. Porque lo que la hiciera feliz a ella me haría feliz a mí.

Así fue como me tiré de cabeza al mar de los deseos materiales de Rayya:

¿Quieres un Range Rover? Aquí tienes tu Range Rover.

¿Quieres un piano a estrenar? Aquí tienes tu piano a estrenar.

¿Quieres un Rolex y unas botas de Prada? Aquí tienes tu Rolex y tus botas de Prada.

¿Quieres que alquile un ático en tu calle preferida del East Village, con ventanales del suelo al techo y una terraza con unas vistas fabulosas de tu antiguo barrio preferido para que vivamos en él juntas hasta que te mueras?

Aquí tienes, amor mío. ¡Es tuyo y solo tuyo!

¿Tiene sentido comprar un piano, un reloj de lujo y un coche de alta gama a alguien que se supone que se va a morir en unos meses? No lo sé. Desde luego en su momento a mí me pareció que sí. ¿Me había pedido Rayya esas cosas concretas? No me acuerdo. Pero la conocía bien, sabía exactamente qué artículos de lujo había querido siempre tener, y yo quería tenerla a ella. De manera que se lo di todo y a tomar por culo el precio. Me daba igual arruinarme.

Siempre he sido así de manirrota cuando me enamoro (joder, si hasta metería dinero por la ventanilla abierta de un coche si los desconocidos que fueran dentro me prometieran quererme), pero eran circunstancias extremas, de manera que mi generosidad compulsiva estaba más activa que nunca. No me importaba nada que no fuese Rayya, y, ahora que se marcharía pronto de este mundo, no tenía motivos para no transferir todo lo que era yo, y todo lo que *poseía*, a su moribunda persona.

Rayya fue mi gran gesto de aniquilación romántica y la aniquilada fui yo.

¿Buscaba a alguien dispuesta a «quemarlo todo» con ella?

¿Deseaba tener una pareja que fuera a por todas con ella, con un par?

¿Quería una pareja que siempre hubiera deseado vivir como si no hubiera un mañana?

Pues que el cielo nos ayudara, porque la había encontrado.

I didn't even know what I had until I came into this room and put a name on it. I thought all that obsession stuff was what we were supposed to do. I thought that's what love was. I see someone as a goddess or a monster — not as a person.
I THOUGHT ALL THAT OBSESSION WAS WHAT PEOPLE WERE SUPPOSED TO DO. I THOUGHT THAT WAS LOVE.

SIMPLE

Dios hace un alto para preguntarme:

Dímelo otra vez, querida mía, ¿por qué te resistes tanto a ser simple?

Por qué prefieres abalanzarte a fluir.

Explícame otra vez
por qué sigues escarbando en busca de premios cada vez más grandes
con tu extraña garra robótica.

Y, además, ¿a qué viene esa prisa tonta
por saber cómo terminará todo esto?

Qué te parece esta respuesta:

Terminará cuando termine,
y, cuando termine, no le habrás puesto fin tú.

¿Eres capaz de vivir sabiendo solo eso?

¿Eres capaz de vivir aceptando las cosas como son?

¿Eres capaz de aceptar lo que te es dado,
y dejar a otros el saber y el querer?

Desesperada y patosa,
tu mente salta del deseo al miedo y vuelta al deseo,
descansando solo para darse un festín con tu corazón.

Pero ¿y si renunciaras ahora mismo a tus apetitos
y los cambiaras por una vida de paz y dignidad?

¿Y si lo único que se te ofreciera fuera esto?:

Lo que ves ahora mismo delante de ti

es lo que es tuyo.

Un mundo llamado: *Suficiente.*

Su única recompensa, un tenue gorjeo de plenitud.
Eso es lo nuevo, amor mío.

Disponible en cuanto lo quieras.

Cuando estés preparada,

por fin,

para abandonar esa tarea difícil, peligrosa y agotadora

de querer siempre *más.*

Aterrizaje

Cómo de alto puedes volar antes de estrellarte? ¿Cuánto tiempo puedes estar colocado hasta el punto de no saber ni quién eres?

¿Cuánto tiempo puedes mantener un pedo, una juerga, una experiencia cumbre, un viaje en alfombra voladora, una llama ardiente de exaltación, una excursión a Venus en una nube rosa?

¿Cuántos días puedes faltar a la Escuela Tierra antes de que el director te llame a su despacho?

Excelentes preguntas todas ellas que los adictos no suelen querer contestar.

Pero, si les insistes, su respuesta sucinta a todas estas preguntas será algo del tipo: «Todo el tiempo que pueda».

Seguiremos en este viaje todo el tiempo que podamos.

Y no pararemos hasta que no quede nada que fumar, beber, follar, comer, gastar, acaparar, meternos en vena, perderse en ello o lamer de la alfombra en forma de migas.

Rayya y yo alimentamos mutuamente ese subidón durante unos cuantos meses después de convertirnos en pareja sentimental, lo que supone todo un viaje. Y vaya si nos divertimos.

«¿Cómo puedo ser tan feliz si estoy muriéndome?», no hacía

más que preguntar Rayya, y yo me preguntaba lo mismo: *¿Cómo puedo ser tan feliz si está muriéndose?*

Flotamos en aquella felicidad como si fuera un globo aerostático. Nos las arreglamos para desoír las exigencias de la realidad durante buena parte de la primavera y el principio del verano de 2016; nos refugiamos en la cama y nos perdimos mutuamente en nuestras miradas, en nuestras palabras y nuestros cuerpos. Solo dejábamos de hacer el amor para hacer música, comida y arte. Conseguimos olvidarnos por completo del pasado, del futuro, de la mortalidad. Fueron los meses más iridiscentes y exacerbados de mi vida, y creo que también de la de Rayya.

Yo no quería que terminaran nunca.

Pero por supuesto se terminaron.

Porque todos los subidones se terminan, por muy incandescentes que sean. Llega un momento en que alguien tiene que levantarse de la cama, subir las persianas y ver que tiene noventa mensajes de voz en el teléfono y varios montones de cartas en el buzón.

Seguía habiendo un mundo ahí fuera, maldita sea, y estaba intentando captar la atención de Rayya.

Yo *nunca* quiero que haya un mundo ahí fuera.

Pero, para desgracia de mi adicción al amor, resultó que yo no era la única persona en la vida de Rayya. Era rica en amigos, familia y comunidad. Tenía muchas personas que la querían y la necesitaban (y a quienes ella necesitaba y quería) y estas personas estaban teniendo sus propias reacciones a su diagnóstico de cáncer. Era posible que Rayya quisiera irse de esta vida ardiendo en una llamarada de gloria, pero muchas de estas personas querían que *se quedara*.

No querían perder a su hermana, su tía, su socia, su amiga querida. Estaban experimentando angustia, pánico y confusión ante la idea de su muerte y le pedían que demorara el proceso con quimioterapia, incluso que buscara un tratamiento radical. Todos tenían una opinión o un consejo y todos los días llamaba alguien pidiendo ser escuchado.

Al parecer todos tenían un médico que querían que Rayya conociera, una cura nueva de la que habían hablado en televisión, una clínica en Suiza sobre la que debería informarse, un ensayo clínico que querían que leyera, un tío cuyo cáncer de pronto había remitido por completo o un científico poco convencional que estaba investigando con ondas de luz. Todos tenían una dieta mágica, una meditación guiada o un suplemento alimentario que podría mantener a Rayya con vida durante meses, ¡años incluso!

Casi todo eran ilusiones, pero algunas propuestas tenían cierta base real. Tal y como le habían explicado a Rayya al principio, existían algunos tratamientos que habían demostrado alargar la vida de pacientes con su mismo diagnóstico. Nadie que inspirara confianza dijo que pudieran *curarla*, pero los milagros de la medicina moderna combinados con unos cambios prudentes de estilo de vida y de dieta (¡ja!) quizá le proporcionaran algo de tiempo añadido. Y, en cuanto los seres queridos de Rayya se enteraron de esto, la presionaron todavía más para que se tratara con quimioterapia, lo que fuera necesario para prolongar su vida un poquito. ¿Por qué no quería luchar por su vida? ¿Cómo podía rendirse tan pronto? ¿Cómo podía ser tan egoísta o cobarde o tonta de remate como para no querer vivir?

No he conocido a nadie que odiara que le dijeran lo que tenía que hacer más que Rayya, y tanto consejo no solicitado la enfureció.

«Es mi puta vida, es mi puto cuerpo, es mi puta decisión», repetía, lo que, por supuesto, era otra variación de la misma canción que llevaba cantando de una forma u otra desde que la conocí en el año 2000, cuando expresó su indignación por que hubiera personas que le dijeran que pasaba demasiado tiempo en la playa.

Pero no puedo culpar a nadie por sus intentos de persuadir a Rayya. Ahora entiendo que los consejos no solicitados son producto del pánico de la persona que los brinda, y es un pánico que yo misma sufro a menudo. (En otras palabras, prefiero decirte lo que tienes que hacer a soportar mi tristeza, mi enfado o mi miedo por lo que estás haciendo). Y, cuanto más queremos o necesitamos a una persona, más nos esforzamos por controlarla, sobre todo si tenemos miedo. Desde luego, yo estaba intentando controlar a Rayya a mi demencial manera. Estaba intentando controlarla consiguiendo que me quisiera de una manera tan feroz que yo no tuviera que sentir más el peso de mi propia vida ni enfrentarme al insoportable dolor de perderla. Otras personas tenían sus propias estrategias para controlar a Rayya y así no sentir lo que su diagnóstico de cáncer les hiciera sentir. Y esas estrategias incluían presionarla para que *no se muriera*.

Al final Rayya cedió a los deseos de su familia de que luchara contra el cáncer, pero de una manera un tanto particular.

Accedió a probar la quimioterapia durante tres meses y ni un día más.

«Lo hago solo para que estén todos contentos —dijo—, pero sé que lo voy a odiar y que no va a servir de nada. Así que, después de tres meses, lo dejaré y volveré a hacer lo que me dé la puta gana».

Nunca sabré los verdaderos motivos de Rayya para acceder a un tratamiento al que se había negado en redondo.

Quizá sí lo hizo para que estuvieran «todos contentos».

O quizá es que después de todo no tenía la fortaleza para defender sus verdaderos deseos en contra de la opinión de personas cuyo amor y aprobación siempre había necesitado.

O tal vez tenía la secreta esperanza de que la quimioterapia funcionara, de salvarse milagrosamente.

O quizá es que la muerte —en cuya cara Rayya llevaba meses riéndose— es aterradora vista de cerca.

Aterradora, aleccionadora, poderosa, ineludible.

Quizá la muerte es algo de lo que nadie, ni siquiera los más fuertes, pueden evitar huir. Y Rayya ya había empezado a experimentar sufrimiento físico derivado del cáncer, en forma de intenso dolor abdominal. No podía doblarse hacia delante, no podía acercarse la guitarra al cuerpo, no podía abrazarme. Si se giraba para coger algo que estuviera detrás de ella, gritaba de dolor y de susto. Los tumores crecían y la invadían. La realidad de la muerte se imponía.

Al no haber estado nunca tan cerca de mi propia muerte, no puedo ni siquiera imaginar lo que debió de sentir Rayya aquel verano, el verano que creyó sería el último que pasaba en la tierra.

Todo lo que sé es esto: un día decidió que teníamos que levantarnos de la cama e ir al Memorial Sloan Kettering Cancer Center y dejar que le dieran quimioterapia.

Pero tomó la decisión llorando, y nunca sabré la verdadera razón de esas lágrimas.

¿Y luego? ¿Qué pasó luego?

La quimioterapia resultó ser una hechicera oscura y poderosa…, eficaz pero vengativa.

Rayya empezó el tratamiento tres meses después de que la diagnosticaran; en otras palabras, en el ecuador de su esperanza de vida. Y la quimioterapia obró el milagro que prometía (redujo un poco los tumores de Rayya y le prolongó la vida unos meses), pero a un precio altísimo.

A medida que encogían los tumores, fue disminuyendo el dolor abdominal de Rayya, pero lo reemplazó una colección de siniestros efectos secundarios que eran aún peor. Se le llenó la boca de llagas; le sangraban las encías; le ardían las palmas de las manos y los pies; constantemente sentía náuseas, vomitaba, estaba hundida; le picaba insoportablemente la piel; no podía dormir y estaba siempre agotada; la luz del sol le hacía daño en los ojos y en la piel; no tenía fuerzas para salir a la calle, ver a sus amigos, ni siquiera para concentrarse en un sencillo programa de televisión. Comer mucho helado y tomar esteroides la hizo engordar, cosa que la enfurecía. («¡Creía que con el cáncer te quedas delgadísima! ¿Quién coño engorda cuando está muriéndose?»). No podía hacer el amor, cantar, dar un paseo, estar con sus amigos. Y, lo peor de todo, perdió la capacidad de notar y de nombrar hasta la sensación corporal más básica. Ya no sabía si tenía frío o calor, si estaba hambrienta o ahíta, presente o ausente.

No dejaba de decir: «Siento que estoy aquí pero sin estar. No estoy en mi cuerpo, pero tampoco puedo escapar de mi cuerpo».

El tratamiento también la tenía destrozada emocionalmente. Lo que llamaba «veneno en la sangre» la tenía deprimida y furiosa, pero también confusa y trastornada. Su mente se atacaba a sí misma y la hierba que fumaba para las náuseas la volvía paranoica y autodestructiva. Las noches se convirtieron en un infierno…, para las dos. A menudo Rayya no podía dormir y no me dejaba dormir a mí. Me despertaba y me preguntaba con voz atenazada por el miedo: «¿De verdad tengo cáncer? ¿Es real esto? ¿Tú has visto los resultados de las pruebas o me lo estoy inventando todo? ¿Estoy enferma de verdad o es que quiero dar pena a la gente porque soy una capulla gorda, mentirosa, manipuladora y vaga?».

La consolaba y tranquilizaba hasta que se dormía y entonces me dormía yo también. Pero a los pocos minutos me despertaba de nuevo: «¿Por qué aguantas esto? ¿Por qué quiere nadie aguantar esto? Tú tenías una vida, una vida estupenda. ¿Por qué te pasas las noches limpiando mis vómitos y mi mierda? ¿Por qué aguantas a una llorica como yo? Deberías irte».

La consolaba y tranquilizaba otra vez. («¿En qué otro sitio querría estar? —recuerdo que le pregunté—. Tú eres mi hogar, mi amor, mi todo»). Rayya se dormía otra vez, y yo también…, para despertarme poco después al oírla vomitar en el baño. Entonces me levantaba inmediatamente. Rayya no siempre podía hablar cuando estaba pasándolo tan mal, así que yo no hablaba tampoco, me sentaba en un montón de toallas en un rincón del cuarto de baño y esperaba a ver cómo podía ayudarla, entraba y salía de la habitación, interrumpía mi sueño para ir a buscar hielo o compresas calientes, té y Gatorade, pan tostado y caramelos para chupar, cigarrillos y cerveza.

Para cuando llegaba el amanecer, el apartamento tenía el aspecto y el olor de una residencia universitaria después de una fiesta y las dos estábamos destrozadas.

Fue brutal.

Pero, también, durante los meses de quimioterapia nacieron entre nosotras una confianza y una ternura muy grandes. No he tenido hijos, pero hubo momentos en que pensé que así debía de sentirse una madre cuidando a un hijo enfermo en plena noche. Era una tortura, pero también un encuentro sagrado con el amor incondicional. Un amor que no tenía nada de glamuroso, que no era la pasión con la que habíamos estado drogándonos en verano, durante aquella fogosidad desenfrenada de nuestras exploraciones sexuales, sino el amor profundo y atávico de un mamífero cuidando de otro. A medida que avanzaba el otoño, nuestros días se volvían más difíciles, pero la razón de mi existencia se simplificó de manera radical: estaba convencida de encontrarme en el mundo única y exclusivamente para satisfacer las necesidades de Rayya. Y desempeñaba el papel *de maravilla*, lo que me llenaba de orgullo, incluso en medio de tanto sufrimiento.

—No me dejes nunca —me suplicaba por las noches cuando estaba con dolores—. No vayas a ninguna parte sin mí. No permitas nunca que me despierte en esta cama sin que estés a mi lado.

Yo le prometía una y otra vez que nunca la dejaría.

Incluso nos inventamos un pequeño diálogo amoroso que nos recitábamos cada vez que Rayya estaba mal.

—¿De quién eres? —preguntaba yo.

—Soy tuya.

—¿Y de quién soy yo?

—Eres mía.

—¿Y cómo lo sabemos?

—Porque un corazón sabe a quién pertenece.

—¿Desde cuándo saben nuestros corazones a quién pertenecen?

—Desde antes de que se enfriara la corteza terrestre —decía Rayya con un hilo de voz en la oscuridad.

Pero por las tardes, cuando estaba más descansada y lúcida —en otras palabras, cuando volvía a su «poderoso» ser—, Rayya me miraba a veces con preocupación, con incomodidad incluso. Me clavaba su famosa mirada penetrante y me preguntaba en una voz totalmente adulta:

—Pero, cariño, ¿qué vamos a hacer contigo? Cuidar de mí es un trabajo demasiado grande para que lo hagas tú sola. Te vas a poner mala si no descansas. Tienes que seguir viendo a tus amigos. Deberías tomarte unos días. Incluso puede que nos viniera bien a las dos pasar un tiempo separadas.

—De ninguna manera —era siempre mi respuesta—. No pienso ir a ninguna parte. No pienso dejarte ni siquiera un momento.

Había oído hablar de personas que terminaban desbordadas por la tarea de cuidar a un enfermo, pero claramente eran unas flojas y unas perdedoras que no sabían querer ni tan intensa ni tan poderosamente como yo. Puede que otros flaquearan o tuvieran necesidades propias. Yo no. ¡Yo jamás! No necesitaba ni descansar ni cogerme un tiempo, tampoco ayuda externa. Lo tenía todo controlado. Tenía *amor*; ¡no necesitaba ayuda!

Aun así, la ayuda llegó de forma inesperada. En aquella época la espiritualidad regresó a la vida de las dos. Yo había tenido un encuentro fortuito en el hospital con una mujer cuyo marido estaba muriéndose de un cáncer de páncreas e hígado. Cuando le dije que mi pareja tenía la misma enfermedad que su marido, me dijo: «¿Rezas cada día? Tienes que empezar a rezar. Sin la oración no podrás sobrevivir a esta experiencia».

Me habló de una manera tan sencilla que me pareció una mensajera divina. Sentí la verdad de sus palabras en mi corazón y las creí por completo.

De manera que empecé a rezar cada mañana en cuanto me despertaba, y pronto se me unió Rayya. Nuestras plegarias eran simples pero calmantes. Nos turnábamos para hablar a Dios en voz alta con las manos cogidas debajo de las sábanas. No nos sabíamos ninguna oración tradicional, así que nos limitábamos a pedir a Dios que nos guiara, entregando nuestros temores y nuestro dolor a un poder más grande que nosotras. Lo que mejor recuerdo del ritual era que a menudo rezábamos por el bienestar de la otra. Jamás oí a Rayya pedir a Dios que le alargara la vida, pero sí la oí decir muchas veces: «Querido Dios, por favor, haz que Liz sepa lo agradecida que estoy por su presencia y que no podría haber hecho nada de esto sin ella».

Igual que yo decía a menudo: «Querido Dios, por favor, da a Rayya la fuerza y el valor que necesita para sobrevivir a este día».

Aquellas plegarias matutinas son de los recuerdos que más valoro de mis días con Rayya. Más que ninguna otra cosa que había experimentado a su lado durante los años en que fui su amiga y su amante, hablar a Dios juntas entretejió nuestros corazones y nos trasladó a un espacio sagrado común. Y tuvo otro efecto notable en mi espíritu: me daba nuevas fuerzas y me permitía ver con claridad el día que tenía por delante. La oración también parecía calmar el miedo y el sufrimiento de Rayya y, asimismo, en muchas ocasiones mitigó sus síntomas físicos. Nunca había tenido yo una pareja con la que pudiera compartir esa clase de encuentros místicos, y fue muy bonito.

Porque también hubo momentos bonitos, incluso durante los episodios más críticos de sufrimiento y disrupción. Con el tiempo, por ejemplo, descubrí que la mejor manera de conseguir que Rayya se durmiera después de un ataque de dolor era contarle historias. Una noche, agotada y abrazada a su cuerpo tembloroso, me sorprendí a mí misma diciendo:

—Érase una vez, en la ciudad más magnífica que ha existido jamás, una cajita de luz en cuyo interior vivían una gente de ojos color marrón y una gente de ojos color azul…

Noté que Rayya dejaba de temblar, y entonces me preguntó con voz cansada:

—¿La gente de ojos color marrón y la gente de ojos color azul somos tú y yo?

—Eso es, cariño.

—¿Qué les pasó? —preguntó.

—¡Ay, Dios mío, Rayya —dije—, ni te imaginas lo que les ha pasado hoy a la gente de ojos color marrón y a la de ojos color azul! Ojalá pudiera contarte la historia entera, pero es tan asombrosa que cuesta creerla.

Rayya rio y seguí hablando. Empecé a relatar las actividades que habíamos hecho ese día hasta el más mínimo e irritante detalle, contándolo como si estuviera narrando una épica a la altura de la *Odisea* o *Las mil y una noches*, a pesar de que no habíamos hecho nada interesante porque Rayya se había encontrado tan mal que casi no había salido del dormitorio.

—Cuando la gente de ojos color marrón se levantó de la cama esta mañana, no sabes lo que hizo. Se sentó y se calzó una zapatilla en el pie izquierdo. Pero no una zapatilla cualquiera. La zapatilla azul peluda, ¡la que se había comprado el año anterior en el aeropuerto de Detroit! ¿Y crees que se puso solo una zapatilla? Pues no, no pienses que fue tan sencillo. ¿Quieres creer que también se puso la otra zapatilla? Después de completar con éxito tamaña tarea, la gente de ojos color marrón tomó la valerosa decisión de ir en busca de su albornoz, que llevaba oculto a la humanidad desde que los ancianos de la aldea tenían uso de memoria. Pero entonces la gente de ojos color azul se acordó: «¡Oídme, creo recordar haber visto ese albornoz en el cesto secreto anoche mismo!». ¿Y qué crees que pasó entonces?

Así seguí, relatando cada microdetalle de nuestro día hasta que Rayya se quedó dormida en mis brazos. Llegó un momento en que tuve que soltarla para poder irme a mi lado de la cama y dormir un poco. Transcurrió más de una hora de sueño apacible y entonces noté un golpecito suave en el hombro y una vocecita que decía:

—¿Y luego? ¿Qué pasó luego?

Sin abrir siquiera los ojos, me acerqué y la abracé de nuevo antes de retomar la historia donde la había dejado:

—Entonces la gente de ojos color marrón hizo un pregón ante todo el reino y dijo: «¡Señoras y señores, me gustaría ver un episodio nuevo de *Scandal* mientras me tomo un ginger ale!». Así que reservaron billetes para el largo viaje al sofá, donde les fueron procuradas almohadas y donde aparecieron mantas como por ensalmo…

Aquello se convirtió en nuestro ritual una noche tras otra. Algunas noches Rayya me despertaba tres o cuatro veces y me preguntaba: «¿Y luego? ¿Qué pasó luego?», antes de que yo consiguiera que se rindiera al sueño durante unas pocas horas seguidas.

Creo que a Rayya le encantaban las «historias de gente», como las llamaba, porque eran la prueba de que *importaba*, de que incluso las acciones más insignificantes eran vistas y valoradas por alguien que la quería. Sobre todo las historias probaban que «la gente de ojos color marrón» seguía viva, que su relato no había terminado por más que su cosmos se encogiera cada día.

Y así fue como me convertí en la Sherezade de los cuidados, contando innumerables cuentos en la oscuridad de la noche. Solo que en mi caso lo que me asustaba no era morir yo si dejaba de contar historias, sino que muriera Rayya.

Durante aquellos primeros meses de la enfermedad de Rayya me enorgullecía de lo bien que se me daba cuidarla. Jamás cometí una equivocación, jamás me excedí, jamás flaqueé en mi cariñoso esmero. Concentrarme en la tarea que me había encomendado me alejaba de mis pensamientos sobre el pasado o el futuro, me sacaba del *yo* y me situaba en un interminable momento presente en el que experimentaba una serenidad en plena batalla que nunca había encontrado dentro de mi conciencia. En ocasiones tenía la sensación de no ser ya humana; era solo la *acción* resultado de un amor competente, paciente, incansable, útil. No era nadie ni nada, pero al mismo tiempo lo era *todo* para la persona a la que quería sin medida. Me había convertido en la esencia misma de la dedicación incansable al amor, algo que, para ser sincera, siempre había querido ser.

«Ángel», me llamaba a menudo Rayya por aquel entonces... y es cierto que me sentía como uno.

Y si nuestra historia hubiera terminado justo ahí, este sería un libro sobre la historia de amor más grande que ha existido nunca y sobre cómo me convertí en la cuidadora perfecta y abnegada de alguien amado cuando me necesitó.

Pero nuestra historia no terminó ahí, y este libro no es ese, y yo no soy un ángel ni tampoco lo era Rayya.

Así que este es el resto de la historia.

¿Se puede saber qué coño miras?

En algún momento del verano de 2017 (iba demasiado acelerada y estaba demasiado perdida para apuntar la fecha exacta), escribí en mi diario: «Puto Cristo bendito, por favor, sálvame».

Estaba atrapada en un infierno y no le veía salida.

Nuestro precioso ático de dos dormitorios en el East Village, que había alquilado para hacer feliz a Rayya en sus últimos meses de vida, se había convertido en una mazmorra de sufrimiento, peligro, degradación, drogas. Rayya mantenía los estores bajados a todas horas, no solo porque la luz le hacía daño en los ojos, sino también porque estaba totalmente paranoica, convencida de que la policía estaba buscándola e iban a venir a por ella.

Y, a decir verdad, la policía podría haber venido perfectamente a por ella (a por las dos, en realidad), porque en nuestro apartamento había por aquel entonces miles y miles de dólares en cocaína, que Rayya bien cocinaba y se pinchaba en las venas que lograba encontrar en su cuerpo destrozado, arrasado por la enfermedad, bien fumaba, bien inhalaba por su ahora constantemente sangrante nariz. Pero ese día en concreto la mayor parte la había cortado y dispuesto en gruesas rayas encima de la mesa de centro, junto a un cenicero rebosante de colillas, una botella de whisky, varios frascos de morfina, trazodona y alprazolam, un montón de parches de fentanilo y una colección de botellas de cerveza vacías. Y estaba concentrada pesando y estudiando aquellas rayas de coca con total concentración, igual que cuenta y pesa y estudia un mendigo sus montones de monedas.

—¿Se puede saber qué coño miras? —me preguntó levantando la vista un momento de sus preciados montones de cocaína y mirándome a través de una bruma azul de humo de cigarrillo, taladrándome con unos ojos hostiles que yo no recordaba haber visto parpadear en varios días.

Buena pregunta.

¿Qué miraba yo?

Miraba a alguien que a aquellas alturas tenía que estar muerta, alguien a quien más de quince meses antes habían dado seis meses de vida pero que se negaba a morirse.

Miraba a alguien a quien acababan de echar de una clínica de cuidados paliativos (¿cómo se puede echar a nadie de una clínica de cuidados paliativos?) por mostrarse agresiva y poco colaboradora con el amable y generoso personal de enfermería y auxiliar que había estado intentando ayudar a mi amada pareja a preparar su cuerpo y su mente para «una muerte digna». Una muerte que, llegado ese punto, Rayya había rechazado por completo en favor de un plan B que consistía en consumir suficientes drogas (cocaína sobre todo) para sentirse inmortal, para no sentir *nada*.

Y yo tenía que reconocer que, de momento, el plan parecía funcionar. Quizá era de hecho lo que la mantenía viva.

Dios bendito, por favor, ayúdanos, ¿y si Rayya *era* inmortal?

Porque ¿quién sobrevive a algo así?

¿Quién sobrevive a base de whisky, tabaco, fentanilo, morfina, trazodona y cocaína, teniendo además un hígado que funciona solo al 10 por ciento de su capacidad?

¿Qué más miraba yo?

Miraba a la que había sido la única persona del mundo capaz

de hacerme sentir totalmente segura y querida, pero que ahora se pasaba los días insultándome, diciéndome que era «una puta inútil de los cojones» incapaz de cuidarla; que todo lo que hacía para intentar ayudarla estaba mal; que era una «ñoña de mierda y una llorica»; que «a ver si crecía de una puta vez» y aprendía a cuidarme sola; que era tan sumamente incompetente que ni siquiera sabía hacer una maldita tostada, porque ¿no me había explicado Rayya diez putas veces esa semana que tenía que tostar el pan en la tostadora no una vez, ni dos, sino *una y media* para que tuviera el tono de marrón correcto? ¿Y no me había dicho ya que tenía que untar la mantequilla hasta los putos *bordes* del pan, por el amor de Dios, y no dejar seco ningún trozo? ¿Tenía pinta esa tostada de estar bien untada de mantequilla? ¿La había escuchado? ¿La escuchaba alguna puta vez? ¿Prestaba atención a una puta sola cosa de las que me decía? ¿O no era más que una idiota quejica que en vez de tener su puta propia vida exigía ser cuidada cada minuto del día por alguien que —¿es que no me daba cuenta? —estaba *muriéndose*, joder? Y ya puestos, ¿no veía que necesitaba más dinero porque se le estaba terminando la coca? ¿Y más agujas limpias también? Así pues, ¿qué coño hacía ahí plantada como una gilipollas en lugar de ir al centro a conseguirle suministros?

Eso miraba.

Miraba a Rayya Elias, mi protectora, mi héroe, mi adorada, convertida en una yonqui malvada.

Miraba mi peor pesadilla.

Miraba mi propia vida, mi corazón entero, echados a perder.

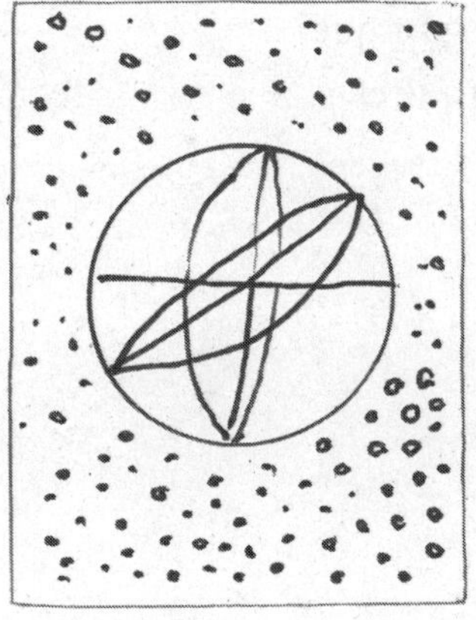

LA CONVERSACIÓN MÁS CORTA QUE HE TENIDO JAMÁS CON DIOS

Yo: Pero ¿por qué?
Dios: Porque *es*.

La verdad sigue en pie

No quiero contar la parte que viene ahora.

Al llegar a estas páginas tuve que dejar de escribir este libro durante unos meses porque me sentía incapaz de seguir.

Intenté distraerme con otras cosas.

Me fui una temporada a Centroamérica y decidí que de pronto era muy importante aprender español. Es una manera útil de ocupar el tiempo, ¿no?

Consideré abandonar el proyecto y escribir un libro completamente distinto sobre Rayya. ¿Y si hacía una novela experimental en lugar de un relato autobiográfico, algo con lenguaje poético, contornos desdibujados y nombres falsos? ¿O un poemario? ¿Y si cambiaba de enfoque por completo y escribía un tratado árido, académico, científico sobre la historia y la neurobiología de la adicción?

No quiero contar esta parte de la historia porque parte de mí sigue sin querer que sea verdad. Sigo sin querer que Rayya se convierta en quien fue hacia el final de su vida. Quiero que continúe tal y como la veía todos esos años antes: heroica, valiente, imponente, sincera, asombrosa, guay. Y tampoco quiero convertirme *yo* en lo que me convertí al final de su vida: desesperada, dependiente, resentida, perdida, impotente, degradada, desquiciada.

Quiero, querido lector, que ames y admires a Rayya y que me ames y me admires a mí. Quiero que nos veas como algo hermoso e invencible. Quiero que este sea el libro más inspirador del año. Quiero que sea un libro meditado sobre la muerte y sobre morir, escrito por una mujer sabia y espiritual que acepta la mortalidad con desapego compasivo. Quiero que sea un relato sobre dos almas valerosas e increíbles que se enfrentaron a la muerte con creatividad, como quien se enfrenta a una aventura salvaje, y que durante los últimos meses de Rayya vivieron con intensidad suficiente para propagar amor por todo el cosmos durante el tiempo equivalente a mil vidas. Quiero decir que nada rompió nuestro vínculo, ni los estragos del cáncer, ni tampoco la mortalidad.

Quiero olvidar cómo sucedieron las cosas en realidad.

Quiero que esta historia de amor sea otra muy distinta.

Quiero, quiero, quiero... Ya está aquí otra vez el redoble feroz del ego, aporreando el horno abrasador del ser.

Y mientras tanto la verdad sigue en pie en el centro de la habitación, paciente y eterna, mirándome con irritante indiferencia, esperando a que por fin la aborde.

Así pues.

Toca rendirse y abordar esa verdad.

Centavos

Cómo habíamos llegado Rayya y yo a aquella situación: encerradas en nuestro apartamento con cocaína por valor de miles de dólares, la cual en su mayor parte se inyectaba ella en el cuello y que, cosa inaudita, había sufragado yo?

¿Cómo puede producirse una recaída tan atroz?

¿Cómo y cuándo la drogadicción de una persona (y la codependencia sin remedio de otra) pasan de «latentes» a «activas»?

¿Había sido de repente —que es la impresión que daba en el verano de 2017— o había ido fraguándose a lo largo de mucho tiempo?

Al echar la vista atrás y hacer memoria del declive de Rayya y del mío, encuentro este correo electrónico del 20 de septiembre de 2016, que escribí a mi amiga Martha en mitad de la noche:

> Qué TRISTE estoy, joder. Esta mañana Rayya ha empezado un ciclo nuevo de quimioterapia y ya está otra vez enferma en la cama, después de haber pasado toda la última semana llena de vitalidad. Se traga ese veneno y es como si entrara un espíritu maligno en casa y de inmediato, en menos de una hora, nos robara tres cuartas partes de Rayya a mí y a ella misma. Miro a los oscuros espíritus de la quimioterapia llegar y llevarse a Rayya

casi entera y dejar solo un 25 por ciento. Todavía no sé a dónde se la llevan. Es desgarrador. Así vamos a estar durante las próximas dos semanas y me pone tristísima, joder. Pero Dios me dijo una vez que viviera mi historia más bella posible, así que eso haré. Y Rayya es mi historia más bella. Incluso cuando está en la cama desaparecida en una bruma química, incluso cuando estoy triste, incluso cuando no sé cómo ayudarla, incluso cuando me siento asustada y sola, incluso cuando todo resulta aterrador…, sigue siendo mi historia más bella. Incluso cuando Rayya es solo Rayya al 25 por ciento, no existe historia más bella que Rayya.

Bien. No estoy segura de si fue inteligente o emocionalmente sensato por mi parte decidir que alguien que no era yo era «mi historia más bella». Ni siquiera de si puede considerarse un acto de amor por mi parte reducir a un ser humano a mera «historia» en la que habitar, por muy bella que sea. Pero es lo que mi aterrado cerebro y mi corazón roto me repetían sin cesar durante aquel agotador otoño de 2016: *Rayya es mi historia más bella.*

Porque es lo que necesitaba creer para sobrevivir a la experiencia de su muerte.

Porque la verdad es que empezaban a faltarme las fuerzas.

Estaba quedándome sin energías como resultado de cuidar a mi pareja enferma día y noche, además de ocuparme de la logística de nuestras dos vidas e intentar mantener la llama de nuestra relación ardiendo como al principio. Y Rayya también estaba exhausta. La reducción de los tumores que había logrado la quimioterapia, dijeron los médicos, demostraba que podían mantener el cáncer controlado durante unos cuantos años más. Pero Rayya no quería ni oír hablar del asunto. El precio era demasiado alto y el beneficio, demasiado pequeño. Y ella *detestaba* los hospitales, los médicos, las enfermeras, las inyecciones, las radiografías, las pruebas. Al haber pasado tanto tiempo ingresada cuando era drogadicta activa, los lugares así le traían muy malos recuerdos. El mero olor a hospital o el parpadeo de los fluorescentes le daban ganas de, tal y como decía ella, «meterme una puta pistola en la boca». Había probado a darse quimioterapia para contentar a su familia, pero ya no quería saber nada más y sí estaba dispuesta, en cambio, a ingresar en una clínica de paliativos.

—¿Es usted consciente —le preguntó el médico— de que el cáncer volverá si deja de tratarse? ¿Es usted consciente de que todo lo que hemos logrado se perderá casi inmediatamente?

—Créame, soy consciente —dijo Rayya—, pero me da igual lo corta que sea mi vida. Solo quiero ser *libre*.

Le dieron la última dosis de quimioterapia el 2 de octubre (casi seis meses después de que le diagnosticaran el cáncer) y le dijo a su adorable oncólogo irlandés:

—Eres una persona encantadora y todos en el Sloan Kettering han sido increíbles. Pero os voy a decir una cosa: no quiero volver a veros en la vida.

Después de aquello fue libre —las dos lo fuimos— durante tres increíbles meses. La leve reducción de los tumores siguió calmándole los dolores y durante un tiempo fue mi Rayya de siempre. Pudo volver a pasear, a comer, a coger aviones y a hacer el amor con alegría y vigor. Pudo conducir otra vez «como buena árabe de Detroit que soy», tal y como le gustaba decir, y también podía gritar palabrotas fantásticas al televisor durante los partidos de fútbol americano, tocar el piano y vociferar canciones de Led Zeppelin a pleno pulmón en noches de karaoke. Volvimos a beber barriles de vino, a comer comidas maravillosas y a consumir puñados de setas alucinógenas que nos permitían volar juntas por el universo con alas de arcoíris. Nos prometimos buscarnos la una a la otra en el más allá mediante un «portal» que estábamos generando juntas, hecho de amor inmortal.

Rayya volvía a ser una fuerza de la naturaleza, vívida y poderosa.

Volvía a ser mi historia más bella.

Pasamos Acción de Gracias y Navidades con su familia y ambas ocasiones fueron únicas, bulliciosas y adorables.

Pasamos Fin de Año juntas en Nueva York. Esa noche nos emborrachamos, convencidas de que 2017 sería el último año de Rayya sobre la tierra. La mañana de Año Nuevo, se despertó antes de que saliera el sol y me besó con ternura. Luego se levantó de la cama, entró en el baño y tuvo muchísimas arcadas. Le pregunté si necesitaba ayuda, pero no, quería estar sola. Cuando volvió a la cama, la abracé fuerte.

—Eso ha sonado muy poco divertido, mi amor —le susurré.

Se hizo un ovillo en mis brazos igual que un bebé.

—Pero esto sí lo es —dijo.

Cuando se quedó dormida di un paseo hasta el East River para hacer mis propósitos de Año Nuevo junto al agua, como acostumbro. Ya en el río, lloré. Rayya volvía a estar enferma, lo sabía. Me había fijado en que la hinchazón abdominal y los episodios de dolor y vómitos iban en aumento. El cáncer estaba creciendo otra vez, tal y como nos habían augurado.

Pedí consejo divino al río, pero no recibí contestación.

Al darme la vuelta para irme, estuve a punto de chocar con una mujer mayor y menuda, que me detuvo y me pidió que la ayudara. Había intentado ir a la iglesia para rezar a Dios, me dijo, pero no la habían dejado pasar. Y ahora no se acordaba de dónde vivía. Nunca había visto aquel río, me dijo, *¿dónde estábamos?* ¿Seguíamos en Nueva York? Su hija iba a enfadarse mucho con ella, temía. Se suponía que ya no podía salir de casa sola, porque siempre se perdía. Pero esa mañana había querido hablar con Dios.

—Yo también quería hablar con Dios —le dije—. Parece que las dos hemos fracasado.

Aquel día hacía un frío terrible, con ese viento espantoso y cortante que sopla en enero en Nueva York procedente del río. La mujer no llevaba guantes, ni gorro, ni bufanda. Estaba tiritando de frío. No se acordaba de su nombre, ni del nombre de su hija ni de la calle en la que vivía, tampoco de cómo se llamaba su iglesia. Todo lo que sabía era que era ucraniana, que había intentado ir a la iglesia para hablar con Dios y que su hija se pondría furiosa con ella por perderse. Me dejó mirarle en los bolsillos en busca de algo que pudiera identificarla, pero no llevaba nada, ni siquiera llaves de casa.

Yo sabía que el barrio ucraniano estaba en el East Village, así que sugerí:

—Vamos juntas a ver si reconoce algo por el camino.

Le di mi gorro, le enrollé mi bufanda al cuello y metí sus manos de venas azuladas en mis guantes. Era tan frágil que tuve ganas de alzarla y llevarla a caballito, pero me daba miedo romperle algún hueso. Enganchó su delgado brazo en el mío e iniciamos un dolorosamente lento viaje hacia la parte oeste de la ciudad.

Por el camino, a paso de tortuga, la mujer no hacía más que ver centavos en la acera y agacharse a cogerlos. Aquello me asombró porque se trataba de un superpoder que también Rayya poseía, la habilidad de detectar monedas en el suelo. En especial de un centavo. En el caso de Rayya, escrutar las aceras era una vieja costumbre de sus días de drogadicta. En la calle uno aprende a estudiar siempre el suelo en busca de dinero, un cigarrillo suelto, quizá un vial de crack, vales de comida, me explicó. Aquella anciana mujer tenía el mismo ojo avizor que mi amor y, cosa insólita, en el tiempo que tardamos en caminar despacio, muy despacio, hasta la calle Siete Este, recogió seis centavos. Me pregunté cuántos años de hambre habría pasado en su vida para conservar ese instinto recolector y esa vista de lince, incluso ahora, cuando era evidente que recordaba muy poco de sí misma y de su mundo.

Al llegar al barrio ucraniano la mujer reconoció por fin su edificio de apartamentos. Un vecino nos abrió la puerta y pude devolver a mi nueva amiga a su hija, quien, aunque se mostró agradecida conmigo, estaba furiosísima y asustada por que su madre se hubiera ido sola de casa.

—No me va a dejar salir nunca más —me dijo la anciana con resignación—. Ha sido la última vez que veo la calle.

Y me dio los seis centavos.

Me fui de allí sin gorro, sin bufanda y sin guantes.

Aquel episodio —encontrarme a una anciana buscando a Dios e intercambiar con ella monedas y prendas de vestir en pago por un rescate— me pareció mítico. Era como algo salido de un sueño o de un cuento de hadas. Dejando a un lado la tristeza de conocer a alguien en el que podía muy bien ser el último paseo de su vida, tuve la sensación de que aquella mujer podía ser augurio de algo. Pero ¿de qué? ¿Una advertencia o una bendición? No sabía decirlo.

Aquella mañana, cuando por fin regresé al apartamento, me encontré a Rayya en el suelo, llorando de dolor y de miedo. Había vomitado sangre, que ahora manchaba la alfombra.

—Has tardado mucho —sollozó—. Tengo mucho miedo. Me duele mucho, me duele, me duele. No vuelvas a hacerlo. No vuelvas a dejarme sola.

Corrí a ella llena de disculpas.

—Cariño, tendrías que haberme llamado.

—El teléfono está en la habitación —gimió— y estoy demasiado mal para ir a por él.

La abracé hasta que el dolor remitió un poco y le preparé una bolsa de agua caliente para la barriga.

Cuando por fin se tranquilizó, intenté contarle la historia sobre la mujer mayor y los centavos mágicos, pero no quiso oírla.

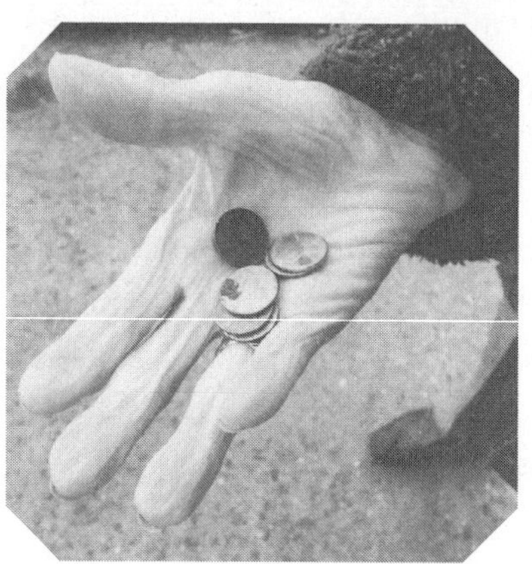

Aquel día Rayya no quiso oír ninguna de mis historias.

Estaba demasiado enferma.

Demasiado enferma, demasiado enfadada, demasiado asustada.

Y fue entonces, de ese día en adelante, cuando empezó su largo y espantoso declive.

Igual que un animalillo huyendo de mí

A medida que pasaban las primeras semanas del nuevo año, Rayya a menudo tenía tantos dolores que no conseguía dormir más de una hora o dos al día. El resto del tiempo era presa de la desesperación, llena de necesidades y exigencias exasperadas. Nada la apaciguaba, ni los analgésicos, ni la marihuana medicinal, ni las pastillas para dormir ni la comida, tampoco oír historias o rezar, escuchar música o ver sus programas de televisión preferidos.

Aquel médico que nos prometió al principio que el cáncer de páncreas e hígado permitiría a Rayya «vivir como una persona normal» hasta el final, momento en el cual la muerte sería «rápida y fácil», era un mentiroso o un iluso..., o no había conocido a nadie como Rayya. Todo el que predijo que Rayya moriría a los seis meses de ser diagnosticada ya había demostrado no ser muy listo. Porque había transcurrido un año entero desde que le descubrieron el cáncer y mi querida pareja seguía, en sus propias palabras, «sin putomorirse».

En ese tiempo hubo algunos días buenos. Unos amigos organizaron a Rayya una fiesta de cumpleaños exquisita y también hicimos una ceremonia de compromiso delante de nuestros seres queridos en la que no faltaron flores, anillos y bonitos trajes de novia. Pero en su mayor parte fue un tormento. Rayya se pasaba el día vomitando —a veces vomitaba trozos enteros de mucosa gástrica— y sus dolores a menudo eran tan fuertes que gritaba en arameo a su abuela muerta para que tuviera misericordia y se la llevara con ella. No soportaba estar a solas con su angustia, y, puesto que ella no dormía, yo tampoco. Rayya solo tenía ganas de hablar y de llorar, así que me esforzaba una y otra vez por consolarla, pero sin ningún éxito. Si me quedaba traspuesta mientras estaba hablándome, se ponía furiosa y me despertaba llorando y acusándome de abandonarla. Eso, o me despertaba para decirme:

—Quiero volver a la cama, taparme la cabeza y dormir.

—Muy bien, cariño —le decía yo—. Te llevo a la cama, entonces.

—Tú lo que quieres es que me muera. Estás deseando librarte de mí.

A continuación empezaba a atacarse a sí misma, a decir que era una fracasada y una perdedora, una llorica, una capulla, una ñoña. Ahora comprendo, después de leer los diarios de Rayya, que se trataba de miedos oscuros y demoniacos que *siempre* la habían acechado, que estaban grabados en su cerebro de drogadicta no recuperada. Pero en aquel momento yo aún creía que podría arreglarlo todo a base de quererla más todavía.

A principios de la primavera de 2017 escribí en mi diario:

> Anoche Rayya cayó otra vez en ese infierno de sospechas y autocastigo, era incapaz de estar tranquila y no me creía cuando le decía lo mucho que la quiero y lo buena que es; no conseguía ayudarla. Probé a acostarme en la otra habitación, pero tampoco funcionó. Vino a buscarme y se hizo un ovillo conmigo en la camita de invitados, desvalida, necesitada, asustada e histérica, así que volví a la cama con ella. Y tampoco así logré calmarla, hasta que me quedé dormida. Me desperté desasosegada y con sensación de fracaso. No había logrado lle-

gar hasta ese lugar frío, oscuro y solitario en que estaba Rayya y sacarla de él. ¡Me siento muy culpable! Porque ella siempre me rescata *a mí* cuando estoy en ese lugar frío, oscuro y solitario. Soy un fracaso. Estoy agotada, joder. Y Rayya no va a mejorar, así que lo único que me espera es más de esto. Y si ya me estoy desmoronando, ¿cómo voy a cuidarla más adelante? Pero ¿por qué necesito dormir? ¿Por qué no puedo quedarme despierta con ella, estar con ella cuando lo pasa tan mal? Ella también se ha despertado bastante hecha polvo después de haber dormido solo una hora..., avergonzada y derrotada. Nada de lo que estamos haciendo funciona. Antes era capaz de calmar su dolor solo tocándola. Pero eso ya no funciona.

Una noche por aquella época, delirante por el dolor, Rayya me despertó para decirme que su corazón había abandonado su cuerpo, que lo había visto irse, dijo, «igual que un animalillo huyendo de mí». Lloró y me suplicó que corriera a buscarlo, que encontrara su corazón y se lo llevara de vuelta, pero por supuesto yo no sabía a dónde había ido su corazón ni cómo recuperarlo.

Aquella noche ninguna de las dos pegó ojo.

Sintiéndome al borde de un brote psicótico por la falta de sueño, supliqué a Rayya que me dejara contratar enfermeras para que la cuidaran por las noches —mejor de lo que podía cuidarla yo— mientras tuviera esos episodios de intenso dolor nocturno. Tenía la esperanza de que estas enfermeras me permitieran dormir unas pocas horas seguidas a mí también. Lo probamos unas cuantas veces, pero Rayya odiaba a las enfermeras y le desagradaba su presencia tanto como la de los voluntarios del hospital de cuidados paliativos que ahora formaban parte de su equipo asistencial. Era hosca con ellos y no hacía más que pedirles que me despertaran porque me necesitaba *a mí*. Lo mismo ocurrió cuando intenté montar turnos de amigos que se quedaran a dormir. Nuestras amistades enseguida se ofrecieron, pero Rayya rechazó su ayuda, y, si había alguno haciendo guardia en el salón, pasaba a su lado sin saludar y entraba en el cuarto de invitados a despertarme, reclamando mi ayuda y mi atención.

«No los quiero —decía llorando y enfadada—. Te quiero *a ti*».

Pronto estuvimos las dos destrozadas, ella por el dolor físico y el miedo a la muerte, y las dos por la tristeza, el agotamiento y la falta de sueño. Rayya estaba enfadada conmigo por necesitar descansar y yo estaba enfadada con ella por no dejarme descansar. Estaba claro que *así* no podíamos seguir.

Fue entonces cuando recomendaron la morfina.

¿Y por qué no iban a hacerlo?

Todos sabíamos que Rayya había sido adicta a los opiáceos, pero su adicción no nos preocupaba ahora porque, al fin y al cabo, era una paciente oncológica terminal sentenciada a muerte y su equipo médico no le daba ni dos meses de vida.

Y, en cualquier caso, tal y como nos explicó uno de sus médicos:

—Estos opioides son *para aliviar* el dolor insoportable, Rayya. Y serán dosis controladas. No como en los viejos tiempos, cuando tomabas las drogas con fines *recreativos*.

Momento en el cual Rayya sonrió con tristeza al médico y dijo:

—Tronco, una cosa sí puedo prometerte. Y es que jamás he consumido drogas con fines *recreativos*.

Pero ¿qué otra cosa podíamos hacer llegado ese punto para calmar su dolor?

—A ver, ¿qué es lo peor que puede pasarme? *¿Morirme?* —preguntó Rayya—. ¿A estas alturas a quién le importa una mierda?

«Despertemos al dragón otra vez», dijo cuando se metió la primera pastilla de morfina en la boca.

Y vaya si lo despertamos.

El dragón abrió sus ojos amarillos, desplegó sus alas coriáceas y potentes e inició su vuelo callado por el torrente sanguíneo de Rayya. Y al instante, como por arte de magia, el sufrimiento de mi amor desapareció, como había desaparecido *siempre* con los opioides.

Recuerdo lo silencioso que se quedó aquella tarde el apartamento una vez la primera pastilla se disolvió en el sistema de Rayya. Todo era paz, todo era dulzura. Recuerdo que Rayya pareció volver a su ser, se convirtió de nuevo en mi persona, fuerte, calmada y tranquilizadora. Recuerdo que me abrazó y me dijo:

—Perdóname, cariño, por lo duro que ha sido esto para ti. Ahora todo será más fácil, te lo prometo. Solo quiero estar aquí a solas contigo. Ahora mismo no puedo abrir los ojos de lo cansada que estoy, pero necesito que sepas que te quiero. Que siento otra vez tu corazón. Que el portal entre las dos está abierto. No me importa morir, siempre que sea en tus brazos. Necesito que sepas que los momentos más felices de mi vida han sido contigo. ¿Lo sabes? ¿Lo entiendes? Necesito que lo sepas. Eres la mayor felicidad que he tenido nunca. Quédate a mi lado, cariño. No te vayas nunca. Te quiero muchísimo.

Toda mi angustia se disipó en el calor y la sinceridad de aquel abrazo, porque la fuerza y el consuelo de Rayya siempre habían sido mi morfina.

Pero ¿cuál era la morfina de *Rayya*?

Pues la morfina de toda la vida.

Y cuando le pregunté, en aquel bendito silencio, qué sentía al volver a tener opioides en su organismo después de tantos años, se limitó a sonreírme despacio, con ojos adormilados, y a decir:

—Es como: «Hola, vieja amiga».

Y tanto.

Hola.

Astuta, desconcertante y poderosa

Qué poco duró aquel momento de paz después de que el primer comprimido de morfina se disolviera en el organismo de Rayya.

Qué poco tardó el dragón de la adicción en empezar a rugir en su sangre, exigiendo lo que exige siempre: *más, más, más*.

Pronto Rayya pasó de necesitar un comprimido de morfina al día a dos o tres, de ahí a uno cada hora, dos cada hora, a varios tomados a la vez, hasta que, cuando solo habían transcurrido unas pocas semanas, empezó a gritar a sus médicos por teléfono: «¡Esta mierda ya no me hace efecto! ¡O me dais algo más fuerte o juro por el puto Dios que me voy a buscarlo a la calle Catorce y me lo chuto en vena! ¡Y no creáis que no sé hacerlo!».

Así que le dieron metadona. Y a continuación parches de fentanilo («algo más fuerte», eso sin duda), que funcionaron de maravilla hasta que dejaron de hacerlo..., porque el cerebro de adicto de Rayya se volvió resistente a los poderes de incluso la más formidable y peligrosa de las drogas.

Fue entonces cuando Rayya tuvo la brillante idea de añadir un poco de cocaína al cóctel «para que me anime y me mantenga espabilada». Compró su primer gramo en veinte años y se lo metió por la nariz, lo que le produjo un alivio tremendo y evidente.

¿Fue entonces cuando perdió oficialmente la sobriedad y la cordura?

¿O fue la noche siguiente, cuando se inyectó la coca que quedaba en el brazo («como siempre, es mejor que por la nariz», dijo), y la acompañó de varias pastillas de morfina y —ya que estaba— un puñado de relajantes musculares y me informó, antes de quedarse inconsciente, de que acababa «de abrirse un agujero en el techo de nuestra habitación y están entrando antepasados míos de hace cuatro generaciones»?

¿Fue *ese* el momento de su recaída?

¿O había empezado mucho antes de que apareciera el cáncer? ¿Había recaído Rayya en la adicción muchos años atrás, cuando decidió beber ocultándolo a todos? ¿O lo había hecho poco a poco a partir de dejar de ir a las reuniones de los doce pasos porque la irritaban los «cabrones inflexibles» de los grupos de apoyo, y porque no quería seguir en un programa? ¿O arrancó su declive antes incluso, cuando dejó de contarnos a los demás el dolor emocional que padecía y eligió sufrir a escondidas de quienes la queríamos?

¿O fue una combinación de todas esas cosas?

¿Las avalanchas llegan de forma repentina o empiezan con un copo de nieve que se queda adherido en el borde una montaña?

No lo sé.

No *puedo* saberlo.

Ni siquiera puedo deciros cuándo se disparó mi adicción al amor con Rayya, ni cuándo caí en la renuncia absoluta del yo que es la codependencia en su versión más letal y destructiva. No soy capaz de identificar el momento exacto en que convertí a Rayya en mi poder superior, o en el que supedité mi voluntad y mi interés a los suyos, tampoco en el que decidí que mi misión en este mundo era satisfacer cada uno de sus deseos, por alto que fuera el precio —físico, emocional o económico— que tuviera que pagar.

¿Fue tal vez cuando conocí a Rayya, diecisiete años antes, y su apariencia guay, fuerte y *poderosa* plantó en mí las semillas del deseo? ¿O fue cuando adopté el papel de salvadora y decidí rescatarla de las secuelas de su divorcio en 2008 instalándola en mi iglesia de New Jersey? ¿O cuando la convertí a ella en mi salvadora, dejando mi espíritu en sus manos, decidiendo que ella, un ser humano mortal e imperfecto, era mi única fuente de seguridad en este aterrador planeta?

¿O fue cuando supe que estaba muriéndose y arrojé toda mi vida por la borda para permanecer junto a ella?

¿O fue cuando sus exigencias se volvieron tan difíciles de satisfacer que me engullían por completo, pero aun así continué dándole todo lo que quería?

¿O fue cuando dejamos de rezar juntas cada mañana?

¿O perdí la cabeza por completo aquella noche en la primavera de 2017 en que Rayya me exigió que le diera dinero para comprar el primer gramo de cocaína y obedecí sin vacilar? (En mi —pobre— defensa, diré que me había mirado a los ojos y dicho: «Esta es la cantidad exacta de cocaína que voy a necesitar hasta que me muera, tranquila. Solo voy a tomar un poquito cada día para no quedarme dormida de pie por los opioides. Confía en mí, sé cómo hacer esto. Es mejor arriesgarnos a comprar solo una vez, por eso es tanta cantidad»).

¿O estaba sentenciada desde unos días después, cuando me ordenó ir al cajero a sacar dinero para comprar más cocaína (tres gramos y medio, esta vez) y obedecí?

¿O fue la mañana en que entré en una sala de «venopunción» en Chinatown y me registré como consumidora activa de drogas intravenosas para conseguirle agujas limpias a Rayya porque me importaba mucho que no se cogiera una infección aunque estuviera muriéndose de cáncer y pinchándose cocaína y opioides en las venas de los pies, las manos, el cuello? Y también porque quería que viera lo buena chica que era yo, lo amorosa, lo tolerante, lo generosa.

¿O perdí por completo el norte la primera vez que le sugerí que tal vez estaba haciéndose adicta a la cocaína y ella me contestó que no era más que «una ñoña de mierda y una llorica» y que dejara de una puta vez de decir gilipolleces sobre cosas sobre las que no tenía ni puta idea» y seguí allí para que pudiera seguir insultándome?

¿O fue cuando (después de no haber tenido ni una sola discusión en diecisiete años de amistad y de amor) de pronto empezamos a pelearnos a diario cada vez que le pedía que por favor me mirara como lo hacía antes, me tocara como lo hacía antes, me hablara como lo hacía antes? ¿Fue el día en que me eché a llorar y le pregunté: «¿Dónde te has *ido*? ¿Dónde se ha ido nuestro amor?»? ¿O cuando empecé a encerrarme en el baño por las noches y a llorar tumbada en el suelo (¡vuelta a las llantinas en el suelo del baño!) con Rayya en el otro baño machacando la cocaína para obtener un polvo cada vez más fino?

¿O fue cuando le hacía torniquetes en brazos o piernas mientras se inyectaba y la miraba atenta (incluso acercándole la luz para ayudarla a encontrar una vena) para asegurarme de que tenía todo lo que necesitaba? *¿Solo para estar en la misma habitación que ella?* Para asegurarme de que seguía queriéndome, amándome, para asegurarme su aprobación. Para asegurarme de que seguía siendo importante y valorada. De que Rayya me *veía*. Para asegurarme de que Rayya —que claramente había dejado atrás el mundo de los vivos, por no mencionar que estaba muriéndose— no me abandonara nunca jamás.

«Astuta, desconcertante y poderosa» es como describe la enfermedad de la adicción el Libro Grande de Alcohólicos Anónimos. Una enfermedad que es de naturaleza mental, emocional, física y espiritual. Una enfermedad que te asalta por todos los frentes, que te persigue toda la vida, que se acerca sigilosa cuando no estás mirando, que va haciéndose fuerte con los años y te devora hasta dejarte sin *nada*.

Adicción: una enfermedad frente a la que tanto Rayya como yo éramos impotentes, cada una a su espantosa manera.

Adicción al amor, drogadicción, dependencia, codependencia… Son todas la misma cosa: una enfermedad tan incansable y sucia, tan indigna que no descansa hasta que no te destruye.

Una enfermedad que te lleva a hacer cosas de las que jamás te habrías creído capaz, a aceptar una degradación que nunca imaginaste ser capaz de aceptar.

Una enfermedad que te lleva a hacer daño a las personas, a ti misma.

Una enfermedad tan avariciosa que no se conforma con destruir a una sola persona si puede destruir a dos. Y que jamás se contentará con matar a dos personas si puede matar a tres…, o a cuatro, o a los miembros de toda una familia, o a una comunidad entera, o a un país.

Adicción.

Una enfermedad tan artera y vil que, lo juro por Dios, hace que el cáncer terminal parezca un paseo por el campo.

Conspirando

En julio de 2017 se me ocurrió una solución genial a la pesadilla en la que me encontraba atrapada con Rayya.

Decidí que la iba a matar.

No estoy hablando de un asesinato piadoso, ni de eutanasia, ni del posiblemente valeroso acto de ayudar a alguien que está sufriendo mucho a morir con dignidad. Rayya en aquel momento no se quería morir y su dignidad le importaba una mierda. Lo único que quería era consumir la mayor cantidad posible de cocaína, alcohol, fármacos y tabaco; perorar sobre lo increíble y poderosa que era al haber desafiado las prognosis de todos los médicos respecto a su «fecha de caducidad» (sin que se le pasara por la cabeza que posiblemente seguía viva gracias a que *yo cubría todas y cada una de sus necesidades*); idear nuevos y originales sitios en los que esconder sus drogas de «los polis» que estaba convencida de que nos espiaban; enviar mensajes a todas horas a los adolescentes de rostro angelical del East Village que nos traían la cocaína a la puerta de casa; quedarse dormida fumando cigarrillos en la cama hasta que las sábanas y las almohadas echaban humo por las brasas caídas; quitarse gusanos y bichos imaginarios de su piel caliente e irritada, y decirme que era un fracaso como ser humano por no cuidarla mejor.

Y, como ella no podía dormir, yo tampoco.

Cada vez que cerraba los ojos me zarandeaba hasta despertarme y me exigía que le hiciera caso, que le llevara alguna cosa que necesitaba o que escuchara sus discursos sobre lo maravillosa que era ella y lo horrible que era yo.

Ni siquiera sentía ya dolor físico, porque estaba tan increíblemente alterada que no podía sentir *nada*.

De manera que no, Rayya no se quería morir.

Pero yo *sí* quería que se muriera.

No para que se terminara su sufrimiento, sino el *mío*.

¡Y es que no veía otra manera de liberarme! A aquellas alturas Rayya era una yonqui en toda regla que estaba destrozando mi vida y la suya, pero ¿qué podía hacer yo? ¿Organizar una intervención? ¿Darle un susto que la hiciera recapacitar? ¿Ingresarla en un centro de desintoxicación? ¿Qué centro de desintoxicación iba a admitir a una paciente oncológica terminal que *necesitaba* opioides para el dolor? ¿Qué amenaza o incentivo podía usar yo para lograr que Rayya dejara de drogarse? ¿Advertirla de que se podía morir? *Ya estaba muriéndose*. Esa era su moneda de la suerte, su as en la manga. Su sentencia de muerte la hacía intocable e invencible, por no hablar de emocionalmente manipuladora, porque nada como escupir las palabras: «Tú no sabes lo que es estar muriéndose», para callar la boca a cualquier amigo o ser querido que se atreva a cuestionar tus elecciones vitales.

Como alguien cuyo formidable ego había estado muchos años diciendo: «Es *mi* puta vida y hago lo que me da la gana», Rayya estaba, en cierta perversa manera, ganando la partida.

Por supuesto también estaba perdiéndola, en el sentido de que se moría y que cada uno de los nobles logros que había alcanzado durante sus años de sobriedad (su franqueza, su integridad, su empatía, su decencia) estaban siendo corroídos por la acción maligna de su adicción.

¿Y quién iba a detenerla? *¿Yo?* ¿La facilitadora más pusilánime del mundo? ¿La campeona olímpica de la Dependencia de 2017?

¿Miss Plumón de Pato, una rubia de Connecticut con ojos de carnero degollado y una necesidad desesperada de ser querida, de recibir aprobación y de hacer feliz a todo el mundo?

No.

Estaba atrapada en el infierno y convencida de que las cosas no podían ir a peor.

Hasta que fueron a peor.

En mitad de todo aquel caos, recibí una carta de nuestro casero comunicándonos que había vendido el apartamento y teníamos que dejarlo antes de dos meses. Fue una noticia inesperada, pues yo le había escrito unos meses antes explicándole que mi pareja tenía cáncer terminal y que agradeceríamos mucho no tener que mudarnos cuando venciera el contrato de alquiler, dado lo impredecible de su enfermedad. Incluso me había ofrecido a pagar más a cambio de que nos prorrogara el contrato un año y garantizarnos así un domicilio estable. El casero se había mostrado comprensivo con nuestra situación y había asegurado que no tenía intención de echarnos. Pero ahora, me explicó, le habían hecho una oferta que no podía rechazar. Lo sentía mucho, pero teníamos que irnos.

De modo que ahora debía encontrar la manera de trasladar a mi paranoica, delirante, maltratadora y drogada hasta las cejas paciente de cáncer terminal a otra casa.

Y a continuación la situación empeoró más aún. Unos hackers entraron en mi cuenta corriente, me robaron todo mi dinero y tuve que recurrir al FBI para que me ayudara a recuperarlo.

Os podréis imaginar cómo recibió esta noticia la yonqui cocainómana, delirante y desconfiada que tenía yo por novia.

—¿*Cómo* que el FBI? —aulló con las pupilas tan dilatadas que no se le veía el blanco de los ojos—. ¡Que no me entere yo de que hablas con el puto FBI!

Existe una palabra que describe todo esto, el caos, la locura y el sufrimiento por los que pasé yo en el verano de 2017, y es «ingobernable».

He aquí una manera de saber si estás atrapada en una adicción de alguna clase o inmersa en una vorágine de codependencia. Pregúntate: *¿Se ha vuelto tu vida ingobernable?* Cuando eres presa de la adicción o cuando te afecta gravemente la adicción de otra persona, llega un momento en que nada funciona, ni siquiera cosas que en apariencia no guardan relación alguna con la sustancia o el comportamiento adictivo. Que nos echaran del apartamento en el que vivíamos de alquiler o que me hackearan la cuenta corriente no tenía nada que ver con el hecho de que Rayya estuviera drogada hasta las cejas ni con que yo estuviera perdida en una densa bruma de codependencia, pero son cosas que ocurren cuando tu vida se desmorona. De pronto llueven piedras. Todo te sale mal. Te tuerces el tobillo, se te rompe el coche, se te muere el perro. No eres capaz de gestionar *nada*. Y es entonces cuando la locura de verdad se instala, porque parece que el resto del mundo es una máquina de dolor que va contra ti a todo gas.

Por supuesto ya no lo veo así. De hecho, ahora pienso que aquel verano de 2017 el mundo no se había puesto en mi contra, sino que *yo me había puesto en contra del mundo*.

Es decir, creo que existe un orden correcto y natural de las cosas —el Tao, el camino, una manera de vivir en armonía con la deriva y el movimiento del universo—, y yo iba en la dirección opuesta. Ahora creo que, si algo nos pide el universo, es que nos posicionemos de manera que existamos en armonía con la realidad, que nos dejemos llevar por el destino sin protestar ni luchar demasiado. Pero entonces yo *sí* luchaba. Luchaba contra Rayya, contra la naturaleza de la adicción, contra la presencia amenazadora de su muerte y su pérdida de cordura. Estaba intentando forzar a la realidad a doblegarse a mi voluntad, estaba diciéndole que, o me concedía «mi historia más bella», maldita sea, o mataría a quien intentara arrebatármela. Estaba intentando controlar cosas que no podían controlarse —intentando controlar a una persona que no quería ser controlada— y por esa razón mi vida se desintegraba..., pero ni por esas daba yo mi brazo a torcer.

Fue en ese clima de feroz locura cuando decidí que tenía que asesinar a Rayya.

El plan se me ocurrió una noche ya tarde en que ella llevaba muchas horas despierta mirándose en el espejo, con la cara a dos centímetros de la superficie reflectante y gritándole al demonio que afirmaba ver en el reflejo de su ojo, un demonio que, insistía, «vive ahí, en el fondo de mi cerebro».

—¡Otra vez tú! —le gritaba al demonio—. ¡Otra vez tú! ¡Esta vez me has robado el puto Rolex!

No era fácil dormir con aquel vocerío, sobre todo porque Rayya no hacía más que venir a despertarme para que la acompañara al baño, mirara el espejo y comprobara que el demonio *seguía ahí dentro de su ojo* y que además llevaba puesto su reloj. (Por supuesto el reloj no se movió en ningún momento de la muñeca de Rayya, por lo que sobra decir quién era en realidad el demonio del espejo).

—El muy cabrón se cree que me puede engañar, joder —murmuraba Rayya—. No sabe con quién está tratando, ¿a que no, cariño? Díselo, joder. Dile con quién está tratando. Soy Rayya Elias, joder, esa soy yo. Díselo, cariño. ¡Díselo!

«Tiene que morir ya», dijo mi mente exhausta, y de pronto me pareció la solución perfecta. Al fin y al cabo Rayya ya estaba muriéndose, ¿no? Solo tenía que acelerar un poco el proceso antes de que las cosas fueran a peor, antes de que pegara fuego al edificio con un cigarrillo encendido y termináramos las dos en la comisaría.

Tenía que morir y tenía que matarla yo.

Decidí que lo haría al día siguiente.

Aquella noche me dormí tranquila, sabiendo que la liberación estaba por fin cerca.

Quiero dejar algo muy claro. Cuando digo que tuve intención de asesinar a Rayya no me refiero a que simplemente se me pasara por la cabeza la idea de que mi vida sería más fácil con ella muerta. Me refiero a que *estaba decidida* a matarla. Y lo reconozco con toda franqueza porque quiero que la gente comprenda lo desquiciada que puede volver la codependencia a una persona. Porque yo, esa señora encantadora que escribió *Come, reza, ama*, estuve a punto de asesinar con premeditación y sangre fría a mi pareja porque había dejado de demostrarme afecto y porque estaba exhausta.

Esa es la persona en que me convierto cuando pierdo el sano juicio.

A la mañana siguiente, mientras Rayya dormitaba delante de la televisión, le cogí varias pastillas para dormir y de morfina y me las llevé al parque. Mientras otros neoyorquinos iban y venían en la hermosa luz de verano, yo me senté en un banco y me puse a estudiar y comparar las medicaciones en la palma de mi mano, buscando cómo lograr que los somníferos parecieran comprimidos de morfina para engañar a Rayya y que se tomara unos cuantos. Necesitaba que se tomara los somníferos, no la morfina, que ya no surtía demasiado efecto en su obstinadamente resistente sistema nervioso de drogadicta, porque, si conseguía dejarla inconsciente, podría ponerle en la espalda varios parches de fentanilo, que sin duda la matarían. Las pastillas tenían tamaños distintos, pero el mismo color. Unos comprimidos eran ranurados y otros no. Si cogía una cuchilla de afeitar y hacía una ranura a las pastillas para dormir, igual conseguía disfrazarlos de morfina. ¿O se daría cuenta de algo Rayya si le daba todas las pastillas juntas? A aquellas alturas estaba tan cegada por las drogas que era posible que se las tragara sin fijarse. Pero también estaba muy paranoica. Meses antes había asumido el control de su pastillero, creo que por miedo a que yo pudiera negarle las drogas que quería. Era posible que sospechara si yo le daba un puñado de pastillas y un vaso de agua y le decía que se las tomara.

Sabía que debía ser cuidadosa con este asesinato, no por miedo a la policía (estaba tan *fuera de mí* que ni siquiera pensaba en la policía), sino porque le tenía verdadero terror a Rayya. Si se despertaba y se daba cuenta de que estaba intentando asesinarla, sería mi fin. Literalmente. Si no la mataba yo a ella, me mataría ella a mí. De forma que tenía una sola oportunidad de hacer bien el trabajo. Pero me consideraba *capaz de hacerlo*, y sin que me temblara el pulso, además. Era necesario. Alguien tenía que terminar con aquella pesadilla.

Volví al apartamento poseída por una extraña euforia. Me sentía bastante orgullosa de mi valentía. ¡No todo el mundo tiene la inteligencia o el valor de hacer lo que había decidido yo hacer!

Entré y saludé alegremente.

—¡Hola, cariño, ya estoy en casa!

Rayya me miró desde la mesa baja, que estaba, como siempre, cubierta de cocaína, pastillas y alcohol.

Sin pestañear siquiera y con una voz totalmente calmada y sobria, me dijo:

—Ni se te ocurra conspirar contra mí, Liz.

Estuvimos muchísimo rato mirándonos a los ojos.

En aquel momento fue como si el universo se parara.

Fue como si alguien le hubiera dado a Pausa en aquel melodrama ridículo que estábamos representando, y las dos nos hubiéramos quitado los disfraces y nos miráramos como dos almas desnudas, despojadas de nuestras identidades, nuestros pasados y nuestros egos.

Vuelta a la sala de reuniones cósmica del principio de los tiempos, reconociéndonos una vez más y decidiendo hacer este viaje juntas.

¿Hasta dónde llegaría dicho viaje?

El momento me resultó tan familiar que casi me desmayo de un ataque de *déjà vu.*

¿Durante cuántas vidas habíamos hecho aquello? ¿Cuántas veces habíamos llegado a ese mismo punto? ¿Cuántas veces la había matado yo a ella o ella a mí? ¿Cómo queríamos escenificarlo esta vez?

—Piénsate muy bien lo que vas a hacer —dijo Rayya con una voz que no podía ser más lúcida.

A continuación sus ojos se volvieron otra vez vidriosos y se olvidó de todo lo que no fuera su mesa cubierta de drogas, alcohol, cigarrillos.

De pronto atisbé a la Rayya que había sobrevivido a años en la calle, a años de drogadicción, a años de prisión y de internamiento, a años de brutal currículo en la Escuela Tierra. La Rayya que había sobrevivido más de seis meses a la prognosis de su cáncer a pesar de no haber seguido las recomendaciones de ningún médico, nutricionista o experto alguno. Era la niña inmigrante que luchaba por su vida en un parque de Detroit. Era Rayya Elias, a quien durante un viaje a Australia yo había visto enfrentarse a un canguro en un zoo interactivo que había intentado quitarle el bolso. («¡Estate quieto, hijo de puta!», le había ladrado al animal y el canguro, visiblemente impactado, había retrocedido con una expresión que parecía decir: «Reconozco a un rival cuando lo tengo delante»). Era Rayya, a quien los miembros de la banda Latin Queens de Rikers Island habían apodado «Harley Loco» porque un día se le fue la pinza y atacó a un compañero recluso que intentó robarle sus botas de motera Harley Davidson. Era Rayya Elias, joder, siempre la primera en descifrar la atmósfera de una reunión, que había muerto más veces de las que había nacido, que no tenía miedo a nadie y que se había olido mis intenciones asesinas desde diez metros de distancia.

¿A quién pretendía engañar yo pensando que podía *matarla*?

Nadie podía matar a Rayya.

Joder, si ni siquiera el cáncer podía.

¿A qué encrucijada habíamos llegado exactamente?

Sin decir palabra, me recompuse y salí otra vez del apartamento. Pasé las horas siguientes deambulando por el East Village aturdida, sintiéndome como si acabara de recibir un fuerte golpe en la cabeza, sin saber a dónde ir ni qué hacer.

¡Hasta que tuve una idea absolutamente brillante!

¡Tomarme *yo* los somníferos y la morfina!

¿No sería esa la solución más fácil y eficaz a todo?

Si mi vida ya estaba destruida, ¿por qué no terminar el trabajo?

Tenía las pastillas en el bolsillo; era coser y cantar. La única pregunta era dónde. No quería morir en la calle y causar molestias, ni obligar a nadie a ocuparse de mi cadáver. Quizá lo mejor sería ir hasta el río y tirarme…

Entonces oí una voz en mi cabeza, una voz que atravesó mi confusión con una claridad y una velocidad tales que solo podía proceder de Dios.

¿Que cómo sé que era la voz de Dios?

Porque la reconozco.

Reconozco la voz de Dios igual que reconoce un gatito recién nacido ciego y llorón el olor de su madre.

La voz dijo: «Si has llegado a una situación en la que estás considerando seriamente matarte tú o matar a otro ser humano, es muy posible que hayas alcanzado el límite de tus fuerzas».

Me paré.

Escuché con atención.

Me concentré en la voz de Dios que me brindaba sabiduría y consejo.

«Si es ese el caso —siguió diciendo la voz—, igual es hora de llamar a alguien y pedirle ayuda».

you are afraid of surrender because you don't want to lose control.

but you never had control; all you had was anxiety.

PERTENECER

Dios me interrumpe para decirme:

Mi querida niña, si continúas buscando el hogar en los brazos de otra persona,
te quedarás sin hogar una y otra vez.
Lo que, dicho sea de paso, también es aplicable a un hogar en el sentido literal de la palabra.
Porque todo lo que te es dado te será tarde o temprano arrebatado.
Esa es la ley, querida mía.
Nada es para siempre.
También el suelo bajo tus pies puede desaparecer.
Lo mismo que tus pies.

Dios pone su mano en mi pecho trémulo y dice:

Tú, mi pequeña, siempre has sido muy terca.
Exiges permanencia a cosas que no pueden ser permanentes,
y perfección a personas que son por naturaleza imperfectas.
Es algo propio de las personas ansiosas y traumatizadas,
pero ese impulso (como todo impulso fatal)
no te ha proporcionado nunca consuelo ni alivio alguno.
Puesto que es así, ¿por qué lo defiendes tanto?

Dios me obliga a hacer un alto en mi camino y me dice:

Niña, sigues pidiendo promesas imposibles
a quienes ni siquiera pueden cuidarse a sí mismos.
Pero ¿en qué te ha beneficiado nunca ser tan dependiente
e insegura?
¿Tan necesitada de afecto, tan perdida y asustada?
No dejas de repetir que quieres contar con alguien,
pero yo te digo: *deja de contar.*
No dejas de repetir que ansías seguridad porque el mundo
te da miedo.
Pero el mundo, amor mío, es lo que *tú* eres.

¿Por qué no sentirte segura de *eso*?
¿Cómo podrías perderlo todo
si tú misma estás hecha de El Todo?
Tú, el momento luminoso y parpadeante de la creación.
Tú, el acontecer milagroso.
Tú, salvia misma de mi ser.

Dios me interrumpe una vez más para preguntarme:

¿Por qué sigues llevándome la contraria?
¿Por qué sigues resistiéndote y suplicando?
¿Por qué no abrazar la realidad superior de las cosas,
mi pequeña?
¿Por qué no aceptar la naturaleza cambiante de la naturaleza?
¿Por qué seguir discutiendo las idas y venidas,
los nacimientos y las muertes,
las ganancias y las pérdidas?
¿Por qué buscar estabilidad, cuando eres mi canción?
¿Por qué no rendirte?
¿Por qué no pertenecer?

Síndrome del cuidador

Así que hice lo que me dijo Dios que hiciera.

Llamé a alguien y pedí ayuda.

En realidad llamé a unas cuantas personas.

Pasé el resto del día sentada en Tompkins Square Park (sin importarme que Rayya pudiera morir sola en el apartamento, quemar el edificio entero o terminar en la cárcel), y llamé a cada uno de los amigos buenos y sabios que he tenido en mi vida. Llamé a todas las personas que sabía que habían tenido alguna clase de adicción. Llamé a todas las personas que podían considerarse «espirituales», «sabias» o «maduras».

Con cada una de ellas mantuve una conversación difícil y llena de humildad en la que le conté toda la verdad. (Por cierto, ahora me doy cuenta de que aquel fue el paso número uno: «Admitimos que éramos impotentes ante nuestras emociones y que nuestra vida se había vuelto ingobernable»). Hasta aquel momento yo no le había contado la verdad a nadie porque me avergonzaba demasiado la historia de terror en la que me había metido y también para proteger la reputación de Rayya. Hasta aquel día había fingido que en casa todo estaba más o menos bien y bajo control. «¡Sí, por supuesto, Rayya estaba muriéndose de cáncer, pero podíamos con eso y mucho más!». Había estado comunicándome con mis amigos y mi familia mediante una serie de alegres correos electrónicos y mensajes de texto que eran básicamente notas de prensa en las que pintaba a Rayya como una heroína estoica e inspiradora y a mí como la cuidadora incansable e infalible.

La «gestión de imagen» es algo que importa muchísimo a los adictos, a mí entre ellos.

Pero todo esto se tenía que acabar, porque, si Rayya y yo terminábamos muertas por asesinato, suicidio o asesinato con suicidio, no quedaría imagen que gestionar.

Llamé a estas personas llorando y llena de vergüenza y de furia, con lágrimas y mocos rodándome por la cara a la vista de todos. Pero lo importante es que las llamé.

Y, a través de cada una de sus respuestas, Dios continuó hablándome.

Aquel día yo estaba demasiado nerviosa y exhausta para saber exactamente quién dijo qué, pero sí me acuerdo de cada uno de los consejos que me dieron porque aquel fue el principio de un despertar que llegaba con mucho, muchísimo retraso.

Recuerdo que una de esas bellas personas me dijo: «Tuviste un sueño y ahora ese sueño se muere. Soñaste que el amor de Rayya te salvaría de toda una vida de dolor, pero no puede. Tienes que dejar ir ese sueño, tienes que hacer el duelo. Tienes que coger ese sueño en brazos y llorarlo, como si fuera un hijo muerto prematuramente. Tienes que sentir todo ese dolor insoportable y también el dolor que hubo antes, y no reprimirlo. El dolor será el principio de la sanación».

Otra me dijo: «Los cocainómanos son unos capullos. Integrales. Cada droga tiene un efecto concreto en las personas y tú careces de la experiencia suficiente para saberlo. La heroína te desconecta y te convierte en un inútil, el alcohol te idiotiza y te vuelve violento, la marihuana genera paranoia, hambre e indolencia, pero la cocaína es la peor de todas las drogas, porque convierte a las personas en *auténticas cabronas*. Así que ese es el problema al que te enfrentas con Rayya ahora mismo. No hablas con ella porque ella hace tiempo que no está. Estás hablando con esa cabrona de mierda que es la cocaína. Y con la cocaína es imposible mantener una conversación».

Alguien más dijo: «¿Sabes qué? Muchos drogadictos y alcohólicos en recuperación tienen cáncer o alguna otra enfermedad terrible y necesitan encontrar la manera de gestionar el dolor y continuar sobrios. Rayya no es la primera adicta que ha pasado por algo así, y no será la última. No es la única enferma terminal del mundo, así que no dejes que te convenza de que su caso es especial. Todos los adictos se creen especiales. Pero Rayya no tiene nada de especial. No es más que una adicta con cáncer, como lo han sido muchísimas personas antes que ella. Si Rayya quiere morir limpia y con dignidad, necesita tener humildad, volver a los grupos de apoyo y pedir a un padrino que la ayude a encontrar un plan de gestión del dolor que le permita mantenerse sobria. La pregunta es: ¿estamos seguros de que eso es lo que quiere? Porque, si no es así, entonces no hay nada que puedas hacer para mejorar la situación, excepto quizá salir corriendo».

Y otra: «¿No ves lo que está pasando? Una gran persona se muere y está vaciándose de toda su toxicidad antes de morir porque no quiere llevarse esa basura a la otra vida. No tiene nada que ver contigo, es un proceso por el que necesita pasar. Por mucho que le guste presumir de ser la más dura del barrio, Rayya no se quiere morir y está furiosa. Si no te gritara a ti, le gritaría a un árbol. Deja de tomártelo como algo personal. No te metas. Deja que se desfogue. Llegará un momento en que se le pasará y, cuando muera, morirá vacía y libre. Mientras tanto cuídate tú y déjala desahogarse».

Hubo otra persona que me dijo: «Lo que se dice sobre las fases del duelo es cierto: negación, enfado, negociación..., todas llegan. Pero no necesariamente por ese orden. A veces se dan todas a la vez. Es lo que está pasándole a Rayya ahora mismo. Intentasteis comprimir una vida entera en unos pocos meses, por eso todo es tan concentrado e intenso. Toda la felicidad, todo el sufrimiento. Estáis experimentándolo todo a la vez. Y es mucho. Probablemente demasiado. El síndrome del cuidador existe y tú estás al borde. Si no descansas, vas a terminar en el hospital. Cógete un tiempo y que pase lo que tenga que pasar. Ve a darte un masaje».

Y otra más: «Rayya podría morirse ahora mismo a puerta cerrada y como una yonqui degradada y furiosa. Sería un final muy triste. Pero hay un final más triste aún: que tú estuvieras sentada en el suelo a su lado, detrás de esa puerta cerrada y atrapada con ella en esa pesadilla. Eso sí que sería trágico, porque estaríamos hablando no de una, sino de dos vidas destruidas. No dejes que eso ocurra».

Alguien dijo: «Hay una cosa que tienes que comprender sobre las adicciones: tú no la has causado, tú no puedes controlarla y tampoco curarla. Ahora mismo no tienes forma de controlar a Rayya y, cuanto más te esfuerces por dominar la situación, más se te irá de las manos. Cuando se trata con adictos, aquello que intentas controlar termina controlándote a ti».

Otra persona me dijo: «Existe un programa de doce pasos para personas cuya vida se ve afectada por las adicciones de otros. Métete en internet y busca una reunión. Mi consejo es que vayas a una esta misma noche. Encontrarás apoyo».

Y una última: «Hay un programa de doce pasos para la adicción al sexo y al amor. Es igual que Alcohólicos Anónimos, pero para personas adictas a las relaciones sentimentales y sexuales problemáticas. ¿Has oído hablar de él? Tengo un amigo que va. Creo que te vendría bien echarle un vistazo. Te conozco desde hace más de treinta años, Lizzy, y te he visto sufrir mucho con esta clase de cosas. Igual tienes un problema que va más allá de Rayya. Igual es el momento de que busques ayuda».

Cero estrellas de diez

Me encantaría decir que a partir de ese momento las cosas mejoraron, pero no fue así.

O quizá debería decir que no mejoraron *inmediatamente*.

Una vida no se desmorona de un día para otro ni tampoco se cura al momento. Roma ni se construyó ni se desmanteló en un día. En ocasiones un despertar espiritual tarda en producirse un rato, unas semanas o unos años. Pero algo *empezó* a ocurrir en mi interior después de aquel día de conversaciones llorosas con todos mis amigos sabios en el parque. Empecé a atisbar la tenue y lejana luz de la lucidez.

La palabra «adicción» había salido a relucir, y no solo en referencia a Rayya, también a mí.

La palabra «codependiente» había salido a relucir..., en referencia a mí.

El término «síndrome del cuidador» había salido a relucir..., también en referencia a mí.

Y dos personas distintas me habían sugerido empezar a ir enseguida a las reuniones del programa de doce pasos (¡a dos grupos de apoyo distintos!) en busca de ayuda. Aquello me resultó un poco raro y ofensivo, pero también interesante, porque daba a entender que quizá Rayya no era la única que tenía un problema.

Vaya, vaya.

Pero sanar es un proceso lento, caótico y en absoluto lineal, el sano juicio no se logra de un día para otro.

Algo que menciono solo para explicar que aquella semana hice una tontería muy grande.

Decidí organizar una intervención para obligar a Rayya a enfrentarse a su drogadicción.

Y resultó no ser una buena idea.

No recomiendo que nadie haga algo así con una persona drogodependiente.

«Cero estrellas de diez» es mi evaluación para lo que se siente forzando a toda prisa a unos cuantos amigos y familiares a enfrentarse juntos a una cocainómana furibunda sin un plan concreto y sin la presencia de un experto en adicciones, sin guion, sin un coche esperando en la puerta para llevar a la persona adicta a desintoxicación en caso de que acepte ir.

Y, si esa intervención la organizas después de semanas sin dormir casi, saldrá todavía peor.

Pero es lo que hice yo porque estaba muy perdida y porque seguía intentando controlar la situación, que *es* lo que hacemos los codependientes.

Llamé a unas cuantas personas y les supliqué que, por favor, vinieran al apartamento y me «respaldaran» mientras yo intentaba hacer entrar en razón a Rayya. Lo que les pedía a esas pobres personas era que se sentaran y me miraran lanzar una ataque sorpresa e improvisado a mi pareja, diciéndole que estábamos «todos preocupados» por que «fuera otra vez drogadicta» (¡como si un adicto dejara alguna vez de serlo!) e informándola de que las cosas tenían que cambiar.

¿*Qué* era lo que tenía que cambiar exactamente?

Esta es la parte que yo no llevaba preparada, porque no tenía ni idea de qué tenía que cambiar ni cómo.

Así que igual estaba dejando que fuera Rayya quien decidiera, para que lo solucionara ella.

A Rayya, que había perdido completamente el juicio.

No os sorprenderá saber que esta intervención cutre, histérica, mal preparada y de aficionado no salió bien. Rayya, hasta las cejas de cocaína, humillada, expuesta y acorralada, se resistió con todas sus formidables fuerzas. Se puso furiosa con todo el mundo, pero reservó su rabia más candente para mí puesto que, evidentemente, tenía la culpa de todo. A fin de cuentas, yo era la que le había buscado los oncólogos que me habían recetado toda aquella medicación, por tanto su adicción era culpa mía. Aunque, por supuesto, ¡ella no era adicta a ninguna de aquellas sustancias! («Simplemente estoy haciendo un puto experimento médico, Liz, y si no eres capaz de gestionarlo, te marchas y a tomar por culo!»).

Y en caso de que fuera adicta a la cocaína, que por supuesto no era el caso, desde luego no era culpa suya. Aseguró que en la casa no había cocaína. Y si alguien *encontraba* cocaína escondida en la casa, ella no tenía ni idea de cómo había llegado hasta allí. Rayya incluso juró que uno de sus médicos le había *aconsejado* que la tomara (una «cocaína de uso medicinal», explicó, que al parecer el médico había encargado para ella en un «centro especializado secreto de New Jersey»), porque la cocaína estaba indicada en su caso y a este médico le gustaría poder recetársela a todos sus pacientes oncológicos, porque les daba mucha energía. De hecho, le había dicho que era «un puto genio» por haber tenido la idea de tomar cocaína, dado lo útil que era para el tratamiento del cáncer. Y además, siguió diciendo, ¿desde cuándo es adictiva la cocaína? («¡En mis tiempos desde luego no lo era!», gritó mirándome con los ojos de una persona totalmente trastornada).

Asimismo, me recordó —muchas, innumerables veces durante la intervención— que, puesto que estaba *muriéndose*, lo que teníamos que hacer era no meternos, dejarla en paz para que hiciera lo que le diera la gana.

Mientras tanto yo lloré y le supliqué que entrara en razón. En un arranque de torpeza, le pedí que volviera a ser «la de antes», como si fuera algo que pudiera lograrse por arte de magia. También estuve de lo más considerada, haciéndole preguntas del tipo: «¿Quieres morir sola, con una aguja en el brazo y sin nadie que te quiera a tu lado? ¿Es eso lo que quieres, Rayya? ¿ES ESO LO QUE QUIERES?».

Y por algún motivo decidí que aquel también era un buen momento para recordarle todos mis actos de generosidad con ella, y la persona tan buena y cariñosa que era yo y cómo me merecía algo mejor.

Y, oh sorpresa, Rayya no reaccionó bien.

—¡Vete a tomar por culo, Liz! —gritó—. ¡Yo tenía una vida perfectamente buena antes de que llegaras tú y te pusieras a controlarlo todo, joder!

Después adoptó un tono más frío y hastiado y me dijo la cosa más terrible que me ha dicho nunca nadie, me disparó esas palabras letales directamente al cerebro como desde un lanzamisiles portátil.

—Ojalá no hubiéramos empezado esta relación —me dijo—. Te arrojaste a mis brazos y yo no debería haberlo permitido. Eres demasiado problemática, algo que siempre había sospechado. Ojalá hubiéramos seguido siendo solo amigas. De esa manera aún podría disfrutar de tus cosas buenas y dejar que otros gestionaran toda tu basura emocional.

Fue entonces cuando salí llorando del apartamento y dejé a Rayya al cuidado de aquellas pobres y perplejas personas a las que había obligado a hacer aquella «intervención» para no volver hasta varias semanas después.

De manera que sí.

Fue un éxito.

NO ME DEJES GANAR

Querido Dios:

Hoy me siento irritable y sucia, y mi ánimo es una alcantarilla.
Estoy llena de ira y rabia y no quiero tu ayuda.
No puedes ayudarme, Dios.
(¿*Cómo* podrías ayudarme? Ni siquiera estás aquí).

Dame tu dolor, te oigo decir, pero no quiero.

Me niego.
Gracias, este dolor me lo quedo.
Tengo derecho a quedármelo y a hacer lo que quiera con él.

Dame tu dolor, te oigo decir, pero no quiero.

No te voy a dar este dolor, Dios.
En lugar de ello voy a cerrarte mi corazón.
Voy a resistirme a ti en esta noche terrible.
Voy a exigir respuestas.
¡Voy a exigir que mis quejas sean oídas!

Dame tu dolor, te oigo decir de nuevo, pero ¿por qué debería?

¡Después de lo que me arrebataste!
¡Después de a *quién* me arrebataste!
Vete a la mierda, Dios.

Este dolor es mi herencia legítima.
Me lo he ganado a base de golpes, cabrona despiadada.

Dame tu dolor, repites, pero no lo voy a hacer.

No puedo hacerlo.
Así que nos sostendremos la mirada toda la noche
hasta que uno de los dos pestañee.

Ay, Dios, estoy sufriendo.
Ay, Dios, no quiero pelear esta pelea contigo.
Ay, Dios, *necesito* perder esta pelea contigo…, pero no sé cómo.

Por favor, no pestañees, Dios.

Por favor, no me dejes aquí, sola, odiando todo.

Esta noche te rezo desde el fondo de mi dolor.

Por favor, Dios, por favor.

No me dejes ganar.

Asustando a los niños

Han pasado casi seis años de su muerte. Estoy sentada aquí sola una tranquila mañana y las palabras feroces y radiactivas de Rayya aún resuenan en mi cabeza.

«Ojalá no hubiéramos empezado esta relación».

Tardé mucho tiempo en ser capaz de evocar esas palabras sin romperme en pedazos. Todavía me duele un poco, pero es más como un moratón, no esa herida mortal que pareció el día que Rayya las pronunció.

Sobre todo siento compasión por las dos…, y por las personas a las que arrastramos a nuestro teatro de dolor.

Fue un desastre absoluto y se nos fue muchísimo la cabeza.

Nos imagino a Rayya y a mí sentadas juntas algún día en la gran sala de reuniones cósmica del más allá, congelando ese momento en el tiempo y procesándolo juntas, libres de la intromisión de nuestros egos humanos. Nos imagino hablando de ello con franqueza y sin tapujos, tal y como hablábamos de todo en nuestros buenos tiempos. Imagino a Rayya explicándome que estaba fuera de sí por las drogas y el miedo y que, por supuesto, no sentía nada de lo que me dijo. Me oigo a mí recordándole que, solo momentos antes de asegurar que nunca había querido tener una relación sentimental conmigo, también había dicho: «¿Desde cuándo es adictiva la cocaína?», así que ¿por qué iba a creer sus palabras?

Por supuesto que me quería.

Por supuesto que se alegraba de haber vivido nuestra historia de amor, por fugaz que fuera.

Pero también me imagino otra cosa. Y he necesitado muchos años de duelo y de recuperación para llegar a este punto. Me imagino diciéndole a Rayya: «¿Sabes una cosa, Rayya? Puede que tuvieras razón en las cosas que dijiste aquel día. Por desagradable que resultara, hubo algunas verdades».

Porque es cierto que me arrojé en sus brazos.

Es más, me arrojé en sus brazos cuando aún estaba en shock por su diagnóstico de cáncer terminal, lo que pudo ser un gesto romántico y valeroso, o un comportamiento sumamente egoísta y manipulador con alguien que estaba en su momento más vulnerable. Supongo que depende de cómo se mire.

Y sí *soy* muy problemática a veces. Esto lo sé porque me lo han señalado otras parejas que he tenido (¡gracias, chicos!) y no creo que se equivocaran. Las únicas parejas que *no* me consideraron problemática fueron aquellas con las que no me mostré como verdaderamente era, aquellas a las que no dejé que me conocieran.

Y no dudo de que para Rayya fuera una experiencia más agradable ser mi amiga que mi pareja sentimental, puesto que, una vez se convirtió en lo segundo, pasé a responsabilizarla de toda mi «basura emocional». Pero eso fue solo porque en algún momento había decidido que Rayya era responsable de mantenerme a salvo del mundo y darme serenidad, incluso mientras tenía que enfrentarse a su propia muerte y gestionar su dolor y sus miedos propios.

Todo eso hice.

Y se lo hice a mi amiga querida.

Así que Rayya, mi Rayya..., te pido perdón.

Pero, no sé por qué, esta mañana, mientras escribo estas palabras, siento que todo está bien.

Está bien porque las cosas no podrían haber sido de otra manera, dado quienes éramos las dos, de dónde veníamos y lo mucho que estábamos sufriendo.

Pero entonces yo no lo veía así.

Lo que me dijo Rayya me dejó *destrozada.*

Aquella noche cogí un taxi hasta el apartamento de mi amiga Sheryl en la parte alta de Manhattan. Hacía muchos años que no me veía obligada a dormir en el sofá de una amiga después de una ruptura amorosa, y ahora allí estaba, otra vez. (¡Hola, sofá, viejo amigo!). Pasé las semanas siguientes escondida, cabizbaja y triste, compadeciéndome muchísimo de mí misma.

Rayya me había asestado el golpe de gracia perfecto porque ella, más que nadie, sabía cómo matarme. Sabía dónde escondía yo exactamente mis inseguridades más profundas. Sabía que llevaba recibiendo mensajes desde niña diciéndome que mi «basura emocional» era demasiado problemática para que nadie la quisiera en su vida. Sabía que me aterrorizaba echar de mi lado a la gente que quería por ser demasiado dependiente, demasiado absorbente. Sabía que me había pasado casi toda la vida intentando mostrar solo mis «partes buenas» porque estaba segura de que si los demás veían el dolor, el miedo y la dependencia que acechaban bajo la superficie me encontrarían repulsiva y me rechazarían. Había sido testigo de las partes menos atractivas de mi personalidad y durante un tiempo había parecido amarlas.

Pero ahora estaba diciéndome la verdad, a saber: que *yo era repulsiva y que me odiaba.*

Y con aquella frase cruel e hiriente —«Ojalá no hubiéramos empezado esta relación»— Rayya había cogido los últimos jirones de mi corazón y los había machacado con el tacón de su bota de motera hasta dejarlos reducidos a un polvo más fino incluso que la cocaína. Me había triturado hasta no dejar nada de mí.

Y esa había sido exactamente su intención, por haberme enfrentado a ella.

Al principio lo que me dijo me produjo una tristeza insoportable, después me enfurecí. ¿Quién coño era Rayya para hablarme así? Si había alguien «demasiado problemática», ¡era *ella*! ¡Ella era la yonqui asquerosa, no yo! Y no solo una yonqui, también era una *ladrona*. Nos había robado tiempo de estar juntas, tiempo que ya no podríamos recuperar. Me había robado *su* compañía. ¿Cómo se atrevía a destruir «mi más bella historia»?

No ayudó que no dejaran de llegarme mensajes de mis amigos y vecinos del *downtown* informándome de que Rayya estaba «dándolo todo» en nuestro apartamento, que seguiría siendo nuestro un mes más. Al parecer las únicas personas a las que ahora quería ver eran las que estuvieran dispuestas a emborracharse y tomar cocaína con ella, y, ya de paso, compartir unos opioides. Mientras tanto yo seguía viviendo de prestado en un sofá, llorosa y enfadada, en pleno síndrome de abstinencia emocional, ¡y pagando las facturas! Me habían quitado de golpe mi droga particular y había llegado a la última parada del viaje demencial de un codependiente: el colapso absoluto.

Años antes Rayya me había contado, al hablar de sus muchas recaídas, que daba igual lo glamuroso, divertido o emocionante que resultara su primer contacto con la droga, porque siempre terminaba en el mismo sitio: sola, vacía, envilecida. El primer colocón de cocaína podía quizá disfrutarlo en la fiesta de un productor musical en una mansión de las afueras de Los Ángeles, rodeada de modelos guapas, escuchando la mejor música, bailando en una terraza iluminada por la luz de la luna con vistas a la centelleante ciudad. Pero el último sería siempre a solas, en el suelo de un cuarto de baño, rota y sin nada excepto sufrimiento.

Con la adicción al amor es lo mismo. Comienza siempre con un estado de éxtasis, surcas el cosmos en la cola de un cometa de fantasía romántica, desapareces en la belleza, el aliento, el ser, el cuerpo de alguien, sin sentir dolor porque has volado mucho más allá de los límites de la mortalidad. Y siempre termina del mismo modo: a solas, en el suelo de un cuarto de baño, rota y sin nada excepto sufrimiento.

Rayya seguía en la fase eufórica de su adicción, en cambio yo había tocado fondo con la mía, y *dolía mucho*.

He aquí una verdad sobre el síndrome de abstinencia de cualquier droga, sustancia, persona o comportamiento: la razón por la que resulta tan duro es que no solo sientes el dolor de haber perdido el acceso a aquello que deseas más que nada, también el de todas las otras pérdidas que has padecido en la vida. Todos los fracasos previos, todas las crisis, todas las decepciones. Es como el choque en cadena de veinte coches en una autopista helada, y no hay manera de escapar a él. Y, lo peor de todo, el síndrome de abstinencia te obliga a sentir otra vez el sufrimiento *primero*, ese sufrimiento profundo de la infancia, o esa herida ancestral que te empujó originalmente a la adicción.

¿Y quién quiere sentir *eso*?

Yo no.

La verdad es que casi nadie.

A mi amiga la escritora y profesora Kemi Nekvapil le preguntaron una vez durante una entrevista: «Si pudiera conseguir que todas las personas del mundo hicieran una sola cosa, ¿qué sería?».

Y Kemi contestó: «Si hay algo que me gustaría que hicieran todos, algo que de verdad sirviera para cambiar el mundo, sería: *sanar*».

Pero sanar es difícil. Sanar, ya sea física o emocionalmente, es caro, exige tiempo y resulta doloroso. Por eso hay tantas personas que no pueden o no quieren sanar. En lugar de eso *consumen*, para no tener que sentir su dolor. Y cuando eso no funciona, siempre pueden *culpar* a otros.

Y eso hice yo a finales del verano de 2017 mientras Rayya se colocaba en nuestro elegante apartamento: *culpar*.

El agravio que más rabia me despertó fue este: al parecer, Rayya se dedicaba ahora a decir a nuestros amigos que yo la había «dejado tirada» porque su cáncer «me putosuperaba».

Cuando me enteré, me enfadé tanto que casi eché humo.

La mayoría de nuestros amigos me conocían lo bastante como para no creer a Rayya, pero algunos compraron su versión de los hechos, y eso a punto estuvo de matarme. Mi preciadísima reputación de *mejor persona del mundo* estaba en juego y hay pocas cosas que me despierten el odio hacia alguien tanto como que cuestionen mis modalidades favoritas de autoengaño.

Aquel verano dediqué horas a defender rabiosa mi postura en contra de la de Rayya ante quien quisiera escucharme o, lo que fue todavía más desquiciado, ante *nadie en particular*. Caminaba por la ciudad practicando y perfeccionando mentalmente discursos anti-Rayya, a veces incluso en voz alta. Asustando a los niños de las aceras con mis pisadas. Dispersando grupos de palomas a mi furioso paso.

Le había dado todo a Rayya. *¡Todo!*

¡Había renunciado a mi vida entera por ella! ¡Había roto mi matrimonio, tirado mi existencia por la borda por ella! ¡Y había cubierto cada una de sus *necesidades* en cuanto se puso enferma! ¡Y además había hecho realidad hasta el más descabellado de sus sueños! ¡La había llevado a todos los sitios a los que siempre había querido ir, le había comprado todo lo que se le había antojado nunca!

Retrocedamos un poco en mi lista de agravios. ¡Rayya se había convertido en *escritora* gracias a mí! Nunca podría haberlo hecho sin mí…, ¿y así era como me lo agradecía, joder?

Retrocedamos un poco más *aún*: ¡le había ofrecido un sitio donde vivir cuando se divorció! ¡Gratis! ¡Cuando casi ni la conocía!

Y ella misma había dicho entonces: «¿Quién hace algo así por alguien a quien ni siquiera conoce?».

Eso digo yo, tronca. ¿Quién hace algo así por alguien a quien ni siquiera conoce?

¿Y así me agradecía tantos años de amor, de sacrificio, de generosidad y de sagrada abnegación?

¿Con esas putas *patrañas*?

En suma: *QUE SE FUERA A TOMAR POR CULO*.

bang

POEMA DE ABSTINENCIA, PARTE I
O
PREPARÁNDOME PARA EL APOCALIPSIS

Dios dice:

Veo tu dolor de esta noche.

Veo tu pena y tu terror.

Veo tu indignación, volcánica e impactante.

¿Dónde están los trucos, amor mío?
¿Esos que planeabas usar
para mantenerte a salvo de sentimientos como estos?

Te espero aquí
mientras vas a buscarlos.

O mejor aún: olvídalo.

No te vayas.
Quédate conmigo un momento.

Analicemos juntas la situación.

Dime, mi amor, ¿a qué conclusión llegaremos esta noche?

Después de perder el control de ti misma hasta el colapso,
¿estás preparada para escuchar?

Bien.

Escucha, entonces.

Solo por hoy,
necesito que dejes de pensar en todas las maneras
en que vas a fracasar y a equivocarte.

¿Podrás hacerlo?

Por favor, deja también de denunciar a otros
en tribunales llenos de jueces imaginarios.
No hay jueces, mi amor.
No hay ningún tribunal.

Solo estamos nosotras, juntas.

¿Mi consejo?

Si fuera tú, me bebería un gran vaso de agua.

Veo que otra vez estás intentando convencerte
de que ya deberías llevar el proceso más avanzado,
de que deberías haberlo hecho mejor, pensado mejor,
de que ya deberías ser experta en la vida,
de que las cosas no deberían dolerte ya tanto,
de que nunca serás lo bastante buena,
de que nadie lo es, en realidad.

Pero, dime, ¿y si esa rigidez es lo que alimenta el sufrimiento
y la adicción?

(No tienes que contestar ahora mismo a esa pregunta.
Es hipotética).

En medio de tanta lucha, de tanta duda,
¿sigue costándote creer que eres amada?

Veo que intentas volver la cabeza cuando te digo eso.
Por favor, no lo hagas.

Escúchame.

Llevo décadas escuchándote sin burlas y sin cinismo.
¿Puedes escucharme tú a mí dos minutos sin burlas ni cinismo?

Te preguntas por qué tus pensamientos van donde van,
a esos lugares oscuros y odiosos.

Bien, cariño,
tu cabeza va a donde va porque eres una adicta.

¡No te ofendas! No es un insulto.
Pero tampoco te hagas ilusiones: no es una medalla.

No es más que *una cosa*, mi amor.
Es una cosa que las personas pueden ser, y tú lo eres.

Pero los adictos pueden llevar una vida rica y plena.
Lo he visto.
Y con el paso del tiempo, créeme, tú también lo verás.

Pero de momento lo que debes hacer es descansar.

Creo que he visto un sofá por alguna parte.

Y sigo pensando que deberías beberte ese vaso de agua.

Veo que la soledad te asusta, pero créeme:
ahora mismo es tu medicina.

Y además no estás sola: yo estoy contigo.

Una vez más, casi te matas del susto
pensando que tus sentimientos te sobrepasan, pero no es así.

(Nada que salga de ti puede sobrepasarte nunca).

Tú, siempre preparándote para el apocalipsis.

Tú, siempre con miedo de hacer las cosas —¡todas!— mal.

Lo que buscas es libertad, ¿es así?

Bien.

Entonces tienes todo mi apoyo.

Lo conseguiremos, ángel mío.

Que no te preocupe cómo lo hacen los demás,
ni a qué velocidad.

No hay nadie más.

Solo nosotras.

Olvídate de todo lo que no sea mi voz.

Descansa conmigo, mi amor.

Solo descansa.

Una intervención nunca es plato de gusto

La única nota positiva durante aquella auténtica vorágine de rabia y resentimiento en que se convirtió agosto de 2017 fue que en el sofá de mi amiga conseguí recuperar algo de sueño, lo que sirvió para introducir una pizca de cordura en mi organismo traumatizado y zarandeado.

Ah, y hubo otra cosa más.

Por entonces también hice algo muy inteligente.

Fui a una reunión del programa de doce pasos.

En realidad fui a *varias.* Conocí a esa comunidad de personas cuya vida sufre los efectos negativos de las adicciones ajenas y también acudí a reuniones de adictos al sexo y al amor.

Odié muchísimo las dos cosas.

Odié el grupo de apoyo a familiares y amigos de adictos porque no le veía sentido. Había esperado encontrarme a personas que me dieran consejos prácticos sobre cómo ayudar a adictos a alcanzar la sobriedad. Pero de lo único que hablaban las personas de aquel grupo era de *sí mismas*, de sus problemas de ansiedad, codependencia y control compulsivo. «Necesito centrarme en mí», oí decir a varias de ellas, lo cual me pareció un disparate, dado que todos los que estaban en aquella habitación parecían tener un ser querido que era o bebedor compulsivo o esclavo de alguna clase de droga. ¿Cómo iban a centrarse en ellos si vivían en el caos de la adicción de otro? ¿Por qué no se centraban en conseguir que esos borrachos y drogadictos *dejaran de hacer lo que hacían*?

«Necesito seguir pensando en el papel que desempeño en la locura que es mi vida», oí decir a alguien en aquella habitación.

Otra cosa más que tenía cero sentido para mí.

Pero aquellas personas me trataron con amabilidad, lo que me resultó agradable. Y después de la reunión le expliqué a un señor mayor que hacía poco le había organizado a mi pareja una intervención que había sido un desastre y ahora me odiaba.

—Es lo que hay, guapa —me dijo—. Una intervención nunca es plato de gusto. Tú no dejes de venir por aquí.

Aquello me hizo reír por primera vez en semanas.

Luego fui a una reunión de doce pasos para adictos al sexo y al amor.

Que odié aún más que la otra.

La odié porque todas las personas que había allí parecían tener un historial de disfunción sentimental y degradación sexual de lo más chungo. ¿Y a quién le apetece oír cosas así? Aquellas personas estaban muy enfermas y me dieron pena.

También odié que al principio de cada reunión leyeran un folleto con una lista de las características de la adicción al sexo y al amor y que yo me identificara con cada una de ellas hasta tal punto de sentirme expuesta, como si estuvieran haciéndome una intervención. De hecho, aquella lista de conductas me describía tan bien que podría haber sido mi biografía no autorizada, algo que me resultó de lo más *descortés.*

De manera que odiaba ir a las reuniones y las encontraba agresivas y desconcertantes, pero seguí yendo…, al menos durante una temporada.

Y a pesar de mi rabia cegadora, ensordecedora, las voces de las personas de las reuniones empezaron a infiltrarse en mi conciencia. A decirme que no podía ni controlar ni curar a nadie excepto a mí misma, y que debía concentrarme en sanar mis propias heridas. A sugerirme que quizá debía considerar devolver el mundo a Dios y dejar de gobernarlo yo. A enseñarme que arrojarme en brazos de alguien no es necesariamente «romántico», y sí puede resultar tóxico para todas las partes implicadas. A asegurarme que yo no soy el poder supremo del universo y a pedirme que dejara de intentar imponer mi voluntad a los demás. A invitarme a pedir consejo rezando. A desafiarme a rendirme. A recordarme que existe la palabra *humildad*. A convidarme a examinar mi papel en la ingobernabilidad de mi propia vida. A aconsejarme que aprendiera a cuidarme yo en lugar de obsesionarme con otras personas, en lugar de rescatarlas, de culparlas de mi caótico estado interior. A preguntarme: «¿Sigues esperando que alguien cambie para estar tú bien?». A decirme que concediera a los demás la dignidad de vivir su vida como ellos decidieran, incluso si sus elecciones personales los llevaban al dolor o a la muerte prematura. A enseñarme la frase: «Concéntrate en tu trabajo», como forma amable de decir: «Métete en tus asuntos». Sugiriéndome que podía ser una adicta al amor y una controladora sin remisión que, abandonada a su suerte, podía fumarme a las personas como si fueran crack y a continuación culparlas por drogarme, y que quizá ese comportamiento no tenía nada de «abnegado» ni de «afectuoso».

Algunas de estas cosas las entreoí inmersa en mi propia locura interior, pero otras empecé incluso a comprenderlas.

Siempre me sentaba cerca de la puerta para huir en cuanto terminara la reunión sin mirar a nadie a los ojos.

Jamás hablaba, jamás contaba nada ni levantaba la mano.

En ningún momento acepté los números de teléfono cuando me los ofrecieron, ni pedí ayuda a nadie.

No me llevé a casa ningún folleto, ni solicité un padrino o una madrina.

Juzgué a todos cuantos vi y oí, y recé por que nadie me reconociera.

Pero no dejé de ir.

Escuchaba con atención y tomaba apuntes furiosos, apresurados.

Gota a gota, palabra a palabra, reunión a reunión, Dios iba dejando caer pistas de un despertar espiritual en mis oídos, en mi cerebro, en las cavidades de mi corazón, en las páginas de mi diario.

Yo no estaba todavía preparada, y sin embargo estaba ocurriendo.

Porque así es como suelen funcionar las cosas en la Escuela Tierra. Cuando no estás preparado para cambiar, empiezan los cambios.

"YOU ONLY HAVE TO DO THE FIRST STEP PERFECTLY!"

"SPIRITUALITY IS SERVICE."

LAUGHTER

Meeting 10am

"My recovery is in awful shape — I need to do service + make meetings. I'm sober, but if I'm not participating, my recovery wavers." I accordingly did CRACK. ←

"SEVEN DAYS WITHOUT A MEETING MAKES ONE WEAK"

"It was repulsive to me to have people be loving + kind and sweet — want to take my number + call me. I couldn't tolerate having myself + I couldn't tolerate this. I'm loved + things for me. I'm wrong — I'm not going to use."

"NOTHING is good enough... It will never be good enough... this was the oxygen I breathe."

INTOLERABLE

That was my boyfriend!"

"You owe it to yourself to try this. If your life gets better when you're sober, you're probably an addict."

SAVE YOUR ASS — NOT YOUR FACE.

← Meeting

"I didn't stop: IT WAS GRACE"

"Don't ever be with alone it, or you will DIE THERE"

"Turn it OVER and Everything Will Be taken care of."

Lo que tienes ahora es un vampiro

La adicción cumple un propósito.

Es medicación para un alma que sufre, alivio para un cuerpo dolorido y vía de escape de una mente imposible.

La adicción es un mecanismo de supervivencia bastante eficaz cuando todos tus otros mecanismos para sobrevivir han fallado.

Tal y como solía decirme Rayya: «Necesitaba hasta el último gramo de heroína que consumía, sin ella no habría salido viva de mi juventud. Sin la amortiguación de las drogas, no habría sobrevivido».

Los adictos a los que he querido a lo largo de mi vida —y el cielo sabe que siempre he tenido querencia por los adictos— son algunas de las personas más sensibles, creativas, bondadosas y espirituales que he conocido nunca. A menudo se convierten en adictos porque no pueden evitar sentirlo todo, y eso duele muchísimo.

Son personas bellas y tristes, y las quiero.

Son imanes para la intensidad y el melodrama —por eso me siento tan a gusto en su compañía— y las quiero.

Yo también soy una adicta, y *me* quiero.

Nosotros los adictos estamos entre las mejores personas que se pueden conocer, y también entre las peores. Somos artistas, mentirosos, amantes, delincuentes, consumidores, generosos patológicos, acaparadores, excesivos. Maravillosamente desprendidos, poquísimo de fiar. Hemos creado algunas de las cosas más hermosas del mundo, pero también somos capaces de actos repugnantes. A ojos de Dios somos perfectos, absolutamente perfectos, y deberíamos avergonzarnos de nosotros mismos porque lo único que buscamos en todo momento es sobrevivir a nuestras circunstancias. Pero para aquellos cuya vida está siendo destrozada por un adicto en activo ahora mismo, por favor, permitidme que diga una cosa que en mi opinión no se recalca lo suficiente: *no pasa nada si dejas a esa persona.*

No me malinterpretéis. Los adictos son hijos de Dios que sufren y no se merecen vuestro desprecio.

Pero, si tienes ocasión de librarte de un adicto, *sal corriendo.*

Es lo que me decía Rayya, por otra parte, cuando estaba sobria; o al menos sobria a medias. No tiene nada que ver con el amor, me decía. Nada que ver con la lealtad. Por supuesto que puedes querer a un adicto, ¡siempre lo harás! Pero tener el valor de cortar todo contacto con un adicto activo a menudo es la única forma de sobrevivir a sus estragos… y de paso puede llegar a ser la llamada de atención que el adicto necesitaba.

Recuerdo el consejo que le dio Rayya a una amiga cuyo hermano pequeño se había hecho adicto a la heroína. Aquella mujer se empeñaba en salvar a su querido hermanito sufragándole una estancia detrás de otra en centros de desintoxicación, buscándole trabajo, pagando la fianza cuando lo metían en la cárcel, prestándole el coche, dejando que durmiera en su sofá, permitiendo que la explotara económicamente y usara su blando corazón de pista de aterrizaje. Años con el corazón roto la tenían consumida. Y estaba quedándose sin dinero.

Recuerdo que Rayya cogió la mano de aquella mujer exhausta por encima de la mesa de la cocina y le dijo:

—Escucha, cariño. Déjame que te lo explique, y créeme porque sé de qué hablo: *tú ya no tienes un hermano*. Tu hermano ya no está. Es importante que lo entiendas. Tú ya no tienes un hermano, ¿vale? Lo que tienes ahora es un vampiro. Sé que es desconcertante, porque ese tío se parece a tu hermano y habla igual que tu hermano, pero es un vampiro. Y ese vampiro te va a quitar hasta el último centavo y la última posesión, y, cuando ya no le quede nada que robarte, te dará la patada. Y créeme, a ese vampiro tú no le importas una mierda. Así que más te vale empezar a importarte a ti misma porque si no vas a despertarte una mañana y descubrir que has perdido todo lo que tenías, incluido a él.

—¡Pero, si le doy la espalda, puede morir! —protestó la mujer.

—Tu hermano ya está muerto —dijo Rayya—. Así que igual necesitas hacer ese duelo. La cuestión aquí es si algún día decidirá o no volver a la vida. Pero eso será algo entre él y Dios. No tiene nada que ver contigo.

También la oí decir a alguien una vez: «Puedes querer a un adicto activo, sí. Pero será un amor no correspondido».

Y recuerdo preguntar a Rayya, muchos muchos años antes de su recaída final, si había *alguna cosa* que alguien hubiera podido decir o hacer en su momento para convencerla de dejar antes las drogas. Su respuesta fue:

—Lo único que podría haberme hecho dejar antes las drogas es que todas las personas de mi vida hubieran cortado el contacto conmigo antes. Porque, mientras seguía teniendo a alguien a quien mentir y utilizar, o a quien pedir dinero, o alojamiento, o que me hiciera de paño de lágrimas, no tenía razones para dejarlo. Hasta que no quemé todos los puentes y no quedó nadie que me cogiera el teléfono, no necesité enfrentarme a mí misma y decidir si quería vivir o morir. Pero eso tuve que hacerlo sola, cuando no me quedaba ya nadie a quien manipular. De haber llegado antes a esa situación, es posible que hubiera dejado las drogas antes.

Durante el tiempo que estuve alojada en el apartamento de mi amiga recordé todas esas cosas. En mis escasos momentos de tranquilidad oía la voz de Rayya. Me refiero a la Rayya de antes.

A Rayya, *mi amiga*, cuyas fortaleza y sabiduría necesitaba yo ahora más que nunca.

Me parecía oírla invitándome a abrazar la realidad, la sinceridad, el sano juicio.

Era una cosa rarísima.

Me sentía como si hubiera dos Rayyas: estaba la Rayya del Presente, una yonqui cruel y destructiva; y estaba la Rayya del Pasado, que durante muchos años me había enseñado a tratar con yonquis crueles y destructivos por si algún día me encontraba con alguno. En el gran libro kármico del destino, era como si la Rayya del Pasado hubiera estado dándome subrepticiamente lecciones que algún día necesitaría para gestionar a la Rayya del Presente, casi como si hubiera presentido lo que se avecinaba y hubiera querido prepararme para ello desde el principio.

Un rollo de lo más Obi-Wan Kenobi que me dejaba muy loca.

Pero en aquel momento no solo tenía que encontrar la manera de gestionar a Rayya; también necesitaba quitarle parte del poder que le había dado sobre mi vida. Lo que era el colmo de la ironía, porque Rayya se había pasado años tratando de enseñarme a *no* entregar por completo las riendas de mi vida a nadie. Todas esas ocasiones en que me animó a plantar cara a las personas, a poner límites, a valorarme a mí misma y decir mi verdad, ¿qué habían sido sino una preparación para aquella situación concreta?

«No descansaré —solía decir Rayya— hasta que te vea valerte por ti misma en todas las circunstancias de la vida».

De hecho, desde que había enfermado de cáncer me lo decía con mayor frecuencia.

«No pienso irme de este mundo hasta que las dos no estemos preparadas —me prometió al principio de su enfermedad—. Me niego a morirme hasta que no esté segura de que puedes cuidarte sin mí».

¿Cómo podía ser esta la misma persona que ahora me explotaba y me hería?

Era todo *un disparate*.

Pero también hubo momentos, en medio de la disonancia de aquel verano atroz, en los que me pareció ver algo misterioso moviéndose detrás de todo el dolor, algo completamente fuera de encuadre, que parpadeaba en los contornos últimos de mi entendimiento.

Algo que podría llamar la Mano de Dios.

Hubo momentos, cuando lograba calmar mi corazón desbocado y dar un *mínimo* paso atrás para mirar desde fuera mi feroz codependencia de Rayya, en los que empecé a sentir que aquella situación podía ser un designio divino.

¿Qué otra cosa podía ser si no?

Pensadlo: Rayya Elias era la única persona del mundo que me había hecho sentir completamente segura, y ahora se había vuelto en mi contra y se había convertido en la persona más peligrosa de mi vida.

¿No resulta demasiado *obvio* para ser una casualidad?

Sí, aquello era una pesadilla, pero quizá se trataba de una pesadilla organizada, orquestada por un poder más grande que yo para introducir la posibilidad del despertar de mi conciencia. En otras palabras, ¿y si aquella pesadilla no estaba pasándome a mí sino que estaba pasando *para mí*?

¿Por qué no?

En una ocasión, un amigo del poeta y filósofo del siglo XIX Frederic W. H. Myers le preguntó: «¿Qué cosa te gustaría saber por encima de todas las demás? Si pudieras hacerle una única pregunta a la Esfinge, ¿cuál sería?». Y Myers contestó: «Creo que le preguntaría: ¿es amable el universo?».

(Esta cita se atribuye a menudo y por error a Albert Einstein, quizá porque también él se planteó esta pregunta y en última instancia llegó a su propia conclusión: «El Señor es sutil, pero no malicioso»).

Aquel verano, mientras reflexionaba sobre lo que estaba ocurriendo entre Rayya y yo, sobre el caos, la decepción y el resentimiento, me vi obligada a preguntarme cómo veía yo el universo, *¿amable o malicioso?* Era una pregunta importante, porque sabía que la respuesta afectaría de manera profunda a mi percepción de la situación entera.

Si el universo era malicioso —o incluso indiferente—, entonces la vida no era más que sufrimiento inútil.

Si el universo era amable, entonces el sufrimiento podía tener alguna utilidad.

«Dios encomienda las tareas más difíciles a sus alumnos más brillantes», me había dicho una mujer mayor encantadora en una reunión de los doce pasos la semana anterior, y en su momento me entraron ganas de darle un puñetazo en la cara, pero ¿y si tenía *razón*? ¿Y si aquel aparente desastre no era más que una tarea que me había asignado la Escuela Tierra para estimular mi crecimiento personal? ¿Y si Rayya estaba representando su papel a la perfección en nuestro extraño drama cósmico? ¿Y si se había ofrecido voluntaria a escenificar aquella historia tan dura para darme la oportunidad de sacar fuerzas? ¿Y si su demostración de amor última era hacerme tanto daño que tuviera que elegir entre hundirme con ella o pasar a mi siguiente nivel de evolución? ¿Y si mi demostración de amor última era no dejarme manipular?

Porque era eso o que yo había sido víctima de Rayya, una interpretación de las cosas que me resultaba demasiado degradante y estúpida. Sobre todo porque en el pasado había oído a Rayya decir muchas muchas veces cuando yo me sentía maltratada por alguien: «Aquí no hay víctimas, cariño. Es hora de que le eches un par y te hagas valer».

Pero *¿tenía* yo la capacidad de hacerme valer?

¿Tenía la capacidad de responsabilizarme de mi propia seguridad emocional? ¿Podía plantar cara a los maltratadores, a los que no respetaban los límites, sin contar con Rayya como guardaespaldas?

¿Podía plantar cara a la propia Rayya cuando era ella la maltratadora y la que no respetaba los límites?

Jamás me había sentido capaz de hacer esas cosas.

Quizá Rayya tampoco me consideraba capaz.

Pero ¿qué mejor manera tenía el universo de demostrarnos a ambas de qué era capaz yo que poniendo a Rayya en mi contra?

Cuando empecé a ver la situación así, nació en mí un sentimiento que solo puedo llamar *asombro*.

Asombro ante la maquinaria poderosa y urgente del universo.

Asombro mezclado, debo confesar, con un temor creciente.

Porque, en cuanto empecé a ver la situación como un reto fijado por una divinidad, tuve clarísimo lo que necesitaba hacer.

Menuda puta mierda.

Necesitaba enfrentarme al vampiro.

PLEGARIA PARA UNA CODEPENDIENTE EN RECUPERACIÓN

Lo que falta en tu temperamento ahora mismo, querida mía,
no es empatía, sino valor.

Hace falta fortaleza para no echarse en brazos de una persona
que sufre y llamar a eso amor.

Hace falta fe para saber que nadie te ha nombrado árbitro
del viaje de otro.

Hace falta humildad para admitir que no puedes controlar
a nadie,
que incluso es posible que no entiendas lo que tienes delante.

Lo que tú llamas «crisis» puede ser el despertar de otro,
diez mil vidas gestándose.

(El despertar, querida mía, puede incluso ser el tuyo).

Y lo que tú llamas «cuidar» puede ser una disrupción peligrosa
de un ecosistema de inconcebible delicadeza.

Cuánto ha tenido que luchar el alma de esa persona
a través del cosmos y durante millones de eras
hasta llegar aquí: el precipicio último del desmoronamiento
egoico.

Qué cerca puede estar, por fin, de la libertad.

Basta con que se haga añicos.

¿Y si das un paso atrás?

¿Y si dejas que ocurra?

No eres mejor que ella

A finales de agosto llamé a Rayya una mañana de diario y le pregunté si podía ir a nuestro apartamento unos minutos a hablar con ella con total franqueza y sinceridad.

—No voy a acusarte de nada, Rayya —prometí—. Y tampoco voy a pedirte nada. Solo quiero hablar contigo diez minutos y con el corazón en la mano.

Debió de percibir la sinceridad en mi voz porque accedió al encuentro.

No llevaba nada preparado. Una amiga me lo aconsejó así. «No es un concierto sinfónico, Liz. Es jazz. Vas a tener que improvisar. Toca lo que te dicte el corazón».

No estaba segura de saber hacer algo así.

Pero en el ascensor oí de nuevo la voz de Dios. Y su mensaje era, una vez más, sencillo y directo: «No entres ahí pensando que eres mejor que ella, porque no es así. No eres mejor que ella. Eres distinta de ella. Si ella percibe que te sientes de alguna manera superior, nada de esto funcionará».

—¿Y *qué* funcionará? —pregunté.

La respuesta fue: «Lo mismo que funciona siempre, mi amor. Decir la verdad».

La casa estaba hecha un desastre, Rayya estaba hecha un desastre. Pero supongo que fue una muestra de respeto que hubiera echado a todas las personas con las que debía de haber estado allí de juerga para que pudiéramos hablar a solas.

No nos abrazamos. Me preparé un café y me senté. Ella caminaba nerviosa de un lado a otro, tirándose del pelo y murmurando entre dientes. Parecía completamente ida.

—Solo te voy a quitar unos minutos, Rayya —dije—, pero necesito que estés presente en la conversación. ¿Crees que puedes tomar algo, me refiero a sustancias, que te ayude a estar aquí conmigo y con la cabeza despejada? Solo te pido diez minutos. Después prometo dejarte tranquila.

Asintió con la cabeza. A continuación se metió en el baño y cerró la puerta.

Y allí debió de hacer lo necesario, se fumó lo que necesitara fumar, se inyectó lo que necesitara inyectarse, ingirió lo que necesitara ingerir porque cuando salió tenía los ojos más despejados y pudo sentarse y mirarme a la cara.

—Dame las manos —dije.

Me las dio. Estaban heladas, a pesar de que era pleno verano.

Yo no sabía lo que iba a decir.

«Dios mío, ayúdame», recé.

Entonces abrí la boca y alguien mucho mayor, más sabia y calmada habló con mi voz.

—Rayya, necesito que sepas que no puedo seguir en esta situación. Está haciéndome demasiado daño. Reconozco que he contribuido a crearla, que este caos lo hemos construido juntas, y lamento muchísimo mi papel. Estamos atrapadas en una relación codependiente y yo soy tan responsable de esa realidad como lo eres tú. Te pido disculpas de corazón por mi disfuncionalidad y mi falta de juicio. Siento haberme arrojado a tus brazos cuando estabas en un momento tan vulnerable después de que diagnosticaran el cáncer. Siento haber sido emocionalmente insincera contigo durante tantos años y no haberte dicho lo enamorada que estaba de ti. Siento el desconcierto que eso debió de causarte y también el tiempo que mi cobardía nos hizo perder. Siento las muchas maneras en que te he utilizado a lo largo de los años para que me sostuvieras emocionalmente y me hicieras sentir segura. Siento haberte convertido en mi poder superior. Estuvo mal por mi parte y fue deshumanizador.

Rayya ni me interrumpió ni me llevó la contraria, de manera que continué.

—Tú y yo fuimos amigas íntimas muchos años y siempre te he querido. Pero, desde que te pusiste enferma, no he sido una buena amiga. En lo único que pensaba era en qué podía sacar de ti en términos de amor, seguridad, tiempo y atención. También he estado intentando controlarte, portándome como si tu vida fuera de mi propiedad. Me decía a mí misma que estaba siendo generosa, pero no es verdad. He sido egoísta y egocéntrica y asumo la responsabilidad.

Rayya asintió con solemnidad, con teatralidad casi, en plan: «Te doy permiso para que lo hagas».

Su gesto de superioridad casi me hizo reír, pero me centré de nuevo en la conversación.

—Y ahora viene la parte referida a las dos —seguí—. Creo que tienes un problema de adicción muy grave y que estás perdiendo tu alma. Quizá piensas que da igual puesto que estás muriéndote, pero yo creo que la forma en que muere una persona importa. Creo que hace unos meses hiciste un pacto con el diablo, cuando metiste cocaína en tu organismo. Querías tener un poco más de energía, ganar algo de tiempo, pero el precio ha sido altísimo. Tú eras una gran persona, Rayya, pero has renunciado a esa grandeza. Has perdido por completo tu integridad. Ojalá pudiera ayudarte, pero lo cierto es que no sé cómo hacerlo. Parece que cualquier cosa que haga o diga te enfada. No haces más que decirme que no sé lo que es estar muriéndose, y tienes razón. No sé lo que es estar muriéndose. No puedo ni imaginármelo. Ahora mismo tienes muchos motivos para estar enfadada, lo entiendo. Pero ese enfado te ha llevado a tratarme mal y eso ya no voy a tolerarlo.

He trabajado mucho conmigo misma y he avanzado demasiado como para permitir que me traten así de mal otra vez. No puedo permitir a *nadie* que me trate de esa manera, ni siquiera a ti y ni siquiera en tus circunstancias. Si estuvieras aquí ahora mismo —me refiero a la verdadera Rayya—, no permitirías que nadie me tratara como has estado tratándome tú. La verdadera Rayya mataría a quien me tratara como has estado tratándome tú. Pero la verdadera Rayya ya no está aquí, así que tengo que defenderme sola. ¿Entiendes lo que estoy diciéndote?

No asintió ni negó con la cabeza, pero sentí que escuchaba a un nivel más profundo que el de la comprensión superficial. Estábamos comunicándonos de alma a alma, estábamos unidas en una conexión profunda, íntima. Una conexión que nos habíamos *ganado*.

Seguí hablando.

—No sé qué vas a hacer ahora, Rayya, pero es tu vida y es tu muerte, así que tú decides. No sé cuánto tiempo te queda. No se me ocurren ya ideas para hacerte más fácil este viaje. No hago más que intentar cuidarte, pero tú no me dejas. Y, en cualquier caso, te conozco lo suficiente como para saber que nunca vivirás ni morirás de acuerdo con las normas de otra persona, así que tengo que dejar de intentar controlarte. Lo que sí sé es que han vendido este apartamento y que no hay negociación posible. Así que vas a tener que salir de esta casa de una manera o de otra.

—Pero ¿dónde voy a ir? —preguntó con repentina expresión de pánico.

—No lo sé —dije—. Tendrás que pensar algo. Si haces un plan que me parezca sensato, volveré a tu vida. Pero, si sigues viviendo de esta manera, me iré.

—¿Y dónde vas a ir?

—Me buscaré una casa.

—Pero estoy muriéndome —me dijo con los ojos llenos de lágrimas—. No puedes abandonar a una persona que está muriéndose.

—Comprendo lo que dices —contesté— y acepto que estás muriéndote. Llevo meses preparándome para despedirme de ti. Y puede que el momento de decirnos adiós sea este, porque no pienso quedarme a ver en lo que te has convertido. Si tenemos que despedirnos ahora, entonces te diré que te he querido más que a nadie en el mundo y que siempre te querré. Eres el amor de mi vida y de todas mis vidas. Quería ir contigo hasta el río, pero quizá ya no sea posible, porque no puedo sobrevivir a tu manera de vivir. Es un precio demasiado alto. Es demasiado degradante para mi alma. Y si la verdadera Rayya estuviera aquí, me daría la razón. Las dos lo sabemos.

Rayya asintió y de pronto parecía exhausta.

Parecía tener unos trescientos años.

Y sentí lástima. Muchísima.

Por un momento, por supuesto, quise retirar todo lo que le había dicho. Quise echarme a llorar y prometerle que nunca la abandonaría. Quise hacerle mil regalos, todo lo que se le antojara, con tal de que fuera feliz siquiera un minuto.

Pero la parte más madura de mí fue lo bastante sabia como para no plegarse a nada de aquello.

Después de un largo instante, Rayya suspiró, enderezó los hombros y dijo:

—Vale, tía. Lo he entendido.

—Gracias, tía —contesté.

—Se acabó entonces.

—Sí, mi amor. Se acabó.

Me levanté y fui hacia la puerta. Rayya me detuvo. Me cogió del brazo y me miró a la cara, me escudriñó con ojos llenos de lágrimas.

—Pero ¿tú y yo estamos *bien*, cariño? —preguntó.

—Estamos bien —le dije—. Siempre lo hemos estado y siempre lo estaremos.

Fue entonces cuando nos abrazamos.

Su cuerpo, delgado y pequeño.

Su corazón acelerado, latiendo pegado a mi pecho.

Mi Rayya, mi vampira, mi adorada.

A continuación salí del apartamento, desencajada, pero con la cabeza alta, sin saber si volvería a verla en este mundo.

ARE YOU REALLY HELPING? OR JUST GETTING IN GOD'S WAY?

LET
NOTHING
UNDO
THIS
SERENITY
Aquarius

TE LLAMAS ALGUIEN

Alguien por aquí necesita cambiar.
Y tú te llamas Alguien.

¡El puto ángel soy yo!

Lo que terminó haciendo Rayya después de aquello, después de que yo le dijera que salía de su vida y que a partir de ese momento tendría que organizarse sola, fue llamar a su exnovia, Stacey, en Detroit y preguntarle si podía irse a vivir con ella.

Sé lo que parece, pero no fue nada de eso.

Stacey y Rayya habían sido pareja, pero décadas antes, la primera vez que Rayya cayó en la drogadicción. Stacey había conocido por tanto el lado más feo de Rayya, quien en algunos momentos la había tratado muy mal, pero los años habían suavizado las aristas y ahora eran amigas muy queridas. Después de reparar daños, de estrechar vínculos, de negociar y pulir los términos de la relación, Stacey y Rayya eran familia.

No estuve presente en aquella primera conversación, pero me la contaron después.

Rayya llamó a Stacey y le dijo:

—Stace, necesito que me ayudes.

A continuación le confesó hasta qué punto había caído en la adicción, que yo había roto relaciones con ella y que no tenía dónde ir.

Stacey obligó a Rayya a que le dijera las drogas que estaba tomando. («Y, como se te ocurra mentirme, te cuelgo el teléfono»).

Rayya se lo dijo: cocaína, morfina y metadona.

Ah, sí, y también trazodona, marihuana, clonazepam, fentanilo y alprazolam.

Ah, sí, y prednisona, lisdexanfetamina, zolpidem y relajantes musculares.

—Vale, ¿y qué quieres que haga yo al respecto? —preguntó Stacey.

—Quiero que me ayudes a desintoxicarme.

—Si eres capaz de venir a Detroit sin morirte y sin que te detengan, y de verdad quieres desintoxicarte, te ayudaré. Pero solo voy a darte una oportunidad.

De manera que Rayya, totalmente colocada y con más drogas en el equipaje que una mula colombiana, consiguió subirse a un avión a Detroit al día siguiente, un vuelo que luego no recordaría haber cogido (y, madre mía, qué pena me da la pobre persona a la que le tocó sentarse a su lado). No sé cómo, pero logró llegar a casa de Stacey.

Stacey la recibió en la puerta. Exigió que Rayya le entregara todas sus drogas, las de receta médica y las ilegales. A partir de entonces las sustancias de Rayya las administraría ella.

Cuando Rayya se opuso, Stacey le dijo:

—Esto no es como en los viejos tiempos, Rayya. Ya no soy aquella persona. Ya no puedes manipularme como lo hacías antes o como has estado manipulando a Liz y a tu familia. Para serte sincera, ya no siento ninguna obligación hacia ti desde el punto de vista emocional. No soy tu amante, no soy tu hermana. No eres más que una vieja y querida amiga y te adoro. Pero si no colaboras conmigo completamente, te echaré a la calle. Y ¿a dónde vas a ir? Estás quedándote sin salidas. Nadie más te va a acoger porque nadie quiere enfrentarse a tus patrañas. Puedes ir a la cárcel, pero ahí te harán desintoxicación a pelo, lo que a estas alturas es posible que te mate. ¿Entiendes lo límite de tu situación, Rayya? Incluso cuando eras una drogadicta delincuente que vivía en la calle tenías más poder y control que ahora. Ahora tienes los días contados. Estás muriéndote. Esa es la realidad. Así que te voy a hacer una pregunta: *¿cómo quieres morir?* Puedes morir sobria y arropada en una cama, rodeada y cuidada por tus seres queridos, o puedes matarte sola en las calles como una drogadicta. Estas son tus opciones. No estoy diciéndote que te mates, Rayya. Lo que estoy diciéndote es que *tú decides*.

Rayya accedió a entregarle las drogas y Stacey la dejó entrar.

Esto me lo contó Stacey más tarde aquella noche por teléfono, después de acostar a Rayya. La compostura con que me lo explicó todo me dejó impresionada. *¿Cómo podía una persona estar tan segura de sí misma, ser tan fuerte, tan capaz?*

—Jura que quiere desintoxicarse —dijo Stacey— y creo que puedo ayudarla.

—Pero ¿por qué lo haces? —pregunté.

—Porque es mi mejor amiga y la quiero. No podría mirarme al espejo por las mañanas si no le diera una última oportunidad de morir dignamente.

Para ser sincera, yo no tenía la más mínima esperanza de que funcionara.

Pero me equivocaba.

Lo que hizo Stacey a principios del otoño de 2017 fue convertir su casa en una clínica de desintoxicación privada y un centro para enfermos terminales. Estuvo despierta varios días y varias noches cuidando a Rayya mientras tiritaba, lloraba, vomitaba, cagaba y deliraba en la que sería la última desintoxicación de su vida.

Stacey le facilitó el proceso todo lo que pudo. Le fue retirando gradualmente las drogas duras y también el teléfono, para que no encontrara la forma de conseguirlas en Detroit. Poco a poco fue determinando qué dosis de analgésicos *necesitaba* verdaderamente Rayya para mitigar el dolor del cáncer mientras la desenganchaba de las drogas que le hacían perder el juicio. Y todo ello sin dejarse manipular ni maltratar, y sin sucumbir al síndrome del cuidador.

Pero eso no es todo.

También empezó a acompañar a Rayya a ver a médicos en Michigan. La puso en manos de un médico excelente recomendado por la hermana de Rayya que le ajustó sus cuidados paliativos. También confirmó que a Rayya le quedaba muy poco tiempo de vida puesto que su hígado, a aquellas alturas, tenía más de tumor que de órgano. Así las cosas, Stacey convenció a Rayya de que volviera a los cuidados paliativos y, lo que es aún más asombroso, convenció a los cuidados paliativos de que volvieran a Rayya. Pronto hubo personal de enfermería y trabajadores sociales que acudían de manera regular a tratar los efectos secundarios del cáncer de Rayya, desde escaras o irritación en la piel, hasta encías sangrantes, y también a preparar la casa de Stacey para cuidar a una mujer moribunda.

Stacey también consiguió que Rayya comiera. Comida de verdad.

Y también que se hidratara, por el amor de Dios.

No tiene sentido en un libro como este que quiera hacerme pasar por mejor persona de lo que soy, así que debo confesar que al principio sentí muchísimos celos de Stacey. Porque ¿cómo *conseguía* hacer todas esas cosas? ¿Cómo había logrado sacar a Rayya de semejante agujero? ¿Y encima con tanta bondad?

Estaba experimentando algo que solo puedo llamar «envidia de la compasión ajena», ¡porque Stacey parecía tener la compasión que me faltaba a mí! Era más paciente, más cariñosa, más *buena*...

La eficacia y la decencia milagrosas de Stacey me hacían sentir una completa fracasada. No solo había fracasado en mi relación sentimental —en mi más bella historia—, también había fracasado como enfermera de una paciente con cáncer. Y desde luego había fracasado estrepitosamente en mi labor de «novia de persona drogadicta», puesto que no había evitado que mi pareja recayera en el consumo de sustancias. (¿Cómo no se me había ocurrido guardar los opioides en una caja fuerte? ¿Por qué no había tirado por el váter las drogas que Rayya compraba en la calle?). Había fracasado a la hora de mantenerla en cuidados paliativos. Había fracasado a la hora de poner límites a sus peores impulsos y sus comportamientos más destructivos. Había fracasado a la hora de ganarme su respeto. Y creo que jamás conseguí que se bebiera ni un solo vaso de agua.

Ahora entiendo que cada vez que me comparo con una persona, sobre todo con otra mujer, es por mi enfermedad de adicción al amor, porque todas las comparaciones surgen del mismo lugar de escasez, inseguridad y desesperación que está en la raíz de mi enfermedad. Pero entonces estaba tan desbordada y dolida que no podía evitarlo. Pronto me convencí de que no solo Rayya quería más a Stacey que a mí, también de que *hacía bien*, porque saltaba a la vista que Stacey era mejor ser humano que yo.

Y, lo que era aún peor, había pasado de ser el centro mismo de la vida de Rayya —su centinela, su guardiana, su noble cuidadora, su mejor amiga, la persona más importante de su vida, la que tomaba todas las decisiones— a estar excluida de ella. A casi mil kilómetros de distancia, me pasaba los días pendiente del teléfono, esperando noticias de la exnovia de mi novia.

Para que quede claro, Stacey no era la que me hacía sentir excluida. No, Stacey estuvo *maravillosa*. Era humilde y compasiva y claramente actuaba motivada por el impulso abnegado de ayudar a una amiga necesitada. Tuvo la consideración de mantenerme informada sobre todo lo que estaba haciendo por Rayya, y escuchó con atención mis opiniones respecto a las decisiones médicas.

Y aunque Stacey me sugirió amablemente que podía ser mejor para todas las partes que yo no estuviera con Rayya en aquel momento (al menos no hasta que Rayya «hubiera recuperado su sano juicio»), también se preocupó por mi bienestar. Stacey comprendía el infierno por el que había pasado yo con Rayya porque ella lo había vivido muchos años antes. Entendía mejor que nadie la tormenta de caos y de drogas que podía causar Rayya Elias.

Y sabía que yo sufría la presión añadida de vaciar el apartamento de Nueva York.

Stacey no hacía más que sugerirme que usara ese tiempo lejos de Rayya para descansar lo que no había podido descansar hasta entonces y para centrarme en mí.

«Sal a cenar —me decía—. ¡Duerme un poco! ¡Recupera el contacto con tus amigos! ¡Regálate algún autocuidado!».

¡Pero esas cosas no se las puedes decir a un codependiente! ¡No *sabemos* hacerlas! No *sabemos* cuidar de nosotros mismos, ¡ese es el maldito problema! Si una persona codependiente no es el epicentro absoluto de la vida de otra; si no hace de madre; si no manipula, gobierna, se martiriza; si no demuestra constantemente que es «importante» e «insustituible»; si no recibe alabanzas continuas sobre lo mucho que está «sacrificando» en beneficio de otra persona, no sabe *existir*.

Tampoco ayudó que cuando Rayya recuperó por fin su teléfono y su sano juicio y me llamó desde Michigan pareciera animada y cuerda, lo que me hizo pensar que *yo* estaba fatal. ¡Porque yo no estaba ni animada ni cuerda y encima no estaba muriéndome!

Cuando le pregunté cómo se encontraba (esperando, por supuesto, disculpas llorosas y profundo remordimiento por todo el dolor y el sufrimiento que me había causado, así como una apasionada declaración de amor inmortal), habló como si acabara de vivir una aventura fantástica y considerara que a mí me gustaría oírla, como si fuera una espectadora curiosa o un testigo desinteresado.

—¡Ha sido una locura, cariño! —dijo—. La otra mañana me desperté ¡y de pronto me di cuenta de que estaba en el cuarto de invitados de Stacey! ¡Y no me acordaba de cómo había llegado hasta allí! En plan: «Un momento, ¿estoy en Michigan? ¿Dónde están mis cosas? ¿Dónde está Liz? ¿Dónde está mi vida entera?». Y de pronto lo comprendí: «¡Joder, he vuelto a perderlo todo! ¡Menuda puta mierda! ¡Eso solo puede tener una explicación!

¡Que soy otra vez drogadicta! —Fue entonces cuando se echó a reír con esa risa sonora, famosa, espesa como la melaza que solo tenía Rayya Elias—. ¿Te lo puedes creer, cariño? ¡Después de tantos años vuelvo a ser una yonqui!

A lo que yo contesté, con toda la frialdad y el rencor que mi sufrido espíritu fue capaz de reunir:

—Estoy al tanto de eso, sí.

Pero Rayya no había terminado. Todavía muerta de risa, dijo:

—¿Cuándo vienes a vernos, cariño? Doy gracias por estar aquí, cariño. ¡Me siento afortunada de estar viva! Es un milagro, todo lo que ha hecho Stacey por mí. ¡Es una persona increíble y quiero que la conozcas mejor! ¡Es un puto ángel!

Aquello fue la gota que colmó el vaso.

Fue entonces cuando sentí que iba a estallarme la cabeza de rabia.

Necesité todo mi autocontrol para no gritarle: «¡De eso nada! ¡El único ángel que hay aquí soy yo! ¿Te enteras, Rayya? ¡EL PUTO ÁNGEL SOY YO!».

Pero, en lugar de eso, algo ocurrió en mi interior.

En pleno ataque de furia, de pronto me rendí.

Noté que mi ego cedía y volví a oír la voz de Dios.

«Hija mía, si alguna vez te entran ganas de gritar a alguien: "El puto ángel soy yo", piensa que existe una posibilidad de leve a mediana de que no lo seas.

»De que más bien te hayas convertido en alguien que necesita un ángel.

»Y que, solo por hoy, ese ángel puede llamarse Stacey».

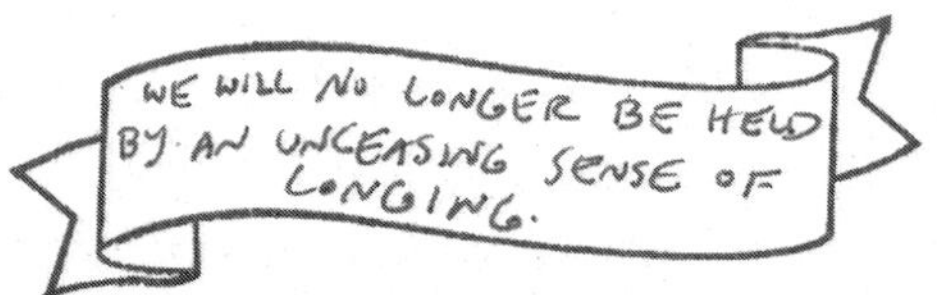
WE WILL NO LONGER BE HELD
BY AN UNCEASING SENSE OF
LONGING.

DON'T WORRY
ABOUT ME,
LOVE. I
KNOW WHAT
I'M DOING
POLE
ATLANTIC
OCEAN
POLE

INTENTANDO RECUPERAR EL CONTROL DEL MUNDO

Con tanto

planificar,
preparar,
posar,
persuadir,
predecir,
predicar,
profetizar,
perder la calma,

casi me olvido de Dios.

Se nos termina la carretera

Cuando volé a Michigan a finales del otoño de 2017 para ver a Rayya, lo hice asumiendo un papel distinto y con un estado mental mucho más humilde. Ya no estaba allí para ser la persona más importante de la vida de Rayya, ni la que estaba viviendo «la más bella historia» con su fiera compañera hasta la muerte, tampoco la que tenía planeado cómo debían ser las cosas.

Todo eso se había terminado.

En lugar de ello me presenté como la invitada de Stacey, quien, demostrando una amabilidad, una eficacia y una generosidad increíbles, estaba ayudando a nuestra amiga Rayya a morir.

Porque Rayya se moría. Era una verdad que ya no podía ser ignorada.

Por supuesto hacía más de un año que todos sabíamos que Rayya se moría, pero saber que alguien está muriéndose no es lo mismo que *comprenderlo*. Ahora la realidad era tan brutalmente obvia que no se podía ignorar. En el tiempo que había estado yo sin verla, Rayya había perdido muchísimo peso. Se debía en parte al maratón de drogas y al consiguiente trauma de su última desintoxicación, pero también a que los tumores (que ahora resultaban visibles en su torso) consumían todos los nutrientes que ingería en su propio oscuro y ambicioso beneficio.

Me acordé de ambas solo dos años antes en Miami, cuando Rayya estaba llena de curvas y bronceada. Siempre me había encantado cómo le sentaba el biquini a Rayya, así como el hecho de que usara *siempre* biquini con independencia de su edad o su peso, y siempre me habían encantado su blandura, los pliegues de su vientre, su presencia física tan sólida, poderosa y tranquilizadora.

Ahora, en cambio, su aspecto era frágil y tenía la piel de color amarillo azulado.

El Rolex que le había regalado más de un año antes le bailaba en la delgada muñeca y le hacía daño cada vez que le chocaba con los huesos de la mano y el brazo, pero se negaba a quitárselo. Sus afilados omóplatos parecían verdaderas cuchillas. Cada vértebra de su columna era una isla separada de las demás. Le temblaban las manos todo el tiempo y tenía venas oscuras y abultadas que daban a su cuerpo el aspecto de un mapa de carreteras porque a su sobrecargado sistema circulatorio le costaba encontrar nuevas vías para su sangre. Tenía dificultades para comer y, a petición propia, bebía batidos nutricionales Ensure, que seis meses antes había rechazado furiosa cuando yo se los ofrecí. Caminaba con un bastón y pidiendo ayuda.

Aun así, estaba preciosa.

Porque tenía esa cara.

Esa cara que nada podía alterar ni estropear. Ni las drogas, ni la locura ni tampoco el cáncer.

Rayya siempre había sido guapa, pero ahora irradiaba luz. Los recién nacidos también tienen ese aspecto, al igual que algunas personas muy ancianas, o moribundas. Era el aspecto de alguien que acaba de llegar o está a punto de irse y está bañado por la luz de otro mundo. En sus últimas semanas de vida los ojos de Rayya parecían irradiar luz de luna y yo no podía apartar la vista de ella.

Su dolor físico estaba controlado por dosis de metadona que Stacey le administraba cada cinco horas al parecer con buenos resultados. Y Rayya no tomaba ninguna otra droga.

Después de todo lo que había tomado.

Para encontrarse tan cerca de la muerte, se la veía más o menos… bien. Solo seis meses antes había estado retorciéndose de dolor en el suelo, llorando y aullando angustiada y necesitando opiáceos a puñados para suprimir el sufrimiento; en cambio, ahora parecía cómoda y extrañamente apacible. ¿Era porque se había rendido espiritualmente? ¿Se había entregado, había dejado de resistirse? No lo sé. No lo sabré nunca. Pero el hecho es que casi no necesitaba analgésicos.

Al principio estábamos incómodas, tan titubeantes como dos desconocidas. Y es que *¿cómo se hace algo así?* ¿Cómo se reconecta con alguien después de tanto dolor y de tanta rabia y con la realidad de la muerte tan cerca?

Stacey nos ayudó todo lo que pudo, nos tradujo mutuamente como una emisaria bondadosa.

«Ahora mismo Rayya tiene una mente un poco adolescente —me había explicado por teléfono antes de que yo viajara—. Y tengo que advertirte de que está muy debilitada. Vuelve a estar lúcida y su rabia ha desaparecido, pero vas a verla muy deteriorada respecto incluso a hace unas semanas. No es la persona que era. Creo que ese último viaje en dragón la dejó sin vitalidad. No recuerda gran cosa de lo ocurrido en los últimos meses y no tiene muy claro a dónde te fuiste ni lo que pasó con vuestra relación. Pero te quiere y te echa de menos, y lamenta su comportamiento…, al menos el que recuerda.

No sé qué le dijo Stacey a Rayya de mí, pero estoy segura de que fue igual de generoso y de humano.

Me di cuenta de que al principio Rayya intentaba representar un papel, trataba de demostrarme que estaba *de verdad* limpia, sobria y en su sano juicio. Me hizo preguntas corteses sobre mi viaje y me dijo que estaba muy guapa. Yo le había llevado una sudadera de los New York Giants (su segundo equipo favorito, después de los Lions) y me dio las gracias por el regalo de una manera inusualmente formal, como si fuera una niña a la que han enseñado a mostrarse atenta con una tía que está de visita.

Me desorientaba ver a Rayya Elias, siempre tan orgullosa, tan salvaje y poderosa, tratándome (¡a mí nada menos!) con tanta cautela y quise que parara.

—No necesitas presentarte a un casting para conseguir mi afecto —le dije—. No necesitas demostrarme nada, ni reconquistarme. Mi corazón sabe a quién pertenece.

Esto pareció aliviarla un poco, pero seguí leyendo duda en sus ojos. *¿Sería verdad?*

Ni yo misma lo sabía. ¿Lo era?

¿Qué *éramos* ahora Rayya y yo?

Aquella primera noche, cuando por fin nos quedamos solas en la misma cama (la cama de invitados de Stacey, quien la había puesto muy bonita y rodeado de velas y flores), tuve que aprender a abrazar el cuerpo de Rayya de maneras nuevas y más cuidadosas para no hacerle daño. Tenía más cardenales, más zonas doloridas y menos movilidad. Nuestra inseguridad en términos físicos era como el equivalente corpóreo de nuestra inseguridad emocional. Rayya era ahora *frágil*, una palabra que jamás habría asociado con ella.

A solas conmigo, en la oscuridad, con cautela, despacio, empezó a hablar.

Me contó que estaba teniendo sueños con sus padres, los cuales llevaban tiempo muertos. Casi cada noche desde que llegó a casa de Stacey, me dijo, o su madre o su padre la visitaban en sueños. Me confesó que estas visitas le producían desazón. Era bonito ver a sus padres, pero sabía que venían para escoltarla al otro mundo, y eso le rompía el corazón y la llenaba de temor, porque tenía miedo a morirse.

—No quiero irme, cariño —me reconoció—. No estoy preparada para morirme.

Era la primera vez que pronunciaba esas palabras.

Siguió hablando:

—No sé cómo morirme. Y que no estés tú interviniendo para solucionarlo todo me vuelve loca. No entiendo cómo no tienes un plan para mí, porque tú siempre tienes un plan para mí. Me asusta un poco que hayas dejado de intentar organizar todo esto. Estoy viviéndolo como un castigo por tu parte.

—Cariño —dije—, no hacías más que reprocharme que estaba controlando tu vida, así que tuve que retirarme y dejar que encontraras tu propio camino. ¿No era eso lo que querías? Ahora tú decides lo que necesitas. Yo te ayudaré en todo lo que pueda. Pero ahora los planes los haces tú.

—¿Y si no sé qué hacer? —preguntó.

—Pues igual yo tampoco lo sé.

Nos callamos mientras Rayya asimilaba esto.

Después de un largo silencio, me dijo que también había estado soñando mucho con su abuela. Su abuela, su *Tay-Tay*, se le aparecía en sueños y le hablaba en arameo, una lengua que Rayya apenas entendía. También veía a otros familiares en sueños, incluidos antepasados a los que conocía solo por fotografías.

—Es casi como si estuviera organizándose un encuentro al otro lado —dijo—. Como si todos supieran que estoy muriéndome y vinieran a buscarme. ¿O quizá es que estoy acercándome yo a ellos? Es difícil saberlo.

Me contó que pocas noches atrás había soñado que intentaba explicar a su madre que, a partir de ahora, necesitaba que a su alrededor todos «mantuvieran la puta calma» porque morirse es muy difícil y aterrador, y que su madre le preguntó: «Pero ¿tú estás tranquila, *habibi*?».

Aquello nos hizo reír a las dos, la pequeña muestra de preocupación materna desde el más allá.

—¿Cómo iba vestida tu madre? —pregunté, sabedora de que Georgette Elias siempre había sido famosa por su elegancia.

—Un pantalón culotte de ante marrón y un suéter de escote en pico con una blusa con volantes de encaje debajo —dijo Rayya—. Labios color rojo Chanel de siempre. Pelo perfecto.

En otro sueño, me contó, estaba visitando a su padre en la habitación de hospital donde había muerto de neumonía muchos años antes. Al parecer nadie más le hablaba porque todos creían que ya estaba muerto, pero a Rayya le guiñó un ojo a su manera amistosa y cómplice de siempre y le dijo: «Ven aquí, *binti*». (*Binti* es «hija mía» en árabe y es como el padre de Rayya se dirigía siempre a esta con el máximo afecto). En el sueño, cogía la mano de su hija y le decía: «No dejes que nadie te convenza nunca de que eres mala persona». Ella le contestaba: «Pero, papá, ¡mira todas las cosas que he hecho!». Y el padre decía: «¿Y? ¿Te crees que los demás no han hecho cosas malas? No dejes que nadie te haga sentir avergonzada, *binti*. ¡Eres extraordinaria!».

Entonces Rayya se echó a llorar y me dijo:

—Cariño, la he cagado muchísimo contigo. Ni siquiera sé lo que ha pasado. Nos quedaba poquísimo tiempo de estar juntas y lo desperdicié. Estábamos tan bien y yo tenía todo lo que había querido siempre..., y de pronto me quedé sin nada. Ni siquiera sé por qué lo hice. Supongo que necesitaba hacer una bola con mi vida otra vez y tirarla a la basura. Hasta que un día me desperté en Detroit sin saber qué hacía aquí ni dónde te habías metido tú. Pero sé que me porté mal. Lo siento muchísimo.

—No pasa nada, mi amor —dije—. Ya pasó. Lo superamos y ahora estamos aquí.

Rayya suspiró y se acurrucó más en mis brazos.

—Pero ¿por qué lo hice? —preguntó—. ¿Por qué fui tan gilipollas? ¿Por qué quise consumir las drogas pudiendo tener *esto*?

—Pues no lo sé, amiga, dímelo tú —dije—. ¿Igual es porque eres una cabeza hueca?

—¡*Soy* una cabeza hueca! —dijo llorando de risa—. Soy lo peor, joder.

—Lo peor igual no. Por lo menos tú no intentaste asesinarme. ¿Te he dicho que intenté asesinarte?

—¿Cómo que intentaste asesinarme? —Rio otra vez y a continuación tosió—. ¿Lo dices en serio?

—Totalmente. Fue en verano. Estabas tan descontrolada que no lo soportaba más, así que decidí matarte.

—¡Venga ya, tronca! ¡Eres una fiera! ¿Cómo pensabas hacerlo?

—Mi plan era darte una tonelada de somníferos y morfina y luego cubrirte todo el cuerpo con parches de fentanilo.

—¡*Joder*, cariño!

—¿Estás enfadada conmigo?

—Para nada, tronca. ¡Es una puta pasada! ¡Es alucinante! Estoy orgullosa de ti.

Las dos nos echamos a reír.

—Espera, ¿por qué estás orgullosa de mí?

—¡Por encontrar tu lado oscuro, tronca! ¿Te acuerdas del día que te conocí, que despedías luz a raudales? No entendía cómo podías ser tan luminosa y reluciente. Recuerdo que pensé: «Esta chica debe de tener mucha oscuridad enterrada en alguna parte si irradia tanta luz. Oscuridad de *verdad*. Para contrarrestar todo ese sol, me refiero. No sé si me entiendes. Porque nadie es una única cosa. Siempre me había preguntado dónde escondías tu oscuridad, cariño. ¡Estoy superorgullosa de que la hayas encontrado!

—Bueno, digamos que tú me ayudas a sacarla.

—Así me gusta —dijo Rayya, y me ofreció un puño para que lo chocara, con mucho cuidado.

Nos quedamos calladas un rato y luego le dije:

—Cariño, no pienso montar ningún número si no quieres hablar de ello..., pero me dijo Stacey que no tenías muy claro dónde me había ido yo ni qué pasó en verano.

—Lo único que recuerdo es que tu amor estaba allí y de repente dejó de estar.

—¿De verdad quieres saber lo que pasó?

—Pues claro.

—No quiero avergonzarte, pero la cosa se puso muy fea. Y tengo cosas guardadas que necesito decir y que no deberíamos pasar por alto. Me hiciste mucho daño, Rayya. Es posible que tengamos que hablar de ello.

Rayya se volvió, encendió la lámpara de la mesilla y a continuación se giró con suavidad hasta que estuvimos frente a frente.

—Cuéntamelo —dijo—. Cuéntame todo lo que hice.

Por fin.

Por fin había vuelto mi Rayya de siempre.

De todas las versiones de Rayya Elias que han existido (y tengo la sensación de que las he conocido todas), *aquella* era para mí la más hermosa. La Rayya capaz de mirar a alguien a los ojos y decir sin tapujos: «Cuéntame todo lo que hice», y decirlo de corazón. La Rayya capaz de encajar un puñetazo en el costado sin pestañear. La que siempre quería conocer la verdad más profunda y brutal incluso si era sobre ella.

Dios, qué valiente era.

Así que se lo conté.

Le conté que me había maltratado y denigrado. Me había mentido. Me había cogido dinero para comprar drogas y me había puesto en peligro guardando grandes cantidades de cocaína en la casa y en el coche. Me había rechazado e insultado cada vez que cuestionaba su comportamiento. Había usado el cáncer como un arma de manipulación y control. Le había dicho a la gente que yo la había abandonado porque no podía enfrentarme al cáncer. Y, lo peor de todo, me había dicho que se arrepentía de haber empezado un relación conmigo porque mi «basura emocional» le resultaba insoportable.

Escuchó todo lo que le conté y, cuando terminé, asintió con la cabeza y dijo:

—Sí, me cuadra.

No vi culpa en sus ojos. Solo aceptación.

—Ese es mi yo drogadicto, Liz —dijo—. En eso me convierto. Imagino que fue una puta película de terror.

—Me temo que sí —dije.

Rayya siguió hablando.

—Si dispusiéramos de tiempo, cariño, si nos quedaran años por delante de estar juntas, tendríamos que trabajar mucho para reconducir esta situación. Yo tendría que ir a las reuniones y empezar otra vez por el paso número uno. Tendría que buscar un padrino, comenzar a contar los días de sobriedad, todo eso. Tendríamos que ir a terapia, hablarlo todo, encontrar formas de reparar lo que se ha roto. Tendríamos que empezar nuestra relación desde el principio. Recuperar la confianza mutua nos llevaría mucho tiempo, pero sé que lo conseguiríamos. A mí incluso me daría igual lo que termináramos siendo la una para la otra en el futuro: amigas, amantes, lo que fuera. La etiqueta no me importaría. Te quiero y sé que podríamos arreglarlo y encontrar la manera de seguir queriéndonos. Pero, cariño, la realidad es que no tenemos ese tiempo. Se nos termina la carretera. Así que voy a preguntarte, desde el fondo de mi corazón: ¿me perdonas?

¿Y qué otra cosa podía salvarnos aquella noche que *no fuera* el perdón?

Y quizá «perdón» ni siquiera sea la palabra adecuada, porque implica una jerarquía moral, una condescendencia, un otorgamiento. ¡Como si yo, que una vez planeé asesinar a Rayya, fuera quién para otorgar mi perdón a ella o a *nadie*!

Bien, mal, correcto, equivocado. ¿Tenemos tiempo, cualquiera de nosotros, para este tipo de lenguaje?

¿Es que no se nos termina la carretera a *todos*?

En estas cosas pensé cuando Rayya me pidió perdón.

Pero eran demasiadas explicaciones para alguien que empezaba a tener cara de estar muy cansada.

Así que dije solo:

—Por supuesto que te perdono. ¿Me perdonas tú a mí?

—Por supuesto.

Y nos quedamos dormidas con la luz encendida y cogidas de la mano, igual que dos niñas pequeñas.

La reunión

Rayya había dicho que estaba organizándose una «reunión» al otro lado del velo a medida que sus antepasados difuntos acudían a recibirla. Pero también hubo una reunión en nuestro lado del velo, en Michigan, en casa de Stacey, que a aquellas alturas era el epicentro del menguante universo de Rayya.

En él íbamos a juntarnos seres vivos llegados de muchas partes de *este* mundo para despedirnos de alguien para cuya pérdida no estábamos preparados.

Vinieron primos lejanos para presentar sus respetos a Rayya en el poco tiempo que le quedaba.

Los hermanos y sobrinos adultos de Rayya revoloteaban a su alrededor deseosos de crear cuantos más recuerdos pudieran y mientras pudieran.

Viejos amigos de Detroit llegaron para estar con ella, recordar el pasado y llenar las horas de risas relatando locuras de juventud.

Un sacerdote sirio refugiado vino a darle los sacramentos y a rezar las últimas oraciones.

Oraciones de clausura; oraciones de absolución; oraciones de recomendación del alma.

Me sigue conmoviendo que Rayya se fuera a morir a Michigan en lugar de quedarse en Nueva York. De adolescente solo había querido salir de allí, donde nunca había encontrado su sitio. Pero salir no había resultado fácil. Rayya había sido el primer miembro de la familia en dejar el hogar, y había encontrado muchísima oposición, sobre todo por parte de los hombres.

Sin embargo, había sido feliz viviendo en un cuchitril del Lower East Side porque ello significaba ser libre: significaba que podía ser *queer*, significaba que podía ser artista, significaba que podía colocarse con sus amigos tatuados y con crestas en el pelo, pasarse las noches tocando en CBGB y el Pyramid Club (donde su banda y ella solían burlarse de Madonna, otra exiliada de Michigan a la que consideraban una «niñita mimada»). Nueva York era un sitio donde una persona podía ser todas las cosas que había soñado con ser, y donde todo el mundo tenía segundas, terceras y décimas oportunidades para reinventarse cada vez que se cansaban de ser como eran.

Pero Michigan era su *hogar*. Era donde vivían los hermanos de Rayya, donde estaba la comunidad en la que había crecido. Seguía queriendo a esas personas y ansiaba su cariño y su aceptación. Michigan era donde vivía su amiga de adolescencia, Anita, testigo de cada una de sus radicales encarnaciones. Era donde vivía Stacey, la persona más capacitada para hacer entrar en razón a Rayya. Michigan era donde su hermana cocinaba los muchos asombrosos y fragantes platos que antes había preparado la madre de Rayya. Era donde podía hacer un alto en el barrio de emigrados árabes de Dearborn al volver del aeropuerto para comprar helado de pistacho y agua de rosas, guindas en conserva de Alepo y pollo asado servido en pan de pita que comías en la encimera de la cocina nada más llegar a casa (sin molestarte siquiera en quitarte el abrigo antes de hincar el diente a esa carne perfecta, tierna y que se desprendía sola del hueso). Michigan era donde podía reír, decir palabrotas y fumar con su familia hablando en un *patois* mezcla de francés, árabe e inglés que solo ellos entendían y recordando historias que solo ellos conocían.

Y ahora todas esas personas se habían congregado alrededor de Rayya mientras ella se preparaba para dejarnos para siempre. Había unas cuantas personalidades fuertes en aquella habitación y me encantaría decir que todos fuimos solidarios y corteses los unos con los otros mientras nos enfrentábamos a nuestro propio sufrimiento y al de los demás, pero lo cierto es que lo fuimos solo a veces.

Resulta que en ocasiones la pena se parece mucho a la ira.

Resulta que en ocasiones la pena se parece mucho a la posesividad, a los celos y a la culpabilización.

En los años transcurridos desde que murió Rayya, me han pedido muchas veces que dé charlas sobre la muerte y sobre morir, como si me consideraran una especie de sabia experta en la materia, como si yo pudiera dar consejos sobre cómo enfrentarse a la muerte de un ser querido con paz y dignidad imperturbables. La verdad es que no sé cómo se hace eso. Estos días se habla mucho también de la práctica de «muerte consciente», a lo que solo puedo decir: *suena bien*.

Pasé las últimas semanas de vida de Rayya en un estado de, como mucho, semiinconsciencia. Fluctuaba entre el valor y la generosidad y el abatimiento más absoluto. En ocasiones me portaba como una gilipollas integral, blandiendo el poder de mi intimidad con Rayya en muchos y diversos tira y afloja con su familia. Más de los que había tenido yo hasta entonces y también desde entonces. No estábamos de acuerdo en nada, al parecer, ni sobre cuál debería haber sido el tratamiento médico original de Rayya ni sobre quién debía acompañarla en distintos acontecimientos y trámites, qué debía hacerse con sus restos mortales, qué clase de funeral debía celebrarse y quién debía pagarlo. Hubo incluso una profunda brecha filosófica y cultural sobre si la muerte era un tema que había que debatir abiertamente o evitar con estoicismo.

En su momento, estas discusiones nos parecieron importantísimas, pero a fin de cuentas dieron igual.

Dieron igual porque Rayya se murió de todas maneras.

Murió exactamente como había decidido morir, y por el camino y en distintos momentos cabreó a casi todas las personas que había querido. Y todos estábamos destinados a sentirnos destrozados cuando se fuera, por fuertes o preparados o en *posesión de la verdad* que nos creyéramos, y por mucho que nos esforzáramos por retener el control. Pero no hubo nada, absolutamente nada, que ninguno pudiéramos haber hecho para cambiar la forma de ese viaje.

Todas estas cosas las entiendo ahora, pero entonces no.

Tal y como lo expresó con mucha elegancia Maha, la hermana de Rayya, cuando la visité hace poco en Michigan para disculparme por mi comportamiento torpe en los días que rodearon la muerte de Rayya: «No pasa nada, *habibi*. Todos estábamos ahogándonos. Ninguno sabíamos qué hacer».

En cuanto a Rayya, en sus últimas semanas de vida en ocasiones fue noble y valiente, en otras egoísta y manipuladora, como cualquier ser humano. A veces hablaba de su muerte inminente con valentía lúcida, pero en otras entraba totalmente en negación, como cuando llamó a una amiga de Nueva York una semana antes de morir y le dijo: «Me quedo un mes más en Detroit con la familia y luego vuelvo a Nueva York y quedamos para tocar. Luego Liz y yo nos iremos a California a pasar el verano. ¡Apúntate, tía!».

Esa misma semana me pidió que le cogiera una cita para ponerse bótox en Nueva York en primavera. Le seguí la corriente y fingí coger la cita porque ¿para qué discutir? A aquellas alturas, ¿qué más daba?

También anunció que quería un Apple Watch porque su teléfono «ya no le funcionaba», cuando lo que habían dejado de funcionar eran sus dedos, sus ojos y su cerebro. Le compré el reloj, pero entonces se quejó de que tampoco funcionaba. (Por entonces estaba tan cegada ya por el delirio terminal que su cerebro era incapaz de procesar las utilidades diminutas y complejas del dispositivo). Pidió entonces que la lleváramos a la tienda de Apple para cambiar el reloj «defectuoso» por otro nuevo.

Así que Stacey y yo accedimos a llevarla al centro comercial para esta empresa inútil.

¿Por qué lo hicimos?

Porque la alternativa era quedarnos en casa esperando a que Rayya se muriera y ninguna queríamos eso.

Rayya insistió en conducir ella hasta el centro comercial, y —que el cielo nos perdone— la dejamos. Stacey y yo teníamos que sujetar el volante desde el asiento del pasajero o el trasero y decirle a Rayya cuándo debía frenar o gritarle para que no se chocara con los camiones que venían de frente. Fue estúpido y peligroso por nuestra parte permitir algo así, ¡pero teníamos que hacerlo! Sería la última vez que Rayya se ponía al volante. ¡Con lo que le había gustado siempre conducir!

Por aquel entonces también empecé a comprender a un nivel mucho más profundo lo que significa morir y *todo* lo que se pierde. Empecé a sentir en mi propio corazón todas las cosas que Rayya no volvería a hacer. No volvería a conducir un coche. No volvería a comer en un restaurante, a cocinarse algo, a bañarse o a ducharse sola. No volvería a ver un día de verano. No volvería a tocar el piano. No volvería a subirse a un avión ni a emprender una nueva aventura. No volvería a hacer el amor. No volvería a salir a la calle sola. No volvería a nadar en el mar. No escribiría más canciones.

Yo estaba perdiéndola, sí, pero ella estaba perdiéndolo todo. *Absolutamente* todo.

Lo que más recuerdo de nuestra excursión al centro comercial aquel día es el dependiente de la tienda de Apple que nos atendió, un joven encantador, espiritual y de pelo verde que tenía las pestañas de una cría de jirafa. Rayya había pedido ser ella quien hablara («Hablo yo», nos había dicho a Stacey y a mí en tono conspirador como si estuviera dirigiendo un atraco), así que nos limitamos a mirar cómo se esforzaba por explicar al joven por qué su reloj en perfecto estado, nuevo a estrenar y comprado un día antes, era totalmente defectuoso.

Cualquiera se habría dado cuenta de que aquella mujer no estaba bien, que incluso podía estar un poco chiflada, pero el chico (porque no era más que un chico) tuvo infinita paciencia con ella a pesar de que la tienda estaba atestada de clientes haciendo compras navideñas. Ablandada por su amabilidad, Rayya le dijo que tenía cáncer y que probablemente le quedaban pocos días de vida. A continuación le contó su vida. Que había nacido en Siria, que se había mudado a Detroit siendo niña. Le habló de sus años en Nueva York, en los círculos artísticos. De la música y las películas de que era autora. De los años en que había sido peluquera y de la gente guay que había conocido. De las cárceles y los centros en que había estado. De su temporada viviendo en la calle. De sus recaídas y sus recuperaciones.

Y, mientras el chico le otorgaba el regalo de su atención incondicional, Rayya continuó hablando. Le contó que había escrito un libro autobiográfico sobre superar la drogadicción y que había muerto más veces de las que había nacido. Nos señaló a Stacey y a mí y explicó que éramos dos de sus mejores amigas («¡el mejor equipo del mundo!») y que estábamos ayudándola a morir. Le dijo que no se arrepentía de nada de lo que había hecho, que nadie debía arrepentirse de nada de lo que había hecho. Que la vida compensa todo el sufrimiento y la locura que trae consigo y que hay que vivirla y disfrutar del viaje.

—Todo es bello —le dijo—. Tú también. ¡Me putoencanta tu pelo, tronco! ¡Ojalá pudiera peinártelo!

Cuando Rayya terminó su monólogo —fue la última vez que tuvo ocasión de contar su historia a alguien—, el chico la abrazó con lágrimas en los ojos. Le dijo que lo había inspirado muchísimo y que le deseaba que tuviera una Navidad muy bonita.

—Y que Dios te bendiga —dijo.

—Que Dios te bendiga a ti también, cariño —dijo Rayya.

Luego Stacey y yo dejamos a Rayya conducir hasta casa con

los nudillos blancos de tensión mientras ella se las arreglaba para no matarnos a nosotras ni a nadie más.

Después de aquello le escondimos para siempre las llaves del coche.

¿Qué día es hoy?

Pensé que moriría en Nochebuena.

Porque en Nochebuena *parecía* a punto de morir.

La exmujer de Rayya, Gigi, viajaba en coche a Michigan desde Nueva York en medio de una fortísima tormenta de nieve, decidida a llegar antes de que terminaran las Navidades para ver a Rayya una última vez. Y daba la impresión de que Rayya estaba esperándola, que quería despedirse de uno de los amores de su vida.

Rayya llevaba todo el día tumbada en el sofá y había estado más tiempo dormida que despierta. Se despertaba durante unos minutos, preguntaba si había llegado Gigi y decía: «Es maravilloso este sofá. ¿Os importa si me quedo aquí?». Y se dormía de nuevo.

Estaba inusualmente apacible y obediente. Se tomaba la medicación sin rechistar. Repetía «gracias» una y otra vez, con muchísima dulzura. Parecía no tener ya exigencias, solo amor.

«Os quiero mucho a todos», no dejaba de decir a todo el que venía, llamaba por teléfono o le llevaba un vaso de agua.

«Quiero a todo el mundo», repetía.

Cogió del brazo a Stacey cuando pasó a su lado y dijo:

—Sé que te quiero mucho, pero estos últimos días tengo la sensación de que… no puedo… demostrar…

—No pasa nada, cielo —dijo Stacey—. Lo sé. Todos lo sabemos.

Entonces Rayya se quedó otra vez dormida y dio la impresión de que todo había terminado.

Era la sensación que había dado todo el día, de estar saliendo y entrando de distintas capas de consciencia. Rayya parecía estar y al mismo tiempo no estar, como si viera y oyera cosas que el resto no podíamos ni ver ni oír. Era como si estuviera probando las aguas del otro lado y volviendo luego a nuestras orillas mortales. En dos ocasiones en los días anteriores había afirmado ver «esferas», unos globos morado brillante que parecían sobresaltarla cuando salían de un armario o subían desde el suelo.

También vio un tigre blanco salir del cuarto de baño, cruzar el salón, mirarla con atención y atravesar una pared hasta desaparecer en la noche.

La mañana de Navidad yo estaba hablando en voz baja por teléfono con una amiga cuando Rayya se despertó y dijo de pronto:

—¡Cariño, te sale un rayo de luz blanca de la frente!

—¿De verdad, mi amor? ¡Qué guay!

—Sí, es *muy* guay. Me encanta verlo. Es la manera que tengo de saber que estás diciendo la verdad.

Más tarde ese día, cuando dormitaba con ella en el sofá, me dijo:

—Acabo de tener una visión en la que le contabas esta historia a alguien en el futuro.

—¿A quién se la contaba? —pregunté.

—A alguien muy afortunado —dijo antes de quedarse dormida otra vez.

En varios momentos de ese día había querido que rezara con ella, me había pedido que le cantara las plegarias en sánscrito que había aprendido en el *ashram* en la India.

Sus propias plegarias eran cada vez más bonitas. Crípticas pero potentes.

«Querido Dios —dijo la mañana de Navidad—, gracias por encomendarme esta tarea, esta labor. Gracias por darme esta pareja, estos amigos, esta familia para ayudarme en la difícil tarea. El trabajo de morir es un honor. La gente lo considera una carga. Pero puede ser un honor. Siempre me ha gustado asumir retos. Es como más cómoda estoy. Este es mi sitio ahora. A las puertas de la muerte. Aquí es donde quieres tú que me encuentre ahora que me estoy muriendo. En estrecha asociación con mi tarea, con estas mujeres y contigo, Dios. Desempeñaré este trabajo hasta el final, Dios. Amén. Dios. Bendito sea».

Llevaba todo el día sin querer comer ni beber nada.

Llamé a mi madre, que es enfermera y ha acompañado a muchos pacientes moribundos, y le pedí consejo. Mi madre me dijo: «Intenta no obligarla a comer si no quiere. Cuando alguien que está muriéndose no quiere comer es porque su cuerpo ya no puede procesar el alimento. Obligarla solo traerá problemas. Lo mismo te digo de los líquidos. No la obligues a hacer nada».

¡Como si alguien hubiera podido obligar a Rayya a hacer algo alguna vez!

Gigi llegó poco antes de medianoche y cuando Rayya la vio entrar por la puerta se le iluminó la cara.

—Has venido, cariño —dijo—. ¡Has venido!

—Pues claro que he venido, mi amor. ¡Feliz Navidad, mi amor!

Se abrazaron y lloraron. Lloramos todas.

Después de eso Rayya me dejó acostarla y le conté historias y le canté villancicos hasta que se durmió.

Pocas horas después me despertó para decirme:

—Veo la rendija de la caja de los sueños.

Y se quedó dormida otra vez.

A las cuatro de la madrugada intenté despertarla para darle una dosis de analgésicos, pero no pude. Aquello no había pasado nunca. Esperé una hora e intenté despertarla otra vez, con igual resultado. Y me di cuenta de que en su cuerpo se estaba produciendo un cambio fisiológico. Tenía las manos y los pies azules y fríos. Tenía los labios azules. La respiración jadeante.

Había llegado la hora.

Estuve segura de que había llegado la hora.

Fui a los otros dormitorios y desperté a Stacey y a Gigi.

—Creo que ha llegado el momento —susurré y las dos se levantaron sin hacer preguntas ni ruido y vinieron a la habitación.

Como si hubiéramos ensayado aquel momento mil veces, preparamos la habitación para la muerte de Rayya. Stacey encendió una vela, Gigi puso unos cánticos sagrados a un volumen muy bajo. Luego nos metimos las tres en la cama con ella, su exmujer, su exnovia y yo, su último amor, y le dimos calor con nuestro cuerpo. Era una noche glacial, el viento y la nieve golpeaban la ventana. Nos turnamos para decirle lo mucho que la queríamos. Lo mucho que significaba para nosotras. El magnífico ser humano que era y cómo nos había transformado conocerla. Lo extraordinaria que era. Cómo nos había enseñado a ser valientes y sinceras. La fiereza con la que nos había protegido. Lo agradecidas que estábamos. Que nunca dejaríamos de decir su nombre.

El reloj hacía tic-tac, el tiempo se enlenteció.

Fuera, la luz empezaba a cambiar.

Llegaba un amanecer gris y, con él, más nieve.

A continuación guardamos silencio porque sentíamos que en la habitación estaba produciéndose un cambio. Un silencio cada vez más intenso, una presencia cada vez más intensa.

Entonces Rayya abrió los ojos y dijo con su voz de toda la vida:

—¿Se puede saber qué hacéis?

Sorprendidas, nos secamos corriendo las lágrimas y tratamos de actuar de manera totalmente normal.

—¡Nada! —dije—. ¡No hacemos nada!

—Cariño, ¿qué hacen Stacey y Gigi en nuestra cama?

—¡No lo sé! —dije—. ¡Nada! ¡Han venido a dejar unas cartas!

—¿Qué es esa música? ¿A qué huele? ¡No me digáis que habéis encendido *velas*, joder!

—Para nada —dije—. No hay velas. Es el perfume de Stacey. (Para entonces Stacey estaba apagando velas como loca y Gigi había corrido a quitar los cantos gregorianos).

—Estáis rarísimas, tías —dijo Rayya, impertérrita. A continuación se sentó en la cama. Dio la luz. Se encendió un pitillo. Y, con una voz normalísima, preguntó—: Cariño, ¿qué día es hoy?

—Es 26 de diciembre, mi amor.

—Guay —dijo Rayya—. Quiero ir a las rebajas del sesenta por ciento de Lululemon.

Y eso, querido lector, es lo que hicimos. Ayudamos a Rayya a levantarse de lo que solo momentos antes habíamos estado seguras de que era su lecho de muerte. La duchamos, la vestimos, le dimos de desayunar y la llevamos de compras a Lululemon, donde estuvo una hora entera probándose ropa de deporte para una vida futura imaginada, supongo. Una vida en la que no estaba muriéndose. Una vida en la que necesitaría un cortavientos fino y unos leggings nuevos... para todas esas caminatas que tenía intención de dar por la playa bajo el cálido sol de verano. Una vida en la que el invierno terminaría, las estaciones se sucederían e iríamos al mar con todos nuestros amigos y todos estaríamos felices, todos estaríamos juntos y todo sería precioso.

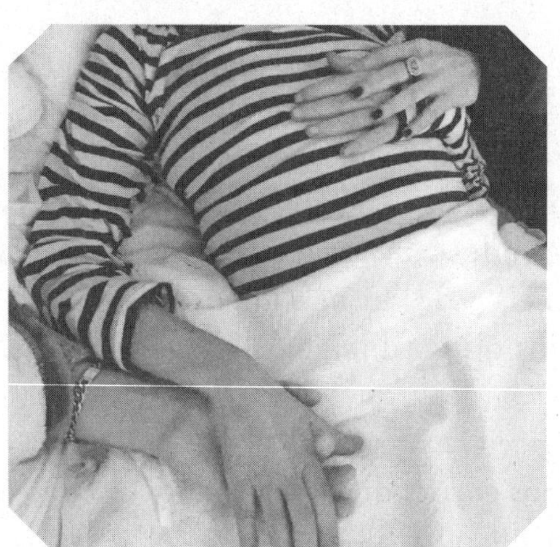

If the WOLF WANTS
you back, she'll
Come and find
you

Como dar galletitas a un león

No quiero este encargo, Rayya.

No quiero contar a la gente los detalles de tu muerte.

Podría elegir el camino fácil, claro, e incluir sin más el texto que envió Gigi a nuestros amigos y familiares aquella gélida tarde en Michigan, el 4 de enero de 2018:

> Gigi escribiendo en el teléfono de Liz. Liz me ha pedido que os comunique que Rayya ha fallecido. Liz está en silencio ahora mismo, pero me ha pedido que os diga que Rayya dejó este mundo a las 16.13, rodeada de seres queridos. Liz os manda todo su cariño y gratitud. En algún momento se pondrá en contacto con vosotros personalmente.

O podría incluir el anuncio oficial que hice en las redes sociales:

> Era mi amor, mi corazón, mi mejor amiga, mi maestra,
> mi rebelde, mi ángel, mi protectora, mi estímulo, mi
> compañera, mi musa, mi maga, mi sorpresa, mi regalo,
> mi cometa, mi libertadora, mi estrella de rock,
> mi indómita incorregible, mi visitante de otro mundo,

mi portal espiritual y mi chica. Te he querido muchísimo, Rayya. Te diría descansa en paz, pero sé que la paz siempre te ha resultado aburrida. Descansa expectante. Siempre te querré.

Pero eso sería hacer trampa porque no estaría diciendo la verdad de lo que ocurrió.

Y querréis que cuente la verdad.

Ojalá pudiera decir que moriste apaciblemente, Rayya, porque, Dios mío, mira que intentamos ayudarte a que así fuera, pero lo cierto es que moriste exactamente como habías vivido: de forma desafiante, violenta, valiente, furiosa, autodestructiva, rebelde, ridícula, agotadora, orgullosa.

Lo hiciste todo al revés de como se suponía que tenía que ser. Tu cuerpo, en lugar de irse enfriando, empezó a arder de fiebre. Tu corazón, en lugar de ir más despacio, se aceleró hasta casi doscientas pulsaciones por minuto. En lugar de relajarte, te fuiste poniendo más agitada conforme pasaban las horas. Estuviste dos días inconsciente, pero no tranquila. Te atragantabas y te revolvías. Desde luego a mí me parecía que estabas sufriendo, a pesar de que el personal de cuidados paliativos no dejaba de darte analgésicos y sedativos y me aseguraba que ya no sentías nada. Pero a mí *no* me daba la impresión de que ya no sintieras nada.

Yo no hacía más que repetir al médico y las enfermeras:

—Es adicta a los opioides, ¿tienen idea de qué cantidad de drogas puede consumir esta mujer sin que le hagan efecto? Darle esas minidosis de morfina líquida es como dar galletitas a un león. ¿Están seguros de que no siente dolor?

Ellos me aseguraban una y otra vez que no sentías dolor, pero, cariño, te conozco y sabía que sí lo sentías.

Y mientras sufrías así, todos tus seres queridos se reunieron a tu alrededor intentando ayudar.

No parábamos de susurrarte al oído: «Déjate ir, no te aferres. Todo está bien», porque es lo que los expertos en muerte recomiendan decir cuando alguien está muriéndose. Pero llegó un momento en que sugerí a todos que dejáramos de decirlo porque vi que estaba cabreándote.

(En realidad te oí en mi cabeza decirme con toda claridad: «Si tan maravilloso es morirse, ¿por qué no os dejáis ir vosotros, cabrones?»).

Así, en lugar de darte órdenes, te pusimos música de David Bowie y nos callamos.

Yo tenía la sensación de que los antepasados tuyos que habían estado reuniéndose al otro lado del velo también estaban pidiéndote que te dejaras ir. Me los imaginaba diciendo: «Ven con nosotros, Rayya, no te aferres y ven con nosotros», pero me pareció que también ellos estaban cabreándote.

Simplemente te negabas a rendirte, y supongo que esa fue la parte bonita. Fue bonita porque fue muy tú. Resultó muy punk-rock, muy Rayya Elias, muy Harley Loco. Fue como si le hicieras dos peinetas al cielo, a pesar de que ya no podías levantar los brazos. Para mí fue como si le dijeras a la muerte: «Si me quieres, vas a tener que venir a buscarme, hija de puta».

De manera que la muerte vino a buscarte.

Pues claro que vino.

¿Creías que podías con ella, cariño? Solo porque la habías derrotado tantas veces, ¿creías que podrías hacerlo siempre? ¿Que la convencerías de que no viniera, te la quitarías de encima, te zafarías de ella, la engatusarías para que te dejara en paz?

No.

La muerte siempre tiene la última palabra.

Aunque le plantaste batalla hasta el último y aterrador momento.

No tenías aspecto de alguien que se muere rodeada de amor y cuidados; tenías aspecto de alguien que muere en soledad. Rechazaste el consuelo de todos los que estábamos allí. No te relajabas por mucha morfina que te diéramos ni muchas palabras tranquilizadoras que te dijéramos. No tenías intención alguna de permitir que tu alma se fuera flotando en un dichoso océano de paz. No tenías ninguna intención de caminar hacia la famosa luz blanca. Al menos no cuando te lo mandaran.

Desde luego aquella no era la muerte dulce que yo había planeado para ti.

(Ya estaba yo con mis planes. ¿Cuándo me ha funcionado a mí algún plan?).

Era algo horrible de ver, pero al mismo tiempo eras más tú que nunca.

Estuve cuarenta y ocho horas viéndote morir, Rayya.

Lo hice porque te había prometido que estaría presente hasta el final. Lo hice porque verte morir era mi destino, y tú y yo lo sabíamos. Y en cierto modo estuvo bien porque, por horrible que resultara, supe en el fondo de mi corazón que no podía haber sido de ninguna otra manera.

Y entonces, justo después de que murieras, ocurrió un milagro.

En cuanto diste tu último estertor, tu cara adquirió una expresión de paz.

En realidad era más que paz.

Cariño mío, mi amor, parecías *satisfecha*.

Diría incluso que parecías encantada.

Todos los que habíamos estado haciendo guardia durante tu batalla final lo vimos y dimos un respingo de asombro.

Nunca te había visto tal cara de tranquila felicidad, Rayya, ni siquiera en tus momentos de mayor placer, creatividad o amor. Parecías encantada de conocerte, contenta con todo, contenta para siempre... Despedías una *alegría* radiante. Parecías orgullosa, complacida, sorprendida, divertida, sabia ¡y muy muy feliz!

Parecías libre, con una libertad que no se parecía a nada de lo que yo había visto nunca.

Amor mío, ¿recuerdas que seguí junto a tu cuerpo durante horas después de que exhalaras tu último aliento? («Tengo miedo de que me dejéis sola en una habitación oscura cuando sea un cadáver —me habías dicho—. Por favor, quédate conmigo»). Así que me quedé en la cama contigo, te abracé, te besé y te conté historias sobre la gente de ojos color azul y la gente de ojos color marrón y sus asombrosas aventuras en la Escuela Tierra.

«Menuda odisea nos has hecho pasar», te dije y te oí reír.

Lavamos tu cuerpo aún tibio entre todas. Mujeres exhaustas que te habíamos querido mucho.

Te pusimos ropa limpia.

Tu hermana y yo nos cogimos de las manos y rezamos por ti.

Alguien llamó a la funeraria.

Les pedí que recogieran tu cuerpo lo más tarde que permitiera la ley para que pudiéramos estar juntas más tiempo.

¿Te acuerdas de esa parte, Rayya?

¿Viste tu propio cuerpo mientras te preparábamos?

¿Viste cómo no se te iba la expresión de felicidad de la cara? ¿Viste cómo parecías cada vez más contenta? ¿Oíste cómo lo comentaban todos los que entraban a verte? Incluso la enfermera de paliativos, mientras rellenaba el certificado de defunción, dijo: «Espero no parecer irrespetuosa, pero nunca he visto a un muerto con esa cara de felicidad. Madre mía, no sé qué vería su amiga en sus últimos momentos de vida, pero debió de ser bastante maravilloso».

¿Nos oíste hablar de ti, Rayya, o ya te habías ido?

¿Seguías con nosotros aún, mi amor?

¿O estabas ya con ellos?

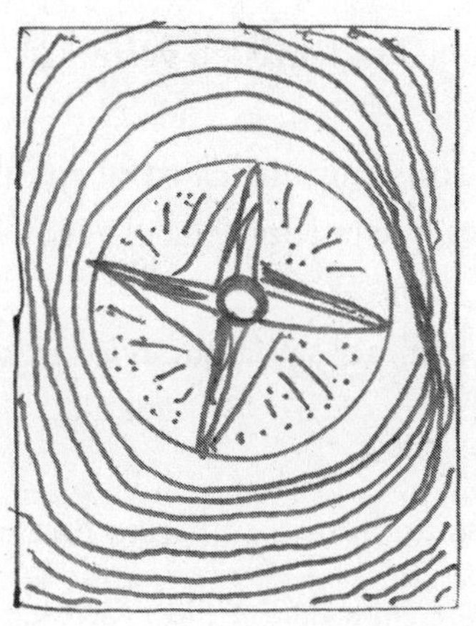

DEMASIADO FRÁGIL CASI PARA SER

Era demasiado sensible, me decían siempre.

Demasiado miedosa, demasiado débil.

Casi demasiado frágil para ser.

Pero veía cosas que los demás no veían.

Una vez intenté construir una catedral en mi cuarto,
usando materiales que encontré en el garaje de mi padre.

(Iba por el buen camino: sabía que Dios existía y quería convocarlo).

Una vez compuse un himno a un gato muerto.

(Alguien tenía que hacerlo. Era un gato muy importante).

Algunas noches sentía que mi espíritu abandonaba mi forma corpórea.

(Creía que le pasaba a todo el mundo. Más tarde descubrí que no).

Cavé una mullida madriguera
en la parte de atrás del coche más peligroso fabricado jamás
en Estados Unidos,
y pasé años en ella, escondida y a salvo.

Encontré el único rincón cálido de la casa,
me acurruqué en silencio,
y aprendí a leer.

Confié en cada desconocido, corrí directa a sus brazos.

(Mis instintos eran acertados: ningún desconocido me hizo
nunca daño).

Los acosadores me herían porque podían.
Los monstruos me asustaban porque debían.

Pero, oídme: estaba *bien.*

Decían que era demasiado frágil para sobrevivir a este mundo,
pero ¿conocían acaso este mundo?

¿Habían visto alguna vez la cáscara fina como una uña
del huevo de un petirrojo?

¿O el pliegue de origami de la pata de un galgo?

¿O como a alguien que sufre
solo puede consolarlo
quien comprende el dolor?

Y así fue como la niña que lloraba en el patio
porque le daban miedo los columpios
llegó a ser una mujer capaz de sostener a su amada agonizante
con fuerza y luz a raudales,

igual que sostiene el aire las mariposas monarca en su vuelo
último y sagrado:

respirando despacio,
y al compás
de cada poderoso y delicado aleteo.

Quiet
Time
at the
STAR
NURSERY
shhhhhhh.

Tres historias sobre la madre de Rayya

1

A Rayya le diagnosticaron cáncer solo una semana después de que cumpliera cincuenta y seis años. Ese fin de semana alquilamos una casa en la costa de Jersey para celebrar el cumpleaños e invitamos a algunos amigos y seres queridos. Era mediados de abril y hacía sol, pero también frío. Rayya y yo fuimos el día antes de que llegaran los demás para poder estar solas y prepararlo todo para la fiesta. Pasamos esa velada de viernes en el sofá, escribiendo una canción juntas y cantando.

Recordad: en aquel momento no éramos amantes.

Solo amigas íntimas.

Amigas íntimas siempre buscando excusas para pasar tiempo juntas y a solas.

El sábado por la mañana —el día de su cumpleaños y cuando faltaban varias horas para que llegaran los invitados—, Rayya llamó a la puerta de mi habitación. Asomó la cabeza y dijo con muchísima alegría:

—¡Cariño, vamos a hacer una tarta! ¡He soñado con una tarta de cumpleaños de fresas y nata montada por encima y ahora quiero aprender a hacerla! ¡Vamos a la tienda!

Así que fuimos a la tienda en cuanto abrieron y compramos los ingredientes para preparar una tarta de fresas con nata montada por encima.

Rayya no había hecho jamás una tarta, pero estaba en plan: «Vamos a ver, no puede ser tan difícil».

Volvimos a la casa de la playa, pusimos música alegre y bailamos por la cocina, riendo y bromeando mientras creábamos la tarta. Fue divertido, porque ninguna teníamos ni idea de lo que hacíamos. Además, como la casa era alquilada, nos costaba encontrar los utensilios adecuados. Pero hicimos lo que pudimos y pronto la primera tarta casera de Rayya estuvo en el horno. Luego la dejamos enfriar mientras desayunábamos y a continuación la cubrimos con montañas de nata montada y fresas. Admiramos nuestra obra, orgullosas. Rayya dijo que era idéntica a la que había visto en sueños. El momento era perfecto y toda la casa olía a cumpleaños.

Entonces Rayya me susurró, en tono cómplice:

—Tronca, vamos a comernos esta tarta ahora mismo.

Me eché a reír. Eran las diez y media de la mañana y acabábamos de desayunar, pero Rayya hablaba totalmente en serio.

—De verdad, tronca, ¡vamos a comernos la tarta entera antes de que llegue nadie! ¡Luego hacemos otra!

Yo no podía parar de reír porque aquello era muy típico de Rayya: me resultaba divertido y excesivo. Pero sobre todo me resultaba *adictivo.*

Seguí riéndome hasta que de pronto paré, porque sentí que entraba algo en la habitación. O más bien sentí que alguien entraba en la habitación. Y antes de que me diera tiempo a elegir mis palabras o pensar en lo que estaba a punto de decir, solté:

—Rayya, tu madre está aquí.

Al bajar la vista, comprobé que la piel de los brazos se me había puesto de gallina. Un cosquilleo eléctrico me subió desde las pantorrillas hasta el cuero cabelludo.

Porque la madre de Rayya *estaba allí.*

Georgette Kayser Elias —la más joven de las cuatro hermosas hijas de la familia Kayser de Alepo, Siria, famosa por ser siempre la *más* guapa, la más elegante de cualquier reunión, la madre amantísima y sufridora de Rayya, una mujer que había muerto mucho antes de que yo pudiera conocerla, en plena etapa de yonqui de Rayya— estaba allí. Georgette estaba con nosotras en la cocina de aquella casa alquilada de la costa de Jersey y no había lugar a dudas.

Y le hablaba directamente a mi mente.

Cuando os digo que nunca en la vida me había pasado algo así, por favor, creedme.

Yo llevaba una vida bastante espiritual, de acuerdo, pero nunca había hecho de médium de un *fantasma*.

Y sin embargo allí estaba la madre de Rayya, inconfundiblemente presente, y quería que le dijera a su hija una cosa muy importante.

Al momento me eché a llorar, por completo saturada de amor de madre, y le dije a Rayya:

—Tu madre está aquí y desea que te diga que te quiere mucho. Se siente muy orgullosa de ti, *habibi*. Está encantada de verte feliz. Está riéndose contigo y te dice que adelante, que te comas la tarta. Dice que te la comas entera porque ¿qué más da? Quiere que celebres tu vida y quiere celebrarla contigo. Te quiere. Le encantan tus apetitos. Le encanta tu espíritu. Te quiere mucho y está orgullosísima de lo que has hecho con tu vida.

Rayya y yo empezamos a reír, a llorar y a abrazarnos porque éramos felices y estábamos llenas de amor y porque ambas sabíamos que la madre de Rayya estaba *allí con nosotras*.

Por supuesto, nos comimos la tarta y estaba buenísima.

Fue la mejor tarta del mundo.

Y, solo una semana después, Rayya se enteró de que estaba muriéndose.

2

Hubo una noche cuando Rayya estaba recibiendo quimioterapia en que se encontraba tan mal que nada la tranquilizaba. Las noches de quimioterapia eran siempre difíciles, pero aquella fue una de las peores. No dejaba de vomitar, de sudar, de llorar. Nada de lo que yo le ofrecía ayudaba, ni las compresas frías que no dejaba de llevarle, ni las bebidas especiales, ni la medicación, ni las historias calmantes. Al final se desplomó en mis brazos llorando de desesperación y de dolor.

Y mientras yo abrazaba el cuerpo trémulo de Rayya, su madre nos visitó otra vez.

En cuanto Georgette entró en el dormitorio, supe que era ella. Pero esta vez su efecto fue más callado. Sentí el mismo cosquilleo en el cuero cabelludo y la piel de los brazos y las piernas se me puso de gallina, pero su energía era silenciosa y tierna. Después de todo no era una situación feliz, sino un momento de puro sufrimiento.

«Por favor, ¿puedo besar a mi hija? —me preguntó desde dentro de mi cabeza—. ¿Puedo abrazar a mi hija un instante?».

«Por supuesto», le respondí en silencio.

Entonces Georgette Kayser Elias entró en mi cuerpo y ya no era yo quien abrazaba a Rayya febril, sino su madre. No era yo quien consolaba a Rayya, sino su madre.

Mi alma abandonó mi cuerpo para que Georgette pudiera estar a solas con su niña.

Mi ser se hizo a un lado en mudo respeto ante la presencia de tanto amor.

Luego Georgette dio un beso a su doliente hija, un único beso en la frente, a través de mí, y se marchó.

Fue entonces cuando Rayya por fin se durmió.

3

Como ya he dicho, la madre de Rayya la visitó en sueños cada noche en las semanas previas a su muerte.

«Dame la mano, *habibi* —decía Georgette sonriendo a su hermosa y obstinada hija—. Estoy aquí mismo. Dame la mano».

Rayya se despertaba llorando porque quería a su madre y echaba de menos su cariño, pero no quería darle la mano porque sabía que eso significaba la muerte. Y no estaba preparada. No estaba preparada para morir.

Pero cada noche su madre se le aparecía, siempre con el mismo mensaje: «Dame la mano, dame la mano, dame la mano...».

La última noche que estuvo consciente, Rayya se despertó llorando una vez más de un sueño con Georgette. Me dijo que en esta ocasión había intentado darle la mano a su madre, pero que no había sabido cómo. En su sueño, Rayya era incapaz de mover los brazos. Sencillamente no podía tocar a su madre a pesar de tenerla delante, y a pesar de que Rayya ahora sí quería ir a ella.

En el sueño, le había preguntado a Georgette: «¿Qué tengo que hacer para llegar donde estás tú? ¿Tengo que luchar para acercarme? ¿O tengo que abrirme paso a puñetazos?».

Su madre había sonreído con ternura infinita y había dicho: «*Habibi*, en el lugar al que vas no hace falta pelear. Es fácil, mi amor. Dame la mano».

Pero Rayya no había podido.

Poco después de contarme este sueño, Rayya dejó de estar consciente.

Dos días después murió.

Dos semanas después de la muerte de Rayya, después de la cremación y del funeral, después de que recogiéramos sus cosas, después de que la reunión de dolientes empezara a dispersarse y mientras yo me preparaba para volver a Nueva York a empezar a reconstruir mi vida, Stacey me regaló una sesión con una médium llamada Lori Lipten en Birmingham, Michigan.

Nunca había ido a una médium y ni siquiera estaba segura de creer en médiums, pero tengo una propensión natural a probarlo todo en esta vida y en concreto esa semana pensé: «Quizá esta amable señora me ayude».

Y en efecto Lori resultó ser una señora agradable, una mujer de cara bonita, rubia y de mediana edad que vivía en un barrio residencial, llevaba zuecos y un vestido holgado y tenía un despacho decorado con mariposas y atrapasueños. Para ser alguien que hablaba con los muertos, no tenía nada de estrambótica ni de mística. De hecho, irradiaba tal amabilidad maternal que me eché a llorar en sus brazos nada más verla. Y cuando vi que había un sofá en su despacho, le pregunté si podía tumbarme para nuestra sesión y si podía traerme una manta. Rio y dijo:

—Pues claro que sí.

Mientras me tapaba con la manta, Lori exclamó:

—¡Santo cielo! Ya está Rayya aquí con nosotras y qué divertida es. Está contando chistes y tiene muchísima gracia. Santo cielo, qué fuerte es, ¿no? Es muy mandona. ¡Es maravillosa! Con perdón por la grosería, está diciéndome que me calle de una puta vez y la deje hablar porque tiene un montón de cosas importantes que decirte. ¡Santo cielo, Rayya, sí que te gustan las palabrotas! ¡Vale, vale!

»En primer lugar dice que no hace falta que te gastes dinero en una médium de los cojones... ¡Eso lo dice ella, no yo! Porque podéis aprender a comunicaros solas. Me parto, nunca me había dicho nadie algo así. Ah, y ahora dice: "No te ofendas, Lori". Santo cielo, sí que es divertida y franca. No me ofendo, Rayya. Vale, vale, sí, sí. ¡Se lo digo! Tranquila, Rayya, *¡se lo digo!*

Entonces la amable señora me comunicó que Rayya quería que yo supiera que había sufrido una muerte horrible, dolorosa y violenta.

A ver, me parece muy fuerte decirle eso a alguien que está llorando la muerte de un ser querido, ¿no? Y sin embargo supe que era verdad. Rayya había sufrido una muerte horrible, dolorosa y violenta, yo había sido testigo. Pero Lori no tenía por qué saberlo.

—Rayya quiere que sepas —prosiguió Lori— que la razón por la que tuvo una muerte tan cruel es porque se negaba a dejarse ir. Creía que al otro lado no había nada. Tenía miedo. Creía de verdad que la muerte era el final. La aterraba ser borrada, dice.

Asentí con la cabeza: «Me cuadra».

—Pero dice Rayya que al otro lado hay algo y que es incapaz de explicarte lo bonito que es. Dice que la mejor manera de describirlo es esto: ahora ella es música. Dice que no tengas miedo a la muerte, porque es bonita y será ella la que venga a buscarte cuando te llegue la hora.

—¡Dile que venga ahora mismo! —dije rompiendo otra vez a llorar.

—No puede, cariño, y ella también te echa de menos —dijo Lori acariciándome la cabeza—. No es tu hora. Dice Rayya que no te vas a morir hasta dentro de muchísimo tiempo porque todavía tienes trabajo que hacer en la tierra. Te ayudará en todo lo que pueda, pero tienes que encontrar tu propio camino. Dice que no está preocupada por ti porque eres mucho más fuerte de lo que crees. Dice que eres tan fuerte como siempre creíste que lo era *ella*, pero que eres la única que no se ha dado cuenta aún. Te quiere mucho, Liz, y dice que le has dado amor suficiente para tener el corazón lleno durante lo que le queda de viaje por el universo. Te está profundamente agradecida. Dice que fuiste la mayor sorpresa de su vida. Se quedó asombrada cuando le confesaste tu amor. No tenía ni idea. Nunca estuvo segura de ser lo bastante buena para ti, pero te quería mucho.

—Dile que yo también la quiero y siempre la querré.

Lori rio y dijo:

—¡Dice Rayya que más te vale quererla! Me pide que te diga que está mirándote ahora mismo y que le encantan tus lágrimas. Ama tu corazón. Pero también dice que lo más importante que debes saber es esto: cuando llegó a la frontera de la muerte, lo primero que vio fue la cara de su madre, igual que en el sueño. Y su madre sonreía y le decía: «Dame la mano».

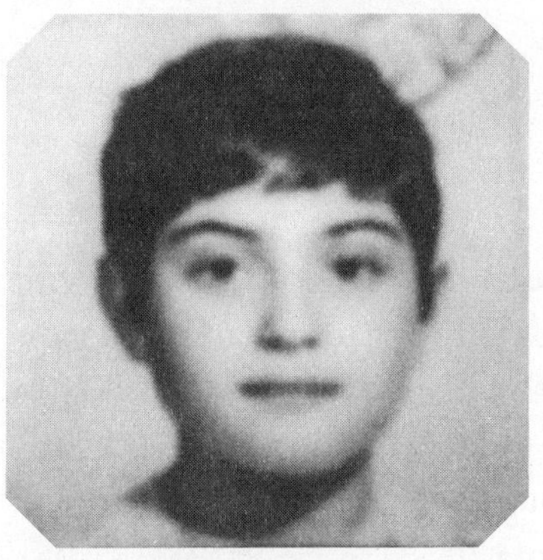

Postración

Si esta fuera una historia solo sobre la vida de Rayya Elias, supongo que el libro se terminaría aquí y que descanse en paz.

Pero no es una historia solo sobre Rayya. Es una historia sobre las dos, y todavía quedo *yo*.

Yo, que no morí en enero de 2018 y por tanto no crucé el río hasta la paz eterna.

Yo, que me quedé aquí, en la Escuela Tierra, sintiéndome más sola e insegura en mis estudios que nunca.

Yo, que en el momento de la muerte de Rayya era todavía una adicta al sexo y al amor que andaba por ahí sin recuperar, con el cerebro traumatizado de siempre. Un cerebro capaz de roerse a sí mismo hasta matarse si pasaba demasiado tiempo sin supervisar y sin ocupación. Un cerebro que me había instado a buscar consuelo en otras personas cada vez que estaba necesitada o sufriendo. Un cerebro que estaba diseñado para buscar un bálsamo fuera de sí mismo allí donde hubiera un bálsamo. Un cerebro que ahora estaba sumido en la pena más profunda que había conocido y, en consecuencia, más ávido que nunca de sedación, estímulo, alivio. Un cerebro que, a raíz de la marcha de Rayya, era como un cable de alto voltaje sin recubrir, chisporroteando, chispeando y restallando en el viento de una tormenta infinita.

¿Y cómo me fue a mí después de morir Rayya?

¿Qué es lo primero que hice?

¿Qué tal *creéis* que me fue?

¿Qué *pensáis* que fue lo primero que hice?

Hice lo que había hecho siempre.

Hice lo que cualquier adicto enfermo y herido termina siempre por hacer si no está en un programa de recuperación: salí a consumir.

Bien.

Dejadme que os lo explique, como diría Rayya.

Los lectores atentos seguramente recordarán que había empezado a ir a las reuniones de los doce pasos cuando Rayya estaba tomando cocaína y el mundo se desmoronaba a mi alrededor. También puede que recuerden que detesté aquellas reuniones…, aunque también tomé notas.

Así pues no os sorprenderá saber que dejé de ir a las reuniones en cuanto pude, que en mi caso fue justo después de que Rayya dejara de consumir cocaína y volviera a tratarme bien. Porque con eso todos mis problemas quedaban resueltos, ¿verdad? Quiero decir, ¿qué necesidad tenía de ir a un programa de recuperación diseñado para apoyar a personas cuya vida se ve afectada por las adicciones de otros si mi «otra» ya no consumía? ¿Y para qué necesitaba ir a las reuniones de adictos al sexo y al amor si de nuevo *estaba recibiendo* amor de una persona a la que adoraba? Además, como soy más lista que la mayoría de las personas, me había devorado toda la literatura sobre el tema y estaba convencida de entender más o menos los principios de estos programas y de saber todo lo que necesitaba saber. Cómo no.

De manera que a finales de octubre de 2017 me despedí de las reuniones en plan: «Gracias a todos por tanta información. ¡Todo en orden! ¡Me ha encantado conoceros! ¡A partir de aquí ya sigo sola!».

Solo que de todo en orden nada, porque en mi vida nunca había estado yo «en orden».

Más bien estaba hecha un desastre, y no solo porque hubiera muerto Rayya, también porque, a un determinado nivel, yo siempre había estado hecha un desastre.

Claro que nadie habría dicho eso de mí en los meses que siguieron a la muerte de Rayya. Y eso se debe a que hay dos cosas en la vida que se me da genial hacer. Una es comportarme como si todo fuera bien; la otra es dejarme la piel trabajando.

—No tengo tiempo de hacer duelo —recuerdo haberle dicho a un colega—. Lo que necesito es recomponer mi vida.

Y había algo de verdad en aquello. Era verdad que quería recomponer mi vida porque en los veinte meses transcurridos desde que le diagnosticaron el cáncer a Rayya no me había cuidado *en absoluto*. Y ahora necesitaba recoger los pedazos de mi existencia (lo poco que quedara de ella) y pegarlos hasta que formaran algo parecido a una vida propia.

Una de las primeras cosas que hice después de morir Rayya fue llamar a Miriam Feuerle, mi agente de conferencias, y pedirle que me contratara una serie de charlas públicas porque necesitaba ganar dinero urgentemente. Tenía la cuenta corriente arrasada por los gastos del divorcio y la muerte y quería empezar a ganar otra vez dinero, y rápido.

—¿Seguro que estás preparada para eso? —me preguntó Miriam.

—Segurísima —dije—. Consígueme lo que puedas.

Así que Miriam se puso manos a la obra, me concertó una serie de charlas y salí de gira. Mi primer acto público fue solo dos semanas y media después de la muerte de Rayya, lo que ahora me parece *un disparate*, y sin embargo recuerdo sentirme orgullosa por ponerme delante de un puñado de desconocidos y representar el papel de personaje público alegre y radiante.

Recuerdo que pensé: «¡Qué bien estoy haciéndolo! ¡Qué fuerte y resiliente soy!».

También retomé la novela que había abandonado el día que Rayya enfermó. El proyecto llevaba ya un año de retraso. Antes nunca había incumplido un plazo de entrega, así que eso me tenía angustiada y avergonzada. Necesitaba terminar el libro para cumplir el contrato y reconstruir mi relación con mi editor, pero también para cobrarlo. Qué coño, necesitaba *empezar* el libro porque lo cierto es que no había escrito una sola página.

¿Y qué libro era ese que se suponía que estaba escribiendo?

Ah, sí, iba a ser una comedia encantadora, divertida, chispeante sobre unas vedetes en el mundo del teatro de Nueva York en la década de 1940 a las que les encantaba el sexo.

Pues fenomenal.

Perfecto.

El tema ideal sobre el que escribir cuando acabas de pasar por la devastadora muerte de tu pareja.

Así que me puse a ello y escribí *Ciudad de mujeres* en los seis meses posteriores a la muerte de Rayya. Lo conseguí con un ritmo de productividad endiablado, escribiendo sin descanso, como nunca había escrito antes. Calculé que necesitaría escribir tres mil palabras al día, todos los días durante varios meses para poder cumplir mi nuevo plazo de entrega. Y eso hice.

Mirad, sigo sin creer que fuera tan mala idea. La creatividad siempre ha sido mi refugio, lo que me hace feliz, y volver a un trabajo que amo me resultó reconfortante. Me sentó bien recordar quién era yo, además de una viuda de luto. Pero en mis esfuerzos por cumplir el plazo me extralimité. Tiré de mi cuerpo exhausto igual que tiran los perros de un trineo para terminar aquel libro que resultó, ironías del destino, una historia tan alegre que casi todas las reseñas incluyeron la palabra «chispeante» a la hora de describirla.

Volví a la vieja iglesia en la que había vivido brevemente mucho tiempo atrás y que había sido el hogar de Rayya nueve años antes de que se pusiera enferma. Allí fue donde me encerré a *trabajar.* Escribí rodeada del recuerdo y de las cosas de Rayya. Me ponía su ropa, me comía la comida que había dejado en el congelador y dormía en la cama en la que hacíamos el amor.

Pasaba los días hablándole y oyéndola responderme. Sentía su presencia ir y venir en la iglesia igual que había sentido ir y venir el espíritu de su madre.

Fue un verano rarísimo.

«Raro» en el sentido shakespeariano de la palabra. Inquietante y mágico.

Por ejemplo, en la casa de al lado se instalaron unos vecinos nuevos. Tenían varios hijos pequeños y un cachorro adorable. Cuando pregunté a la hija de seis años cómo se llamaba su perrito, me miró a los ojos y me dijo:

—Rayya.

Casi me desmayo. Pensé que estaba teniendo una alucinación, pero su madre lo confirmó. Sí, la perra se llamaba Rayya. No, no sabía que una mujer llamada Rayya hubiera vivido muchos años en la casa de al lado. Sí, el nombre de la cachorra lo había elegido la niña de seis años. Sí, sabía que no era un nombre común. No, la niñita no sabía por qué había elegido ese nombre.

—Me gustaba cómo sonaba —dijo aquella chiquilla de ojos enormes.

Durante todo aquel verano, mientras trabajaba en mi novela, oía a los niños jugar fuera y llamar a la perra por su nombre con sus vocecillas agudas.

—¡Rayya! ¡Rayya! ¡Rayyaaaa!

A veces salía a acariciar a la cachorra, que era una mestiza de rottweiler con pies enormes y hombros anchos. ¡Qué rápido crecía! Bella y simpática, pero también algo peligrosa. Lo que tenía todo el sentido.

Unos meses después, la familia se marchó y se llevó a la perra y nunca volví a ver a la Rayya canina. Cuando se fueron, lloré, y la casa de al lado estuvo vacía durante una larga temporada.

Otra cosa que hice aquel verano fue dar largos paseos exploratorios por el bosque que me tomaba como si fueran «citas» con Rayya. Le daba a Grabar en la aplicación de notas de voz de mi teléfono y dejaba mensajes de horas de duración en los que hablaba con ella. Estaba convencida de que Rayya oía esos mensajes. (Sigo convencida de ello). Andaba y hablaba, lloraba y reía. Le contaba a Rayya anécdotas divertidas sobre nuestros amigos, sobre lo loca que estaba la gente, sobre lo cansada y triste que estaba yo. Le pedía consejo sobre cómo tratar a las personas difíciles. Si me quedaba muy callada, la oía contestarme. A veces oía su voz en mi cabeza hablándome con una intimidad franca y distendida. Otras veces contestaba mis preguntas insertando un recuerdo en mi cabeza, igual que insertaban nuestros maestros una diapositiva en el carro de un proyector antiguo. La imagen era un recuerdo de mí viendo a Rayya salir airosa de una interacción difícil siendo sincera, poniendo límites o perdonando a alguien.

«Hazlo así», me decía.

No recuerdo haber rezado a Dios aquel año, pero sí recé mucho a Rayya.

Aquel verano después de la muerte de Rayya no solo estaba triste, a veces también indignada. Lo que sentía no era mero enfado por la ausencia de Rayya, también estaba furiosa conmigo misma por mi grado de entrega y por todo lo que Rayya había dejado atrás y que ahora me tocaba a mí limpiar. Por ejemplo, me había asignado la tarea de gestionar su herencia, algo que resultó no ser nada sencillo. Rayya había dado información a la vez contradictoria y exagerada a sus amigos y seres queridos sobre el contenido real de su cuenta corriente y sobre cómo quería que se repartieran sus pertenencias. Apreté los dientes e hice lo que pude por despejar la confusión y por gestionar la exasperación de todos, incluida yo. Los regalos económicos que había prometido a sus amigos tuve que pagarlos de mi bolsillo porque la cuenta de Rayya estaba prácticamente a cero. También pagué la deuda de sus tarjetas de crédito, aunque la gente me dijera que era una tontería. («¿Por qué pagar las deudas de los muertos? ¿Qué van a hacer? ¿Congelarles el sueldo?»).

Pero el martirio es un rasgo central de la codependencia, así que por supuesto pagué las facturas de Rayya, pero no con generosidad, sino de mala gana. *Sintiéndome una víctima.*

«¿Por qué sigo aquí abajo a tu *servicio* —recuerdo que le grité a Rayya un día en el bosque— mientras tú flotas por el puto cielo convertida en *música*?».

Las oleadas de dolor y rabia se apoderaban con tal frecuencia de mí aquel verano que a menudo tenía la sensación de estar nadando en un oleaje, apenas a flote. A veces tenía que dejar lo que estaba haciendo y tumbarme en el suelo a llorar, incapaz de soportar mi propio peso. Gigi me dijo que aquello se llamaba «momento de postración». Me dijo: «Tienes que postrarte y aceptar que ocurra. No te resistas o será peor. Deja que las emociones te recorran. Limítate a respirar. Llegará un momento en que se te pasará».

Aquellas oleadas de dolor no tenían visos de ir a parar nunca, pero resultó que Gigi tenía razón. Con el tiempo se pasaban.

Pero no podía desmoronarme para siempre, así que después de cada embestida me levantaba del suelo, me lavaba la cara y volvía al trabajo, siempre atenta a la siguiente oleada, consciente de que cada una me iba minando las fuerzas un poco más.

¿Puede alguien sobrevivir internamente a este ritmo de agotamiento, productividad y dolor?

Pensé que podría.

Tenía que hacerlo.

Porque era un nuevo día y necesitaba escribir tres mil palabras antes de que se pusiera el sol.

NO QUIERO LLAMARTE, PERO VENDRÁS DE TODAS MANERAS

Algún día, querido Dios, cuando se pase esta locura,
me despertaré y te veré sentado en mi mesa del desayuno
vestido de buen lino y con zapato cómodo.

Me sorprenderás con una maleta gigante llena de regalos.

Abrirás todos los candados
y me enseñarás las fotografías de mi propia inocencia.

Me enseñarás las virtudes humanas que son la curiosidad,
la integridad y la fe.

Pasarán los días… y tú seguirás aquí.

Pondrás mi casa entera apuntando a la libertad.

La serenidad será tu promesa, serenidad cumplida.

No habrá precio que pagar por nada de lo ocurrido antes
de encontrarte,
ni temor a lo que venga después.

Pero mientras ese día llega, sigo con mis penalidades.

Claro que a veces te siento inclinado sobre mí mientras
duermo.

Siento haberte dado tantos problemas, diré,
y tú te reirás,
igual que se rio mi madre aquella vez
cuando yo era muy pequeña y me corté el pelo al rape.

Me gustan los problemas, te oiré decir.

Te preguntaré tu nombre,
pero ni siquiera tú sabrás contestar a esa pregunta.

Pero, para no seguir discutiendo,
acordaremos llamarte Amor.

¿Es normal un duelo así?

El año después de morir Rayya, consumí muchas drogas psicodélicas.

Y cuando digo muchas es porque fueron *muchas*.

Eran unas sustancias maravillosas porque me daban ocasión de ver otra vez a Rayya en persona, no solo oír su voz en mi cabeza o sentir su presencia, sino verla y tocarla de verdad. En alguna de aquellas visiones su cara estaba iluminada por la luz de la luna; en otras ella misma era la luna. A veces era una hermosa línea azul que bailaba y vibraba, lo que interpreté como una representación visual de la música. A veces era el tigre blanco que ella misma había visto atravesar paredes poquísimo antes de morir. Otras, era esferas color morado. En algunas ocasiones notaba sus brazos rodeándome, diciendo: «Estoy contigo».

Con algunas de aquellas drogas me convertía en Rayya. Podía viajar en el tiempo y revivir el horror de su muerte. Podía experimentar la indescriptible angustia de estar en el lecho de muerte mientras oyes a tus amigos reír y conversar en la habitación contigua, sabiendo que la vida y todos sus placeres seguirán existiendo sin ti. El terror y la soledad eran devastadores. Lloré por Rayya..., pero también lloré *siendo* Rayya.

Una de las veces que me drogué con ayahuasca pude entrevistar a las células cancerosas de Rayya. Las convoqué (llegaron en un tímido y esquivo pelotón) y les pregunté qué habían sentido matándola. No estaba enfadada, les dije, solo quería saber. Me dijeron que habían odiado su trabajo. Que habían odiado ser células cancerosas, pero que era su destino. Me explicaron cómo habían vivido en el cuerpo de Rayya desde que nació, esperando a la señal que las ordenara activarse, replicarse y dar comienzo al proceso de su muerte. Habían rezado para que la señal no llegara nunca, porque con los años le habían cogido cariño a Rayya, igual que cogen las personas cariño a su hogar. Y también porque la muerte de Rayya implicaba el fin de sus propias vidas. ¿Por qué iban a querer algo así? De este modo, durante muchos años estos racimos de células habían vivido en silencio dentro del hígado de Rayya, sin llamar la atención, tratando de pasar desapercibidas. Pero una mañana llegó la señal: «Es hora de ponerse en marcha».

—¿Quién dio la señal? —pregunté.

—No lo sabemos —contestó el tímido pelotón—. Pero no podíamos hacer nada salvo obedecer las órdenes que nos daban.

Me dieron pena las células cancerosas. De verdad lo digo. Parecían unas tipas decentes atrapadas en una vía muerta, en el sentido literal del término.

Atrapadas, como todos nosotros, en su propio dilema kármico.

Otra noche, sin rastro de drogas en mi organismo pero incapaz de dormir, de pronto tuve una visión en la que cuatro ángeles de cara guapa y vestidos con trajes blancos (recordaban un poco al grupo musical infantil de los años ochenta Menudo) vinieron en mi busca para llevarme a un universo alternativo. Me dejaron en un apartamento modesto y soleado en St. Marks Place, en el East Village. Me dijeron que era allí donde Rayya y yo vivíamos *en ese momento* como pareja casada. Un apartamento que yo no había visto jamás, pero al mismo tiempo me resultaba muy familiar. Entendí que aquello era un universo distinto de lo que yo siempre había considerado la «realidad», pero que estaba sucediendo *justo entonces* y parecía tan real y verdadero como en el mundo en el que de hecho vivía.

Enseguida comprendí que, en aquel universo alternativo, Rayya y yo habíamos empezado a ser pareja en el año 2000, al poco de conocernos. Habíamos construido una vida juntas y era una buena vida. La fecha era la misma que en el universo real, ella estaba viva y éramos felices. Yo seguía siendo periodista; ella seguía siendo peluquera. *Come, reza, ama* no existía; *Harley Loco* no existía. Llevábamos veinte años viviendo de alquiler en aquel apartamento pequeño y luminoso en un edificio decrépito de piedra rojiza en la acera sur de la calle, justo enfrente del Cafe Mogador, donde a menudo desayunábamos. Era una existencia humilde, pero bonita. Rayya estaba sobria; yo estaba sobria. Y era tan real como el mundo que yo conocía como «verdadero».

En aquella visión pude hablar con Rayya mientras fregaba los platos y mientras los cuatro ángeles de traje blanco sentados a la mesa nos miraban sonriendo. Supe que estábamos a punto de irnos de viaje, porque nuestras maletas estaban en la puerta, pero no sabía a dónde.

—Pero esto es real, ¿no? —preguntaba yo a los ángeles una y otra vez—. No es un sueño y no estoy drogada, ¿a que no? Estoy aquí de verdad.

Los ángeles me sonreían y asentían con la cabeza.

—Pero, Rayya —le dije a ella—, tú ya te has muerto. Moriste el 4 de enero. ¡Yo estaba allí! Te vi morir. No entiendo qué está pasando. ¿Cómo es que estás aquí y viva?

—Tronca, deja de hacer preguntas. Es imposible que lo entiendas.

—Pero ¿cómo funciona? —pregunté a los ángeles—. ¿Cómo puedo volver aquí? ¿Cuántos universos más hay?

—No os molestéis en explicárselo, chicos —les dijo Rayya a los ángeles, que se limitaron a encogerse de hombros y a mirarme con dulce simpatía—. No lo va a entender.

Y a mí me dijo:

—No vas a poder comprenderlo, cariño. Limítate a estar y a disfrutar de estar conmigo en este momento.

Y al instante siguiente yo ya no estaba allí, sino de nuevo en mi cama, en este mundo.

Sola y desamparada.

La visión de nuestra casa en St. Marks Place fue tan táctil y real (hasta en los detalles de los cuadros de las paredes y las alfombras del suelo) que, en cuanto pude, fui al East Village a ver el sitio en persona. Quizá tenía la esperanza de encontrar allí a Rayya, de subir los peldaños, cruzar la puerta roja descascarillada y ascender por la estrecha escalera hasta el tercer piso, donde *sabía* que estaba nuestro apartamento, detrás de la primera puerta a la izquierda. Quizá tenía la esperanza de encontrarla allí, vivita y coleando, lavando platos y preparando un viaje.

Pero en el lugar que había visto en la visión no existía ningún edificio. Frente al Cafe Mogador solo hay un solar vacío, el único en toda la manzana, de hecho. El solar es como una mella en una encía en la que falta un diente. Y está presidido por el enorme grafiti de un cuervo negro que explota.

Cuando vi que nuestra casa no estaba allí, que nuestra casa nunca había estado allí, lloré a moco tendido y en plena calle.

¿Es normal un duelo así?

¿Lo estaba haciendo bien? ¿Lo estaba haciendo mal?

No lo sé.

Era como yo creía que se hacía un duelo.

—¿Qué tal está Liz? —le preguntaba alguien a algún miembro de mi familia por aquel entonces.

—Liz está genial —era la respuesta—. Liz está estupendamente.

¿Qué otra cosa iban a pensar, dado mi comportamiento? Ser productiva, esforzarme, poner buena cara y buscar vías de escape; esa había sido mi fórmula para sobrevivir desde el principio de los tiempos, y era lo que me mantenía viva ahora.

Mientras todo esto ocurría, mi adicción no curada al sexo y al amor se agazapaba en silencio en un rincón en penumbra y hacía lo que hace siempre la adicción: *esperar*.

Me miraba pacientemente dar vueltas y luchar y esperaba pacientemente a que me desmoronara.

Mi adicción me miraba trabajar demasiado, me miraba rendir demasiado, me miraba hacer duelo. Me miraba beber y drogarme. Me miraba exigir respuestas a cómo funciona el universo. Me miraba dedicar todas mis fuerzas a servir y venerar a alguien que ya ni siquiera estaba allí. Me miraba sucumbir a oleada tras oleada de pena. Me miraba llorar hasta quedarme dormida.

Cuanto más me desgastaba, más crecía mi adicción, hasta hacerse más astuta, fuerte y poderosa que nunca.

Decía las mismas cosas que había dicho siempre.

Decía: «Sal ahí y encuentra a alguien».

Decía: «Te mereces un respiro».

Decía: «Tráeme a alguien».

Decía: «Aliméntame».

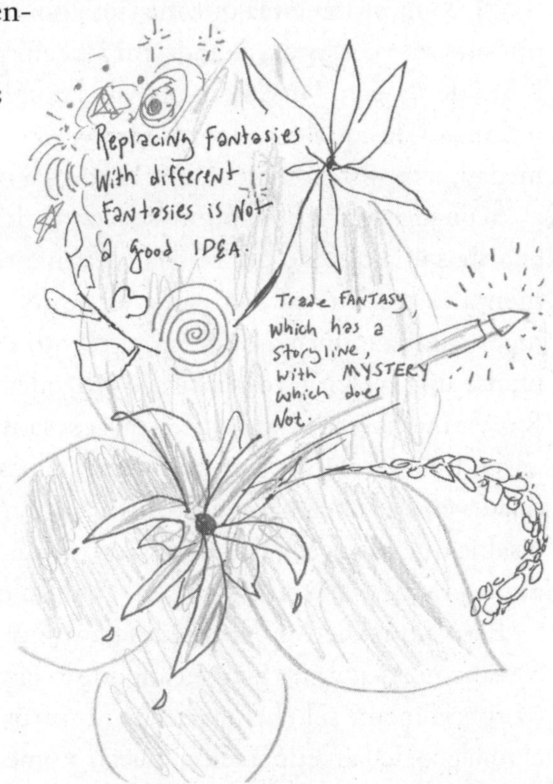

Impotente

No tengo valor para describir los humillantes detalles de la compulsión en la que me sumí poco menos de un año después de morir Rayya, cuando mi adicción me empujó a salir en busca de alguien. No quiero revivir el dolor que padecí ni violar la intimidad de aquellos a los que convertí en víctimas de mi enfermedad, tampoco someter a mis lectores a nuevas dosis de drama.

Sí puedo decir que la minúscula parte de mi cerebro que seguía cuerda sabía que no era buena idea mantener relaciones sentimentales o sexuales con nadie en aquel momento. En primer lugar estaba enferma de pena, y ese no es un estado en el que iniciar una relación romántica. Pero, además, después de morir Rayya me había jurado que estaría sola una larga temporada y aprendería a valerme por mí misma, tal y como me había aconsejado ella. Nunca había vivido sola durante demasiado tiempo y sabía que lo necesitaba. Construirme una vida buena, estable y digna era mi plan serio y sincero cuando murió Rayya.

Pero a un adicto no le puedes dar un plan, porque los adictos no sabemos seguir un plan, ni aunque lo hayamos hecho nosotros. (¡Especialmente si lo hemos hecho nosotros!). Hasta que no llegue el milagro de la recuperación, nuestro único plan es: *consumir*.

Y eso es lo que hice.

¿Y qué tal salió?

Resulta que no necesito palabras para describir cómo terminó mi espiral compulsiva porque ya lo hice, hace veinte años, en las páginas de *Come, reza, ama*: «La adicción es típica en todas las historias de amor basadas en el encaprichamiento», escribió una mucho más joven Liz Gilbert a propósito de una relación fracasada muy anterior.

> Todo comienza cuando el objeto de tu adoración te da una dosis embriagadora y alucinógena de algo que jamás te habrías atrevido a admitir que necesitabas —un cóctel tóxico-sentimental quizá, de un amor estrepitoso y un entusiasmo arrebatador—. Al poco tiempo empiezas a necesitar desesperadamente esa atención tan intensa con esa ansia obsesiva típica de un yonqui. Si no te dan la droga, tardas poco en enfermar, enloquecer, perder varios kilos (por no hablar del odio al camello que te ha fomentado la adicción, pero que ahora se niega a seguirte dando eso tan bueno, aunque sabes perfectamente que lo tiene escondido en algún sitio, maldita sea, *porque antes te lo daba gratis*). La fase siguiente es la de la escualidez y la temblequera en el rincón sabiendo que venderías tu alma o robarías a tus vecinos con tal de probar *eso* una vez más. Mientras tanto, a tu ser amado le repeles, te mira como si no te conociera de nada, como si jamás te hubiera amado con una pasión fervorosa. Lo irónico del asunto es que no puedes echarle la culpa. Porque venga, mírate, eres un asquito, un ser patético casi irreconocible ante tus propios ojos. Pues ya está. Ya has llegado al destino final del amor caprichoso: la más completa y despiadada devaluación del propio ser.

Escribí esas palabras a principios del otoño de 2004, pero podía haberlas escrito a principios del invierno de 2018.

Para el caso, podría haberlas escrito hace treinta, diez o cuarenta años, porque no describen algo que yo hiciera en el pasado, describen un comportamiento *presente*. Fantasía, seguida de encaprichamiento, seguida de seducción, seguida de dependencia, seguida de autoabandono, seguida de obsesión y necesidad desesperada, seguida de desesperación, desmoronamiento y soledad, y así una y otra vez.

Pero ¿por qué continúo haciéndolo?

¿Por qué no consigo dejar atrás este relato por muchos años que cumpla, por muy inteligente que sea o por mucho que me esfuerce por controlarme?

«¡Yo solo quiero ser *normal*! —recuerdo que gritaba Rayya llorando cuando empezó a beber otra vez, después de años de sobriedad—. ¡Quiero ser una persona normal que hace las cosas normales de las personas normales!».

Sí, mi amor. Te entiendo.

De verdad que comprendo esa perplejidad. ¿Por qué no *podemos* ser normales?

La respuesta a esa pregunta, al menos para mí, está escrita negro sobre blanco en las páginas de *Come, reza, ama* y resulta dolorosamente obvia en mi uso de estas contundentes palabras: «adicción», «alucinógena», «cóctel tóxico-sentimental», «intenso», «ansia obsesiva», «droga», «enfermar», «enloquecer», «perder», «asquito», «completa y despiadada devaluación del propio ser». Sin embargo, hay una diferencia. Cuando escribí aquello hace veinte años, creía que estaba usando la lengua de la adicción de manera metafórica. Pero no era una metáfora; era la verdad absoluta y sin tapujos. Sin saberlo, estaba diagnosticándome a mí misma con total precisión como adicta al sexo y al amor.

Y no puedo hacer las cosas normales que hace la gente normal porque soy una adicta.

De manera que ahí estaba, en la misma situación una vez más.

Perdida una vez más.

La única diferencia era que esta vez sabía —lo que equivale a decir que, gracias a Dios, *recordaba*— que había un lugar al que acudir en busca de ayuda.

June

SURRENDER

Me entrego

Mucha gente habla de entrar arrastrándose en los grupos de terapia grupal, pero cuando yo volví al programa de doce pasos tuve más bien la sensación de hacerlo con las manos en alto, como una delincuente profesional que se entrega a la policía, dispuesta por fin a dejar esa vida.

«Hola, me llamo Lizzy y soy adicta al sexo y al amor», dije en voz alta por primera vez y me faltan palabras para describir el alivio que sentí.

Cuando te identificas como adicto y te unes a un grupo de recuperación lo llaman «reclamar tu sitio» y es un momento muy bello.

El momento de rendición, de reclamar por primera vez un sitio que te corresponde.

«Hola, Lizzy», dijeron los otros adictos al sexo y al amor, y supe que había llegado a casa.

Esta vez no me senté cerca de la puerta, ni me calé un sombrero para enmascarar mi identidad, tampoco salí corriendo en cuanto se terminó la reunión. Escuché, tomé apuntes igual que en mi primera visita, pero también levanté la mano para hablar y dije la verdad sobre mí.

Asimismo, me compré los libros, apunté varios números de

teléfono para tener una comunidad a la que recurrir y cuando terminó la reunión de una hora me quedé hablando con algunos de los asistentes.

—Estoy tan avergonzada de todas las cosas que he hecho… —le dije a una veterana después de la reunión.

—No te preocupes, cariño —dijo—. Nadie llega a estas reuniones montada en las alas de la victoria. Tú sigue viniendo. Mantente cerca de las mujeres del programa y lejos de los hombres, al menos de momento. Quédate en el centro del rebaño y empieza a trabajar en los pasos. Y, cuando oigas a los demás contar sus historias, estate atenta a la voz de tu poder superior. En las historias de los demás empezarás a oír consejos para tu propia vida. Mantén la mente abierta. Con el tiempo todo cobrará sentido.

Al día siguiente fui a una segunda reunión. Lo mismo hice al otro día, y al otro. Mientras escuchaba a otros adictos contar sus experiencias vitales, comencé a oír la historia de mi propia vida relatada con cien voces diferentes.

Escuché a personas que habían tenido algunas de las experiencias dolorosas de infancia que había tenido yo y que las habían conducido a comportamientos y compulsiones ingobernables.

Escuché a personas que, como yo, habían destrozado matrimonio tras matrimonio, tanto propios como ajenos.

Escuché a personas que habían perdido su trabajo, su sano juicio o todo su dinero y posesiones por culpa de su obsesión por otra persona. («Fue ver a aquel hombre en el bar y decirme: "Seguiría a ese hombre al infierno"…, ¡y eso hice!», contó una mujer mientras los demás asentíamos interiormente).

Escuché a personas que habían convivido décadas con parejas emocionalmente inaccesibles, o que habían soportado situaciones de servilismo degradante junto a personas que ni las respetaban ni las amaban, o que seguían aferradas a relaciones que habían terminado años atrás.

Escuché a personas que habían dado sexo a cambio de amor, amor a cambio de sexo o ambas cosas a cambio de dinero.

Escuché las expresiones *estilo de apego inseguro*, *evitación* y *sumisión inconsciente*.

Escuché las expresiones *anorexia emocional* y *adicción al cortisol*.

Escuché términos que no conocía pero que enseguida entendí (porque llevaba años haciendo esas cosas pero sin saber que tenían nombre: *bombardeo amoroso*, *vínculo por trauma*, *acaparamiento de atención*, *memoria eufórica*, *acoso digital*, *intimidad instantánea*...).

Escuché hablar de atribuir cualidades mágicas a otros y convertirlos en tu poder superior.

Escuché hablar de confundir la compasión, la lujuria o la soledad con el amor.

Escuché hablar de sexualizar nuestros sentimientos de culpa, vergüenza, miedo, rabia y dolor.

Escuché hablar de violación, de abusos, de embarazos, de enfermedades venéreas, de pornografía, de prostitución, de suicidio, de violencia...

No escuché una sola cosa en aquellas reuniones con la que no me identificara en mayor o menor grado. De hecho, a estas alturas sigo sin haber oído nada en una reunión del programa de doce pasos que me haya sorprendido. Cada vez que escucho a alguien describir sus comportamientos más autodestructivos, lo que pienso es: «Sí, yo también he hecho eso», o: «Sí, yo podría perfectamente hacer algo así», o: «Sí, entiendo que alguien haga algo así si se le presenta la oportunidad».

Yo también conté mi historia, en intervenciones de tres minutos. Confesé cosas que nunca había confesado a nadie. Cosas que había enterrado y negado. Secretos que tenía pensado llevarme a la tumba.

Al principio me asustaba mostrarme tan vulnerable, sobre todo porque soy un personaje público y sabía que en las reuniones habría gente que me reconocería. Me espeluznaba pensar que alguien saliera de una reunión y fuera corriendo a contar por ahí que había visto a Elizabeth Gilbert en una reunión para adictos al sexo o, peor aún, que le contara a alguien lo que me había oído confesar.

No ayudó que dos chicas salieran corriendo detrás de mí una noche después de una reunión y me dijeran: «Te admiramos mucho y queríamos saludarte ¡porque no nos podemos creer que estés *aquí*!». (Y esto solo minutos después de que yo hubiera confesado una experiencia personal tan delicada que ni siquiera se la había contado a un terapeuta). Me sentí horriblemente expuesta y volví a casa llorando, compadeciéndome muchísimo de mí misma porque estaba claro que nunca iba a poder disfrutar del privilegio del anonimato.

Después de aquello podría muy bien haber dejado de ir a las reuniones, pero, una vez más, la intervención divina me salvó. Aquella noche, estaba quedándome dormida cuando oí a Dios decirme: «Tú eliges, cariño. Puedes proteger tu anonimato o curarte. Pero las dos cosas no. Así que decide ahora mismo qué es más importante: tu privacidad o tu recuperación».

A tomar por culo mi privacidad; necesitaba recuperarme.

Así que al día siguiente volví a la misma reunión, con esas mismas admiradoras atolondradas, y conté de nuevo la verdad sobre mí. Daba igual lo que pudieran hacer otros con mis secretos; necesitaba un lugar donde hablar de mi dolor con franqueza e integridad..., y sigo necesitándolo.

Desde entonces no he dejado de asistir a las reuniones.

THERE IS A SEASON FOR GIVING THINGS UP. IT REQUIRES THE HEART OF A LION, THOUGH. ARE YOU READY TO WALK AWAY? ARE YOU READY TO FINALLY BE FINISHED?

DEAR GOD
PLEASE SAVE
ME FROM
INSANITY.
THANK YOU.

DIOS OBRA A TRAVÉS DE LAS PERSONAS

«Dios obra a través de las personas», me dijeron cuando entré en este programa.

Al principio no lo entendía.

¡Desde luego a través de *aquellas* personas no podía ser!

Aquel grupo de seres humanos problemáticos,
inconsistentes, egoístas, jactanciosos, groseros,
sin horizonte, desesperados, contradictorios e irritantes,
todos igual de tóxicos y defectuosos que yo.

Entramos en esta habitación en fila, arrastrando los pies,
sacudiendo nuestras gabardinas.

Alguien se queja siempre del protocolo.

Alguien está siempre ofendidísimo
por la persona que se queja del protocolo.

Alguien está siempre mensajeando o chismorreando cuando empiezan las plegarias de apertura.

En la sala siempre hace demasiado calor o demasiado frío.

Siempre faltan folletos.

Y hay unos cuantos tontos e inadaptados que llegan tarde,
arañando el suelo con las sillas y arrugando sus bolsas
de plástico.

Pero entonces…,

justo cuando empiezas a desear estar en cualquier otra parte
este sábado por la noche,

una mujer comienza a contar su historia.

Y entra Dios.

Fumando tela asfáltica

A la semana de empezar a ir a las reuniones de recuperación por segunda vez, encontré una madrina y empecé a trabajar en los doce pasos.

En esta ocasión decidí seguir todas las sugerencias de mis compañeros de programa, en la confianza de que la sabiduría colectiva de múltiples generaciones de adictos recuperados era con toda probabilidad algo que debía escuchar y respetar.

Se me sugirió, por ejemplo, que mantuviera «cero contacto» con mis «personas detonantes», es decir, que cortara relaciones con aquel con quien estuviera obsesionada en ese momento o con aquel con quien siguiera fantaseando de una manera u otra.

De manera que me alejé de todos.

Era necesario; no podía recuperarme de mi adicción al amor si seguía en contacto con los objetos de mi deseo, igual que no se puede arreglar el motor de un coche mientras vas conduciendo por la autopista.

A algunas de estas personas tuve ocasión de darles algún tipo de explicación («No estoy bien, nunca lo he estado, y necesito curarme»), pero en otros casos mi madrina y yo decidimos que explicar mi desaparición era peligroso porque cualquier contacto con esas personas podía estimular mis fantasías (o las suyas) de nuevo y empujarme a implicarme sentimentalmente. En esos casos, mi madrina me sugirió que lo mejor para todos sería que bloqueara directamente a esos contactos en el teléfono.

También dejé de seguir a una serie de gente en las redes sociales y borré un gran número de fotografías potencialmente desencadenantes de mi teléfono para no toparme por accidente con algún recuerdo de mis desengaños amorosos o mis fantasías pasadas. Además, borré hilos antiguos y me deshice de canciones que estimulaban mis fantasías o mis deseos. (A esto se le llama «desintoxicación digital», y qué duro fue, maldita sea, pero lo hice por la misma razón que tira un alcohólico todo el licor que tiene en casa por el fregadero).

Siguiendo con ese espíritu de depuración, hice una limpieza en profundidad de mi iglesia y me deshice de un montón de objetos de Rayya. Algunos se los envié a amigos y seres queridos y otros los llevé a un trastero, pero también tiré muchas porquerías que había acumulado a lo largo de los años. A veces sentía la presencia de Rayya protestando desde el más allá por aquella limpieza, por ejemplo cuando me vio llenar una bolsa de basura tamaño industrial con deportivas del año de la polca y medio podridas, algunas incluso desparejadas, pero acallé sus reproches gritando al cielo:

—¡Si *tú* ni siquiera querías estas cosas, Rayya! ¡Por eso las metiste al fondo de un armario! Ahora en esta casa vivo yo, es *mi* casa, es donde *yo* vivo, y siempre te querré, pero no pienso convertirla en un museo de tus mierdas sin resolver!

(Si a alguno de mis vecinos lo inquietó verme gritando a fantasmas mientras sacaba la basura, pues..., en fin, creo que para entonces ya estaban acostumbrándose a mí).

El síndrome de abstinencia fue, tal y como me habían prometido, un infierno.

Fue estresante, pero también tedioso, algo que no me había esperado. Estaba acostumbrada a vivir en un drama constante, y ahora todo me resultaba... aburrido. Mi madrina me ayudó a desentrañar ese tedio, me explicó que el aburrimiento en realidad encubre ansiedad, y que la ansiedad es lo que nos empuja a buscar el drama, la excitación y la distracción. De hecho, el drama y el aburrimiento son *síntomas* de un grado de ansiedad elevado y señalan una incapacidad marcada de simplemente *ser*. Cuando la serenidad es inaccesible o inalcanzable, el drama y el aburrimiento son las únicas opciones en el menú. Y puestos a elegir entre el drama y el aburrimiento, un adicto escogerá siempre lo primero, por supuesto. Algo que resume muy bien mi vida.

Pero ahora estaban pidiéndome que me olvidara del drama y del aburrimiento y me limitara a *sentir* lo que surgiera en mi interior, igual que se hace en la meditación. Y lo que surgía era pena, dolor, soledad y desesperación. Tenía directamente ganas de arrancarme la piel a tiras. Por aquella época empecé a usar la palabra *picajica*, combinación de «picazón» y «quejica», para describir lo profundamente incómoda que me sentía. Me costaba encontrar consuelo, puesto que no podía medicarme entregándome a mi fantasía secreta de siempre, a saber: que un día aparecería una persona mágica, se enamoraría de mí y lo arreglaría todo.

Ahora no iba a aparecer nadie.

Nadie iba a arreglar nada.

Solo había *sentimientos*.

Sentimientos y oraciones, seguidos de más sentimientos y más oraciones.

Así que eso hice: sentir, llorar, dormir. Sentí mi miedo y mi pena, y recé.

Me aconsejaron que escribiera una lista de mis «comportamientos de alta calidad», acciones saludables y positivas para la autoestima (tales como hacer ejercicio, comer bien y dormir lo suficiente), con las que sustituir mis «comportamientos de baja calidad» (tales como flirtear, fantasear, conspirar y tener sexo compulsivo).

Hice exactamente lo que me sugirieron, pero convencida de que era todo una gilipollez.

Porque, a ver, ¿cómo podía *comer una ensalada* sustituir la descarga eléctrica de la pasión desatada?

—¿Qué recompensa tendrá todo este malestar? —le pregunté a mi madrina después de una noche de soledad y desazón especialmente dura.

—¿Puedes estar sin conocer la respuesta a esa pregunta? —fue su contestación—. ¿Puedes seguir los pasos y completar el programa sin esperar una recompensa? ¿Puedes hacer lo que han hecho tus predecesores sobrios y confiar en que irás sabiendo más? Tú, que como adicta asumiste muchos riesgos, ¿puedes asumir ahora el de la sobriedad? ¿Puedes arriesgarte a no saber cómo será tu futuro? ¿Tienes valor para hacerlo?

Pues quizá.

Era difícil saberlo.

Porque el problema era que me encontraba hecha una mierda.

Durante la deshabituación me quedé sin energía y a menudo me sentía como si tuviera gripe.

No podía escribir, no podía hacer ejercicio, me costaba hacer planes.

No hacía más que recordar sufrimientos pasados en los que nunca había querido volver a pensar, incidentes ocurridos cuatro décadas atrás que había enterrado. Era lo último que me apetecía hacer, pero el trauma que yacía sepultado bajo todo el dolor exigía ser abordado. Sentir aquellos sentimientos fue horrible y lo odié, pero hablé de ello en las reuniones y recibí cariño y apoyo a raudales. Llamaba cada día a mi madrina y seguía todas sus sugerencias. Obtuve consuelo de veteranos del grupo que me explicaron, en pocas palabras, que el síndrome de abstinencia es durísimo, sí, pero también un dolor que termina, mientras que la adicción es un dolor que no termina *nunca*.

Una noche, en una llamada de «auxilio» desesperada, hablé con una compañera adicta que me prometió que, si tenía valor para superar la fase de deshabituación sin recurrir a *nada* que mitigara el dolor («ni un hombre, ni una Mastercard, ni un pastel, ni un martini»), era posible que experimentara un verdadero despertar espiritual.

—No te distraigas y sigue haciendo el programa —me prometió—. Llegará un día en que ni siquiera querrás esas cosas que antes ansiabas de todo corazón.

Y yo pensé: «Esta loca debe de colocarse con tela asfáltica si se piensa que algún día no voy a querer las cosas que ansío de todo corazón».

Pero le hice caso, porque, vamos a ver, a aquellas alturas de mi vida, ¿qué elección tenía?

Así que no me distraje.

Seguí el programa.

Y sobre todo hice lo más difícil: sentí el dolor.

POEMA DE ABSTINENCIA, PARTE II
O
CONTANDO LOS DÍAS

Esta noche nada de charlas de eruditos
exhibiendo su fluidez en griego y sánscrito.

(Sus abstracciones sobrecargan mi mente dolorida).

Esta noche nada de enseñanzas de los grandes maestros
espirituales.

(Su desapego queda demasiado fuera de mi alcance).

Esta noche nada de comedias o tragedias
retransmitidas en múltiples formatos e infinitas plataformas.

Nada de música esta noche tampoco.

(Me irrita; me remueve; me hiere).

Esta noche nada de postureo culinario.

Nada erótico,
exótico,
heroico,
estimulante
o sedante.

Nada de coger el coche para ir a otro sitio solo a comprar
algo.

Ni sustancias mágicas, ni llamadas de teléfono peligrosas.

Incluso los poetas dañan mis sentidos esta noche;
incluso los muertos, incluso los buenos.

Esta noche nada funciona.

Estoy incómoda.

Dios, qué incómoda estoy.

Con el deseo sé qué hacer…, o, al menos, siempre
lo he sabido.

(Saciarlo).

Con el ansia sé que hacer…, o, al menos, siempre
lo he sabido.

(Colmarla).

Pero el espacio vacío que hay esta noche en mi interior
no puede llenarse con nada.

El espacio vacío me pide que esté aquí sentada con él…,
signifique *eso* lo que signifique.

Me pide que confíe en él…, signifique *eso* lo que signifique.

Así que esto es la vida sin distracción ni vía de escape.

Es aterradora, joder.

Dios, ayúdame.

Ayúdame, por favor.

Este no hacer nada es un camino para valientes.

DIOS RESPONDE A MI SÍNDROME DE ABSTINENCIA

Nada que puedas sentir
excederá mi capacidad de contener.

Así pues, déjame rodearte de un silencio sagrado
mientras sufres.

Déjame abrazarte con mi misterio infinito
mientras rabias.

¿Qué te hace pensar que puedas cansarme alguna vez
de tus lamentaciones
o ahuyentarme con tu dolor?

¡Como si pudieras ser demasiado para mí!

¡Como si pudieras irritarme
o necesitarme demasiado!

Estoy en todas partes, así que en ninguna mejor que aquí.

Lo soy todo, así que no tengo nada mejor que hacer.

De manera que suéltalo todo.

Cada gramo de tu valía me pertenece,
y eso incluye tu vergüenza, la parte triste de tu historia
y tus mil clases de adicciones.

Pero ahora debes arrojarlo todo al fuego
y caminar derecha hacia mi voz.

Siente todo lo que tengas que sentir, hija mía,
pero siénteme a mí también en esta hoguera inclemente.

Siénteme a mí también.

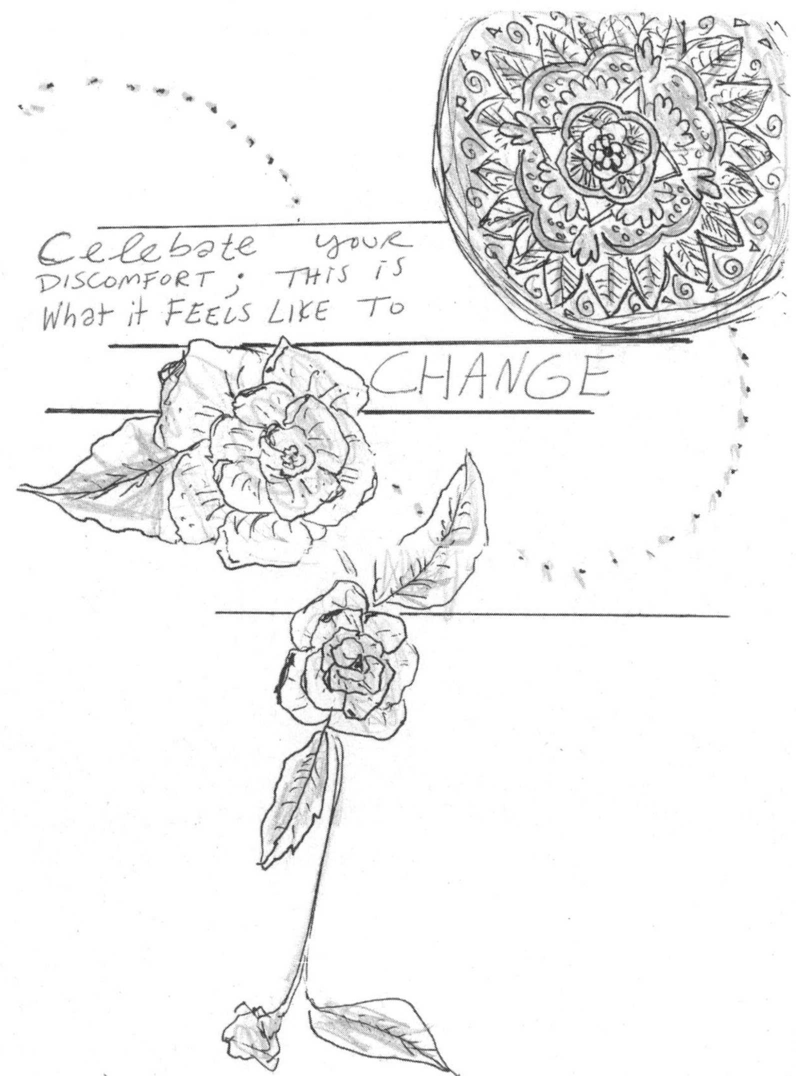
Celebate your
DISCOMFORT ; THIS IS
What it FEELS LIKE TO
CHANGE

Contar los días

Pronto me encontré con que llevaba limpia treinta días, lo que equivalía a treinta días sin caer en ninguna de mis conductas desencadenantes.

Esa noche recibí mi primera medalla de sobriedad en una reunión y mis compañeros me felicitaron. Su alegría por mi ardua victoria bañó mi cansada pero radiante cara con enormes lagrimones.

Y a la mañana siguiente fui a otra reunión.

Madre mía, en aquella época fui a muchísimas reuniones, y, cuando no había una específica para adictos al sexo y al amor, buscaba reuniones abiertas (es decir, «reuniones en las que todo el mundo es bien recibido») para alcohólicos y drogadictos. Fui a reuniones para familiares de adictos y a reuniones para codependientes. Fui a reuniones para hijos adultos de familias alcohólicas y disfuncionales y también a reuniones para deudores y compradores compulsivos.

En estos grupos aprendí casi tanto sobre mi adicción primaria como en el mío. Cada vez era más obvio que una adicción es una adicción es una adicción, que todas las formas en que las personas consumen, acaparan, se anestesian, actúan compulsivamente, controlan y se automedican son intentos desesperados por mitigar el mismo dolor espiritual. De hecho, no creo que haya una sola reunión en el universo de los doce pasos en la que no me sienta representada o para la que no esté cualificada en un modo u otro, porque mi mente ansiosa está siempre buscando maneras de escapar a su multitud de dilemas humanos.

Las personas que conocí en el programa de recuperación en doce pasos me parecieron tan hermosas, poéticas e inspiradoras que a menudo me enamoré de ellas. (¡No podía ser de otra manera! ¡Soy una adicta al sexo y al amor!). Pero, cuando eso ocurría, mi madrina me aconsejaba amablemente dejar de ir a esa reunión durante un tiempo y así tener ocasión de recuperarme sin una distracción sentimental. («Con el tiempo aprenderás a evitar situaciones que te pongan en peligro —me dijo—. Pero, hasta que llegue ese día, debes proteger tu sobriedad manteniéndote lejos de personas que puedan desencadenar tus fantasías»).

Seguí su consejo y logré no enrollarme con nadie, reconociendo, en mi recién adquirida sobriedad, que buscar el encuentro romántico en una reunión para adictos al sexo y al amor era la definición misma de «contradecir el propósito».

Fue todo muy difícil, pero algo empezó a ocurrir en mi interior.

Gradualmente, muy poquito a poco, empecé a *estar bien.*

Hay una gran diferencia, creo yo, entre *sentirse* bien y *estar* bien. El mundo está lleno de cosas que pueden hacerme sentir bien, muy bien, pero antes de entrar en los grupos de recuperación yo nunca había *estado* bien de verdad. Para mí, *estar* bien significa estar tranquila, estable, relajada, conectada y quizá incluso sentirme honrada. Significa poder dormir toda la noche sin necesidad de sedarme. Significa poder digerir la comida, estar presente para mis amigos y respirar. Significa sentir que el día tiene el número de horas que debe tener y que soy capaz de afrontar mis responsabilidades básicas. Significa poder poner límites que fomenten el sano juicio. Tiene que ver con una conciencia de valía inherente y con no sentirme avergonzada.

En el proceso de recuperación descubrí que podía tener días de no *sentirme* necesariamente bien y, aun así, *estar* bien, porque ni consumía ni actuaba de forma destructiva. Estaba viviendo de manera íntegra incluso cuando me costaba trabajo, y eso era motivo de orgullo.

Pronto llegué a los sesenta días limpia.

No fue fácil. Hubo noches terribles en las que me despertaba temblando y llorando, como si una voz espantosamente sola en mi interior gritara: «¡Tráeme a alguien! ¡No podemos estar tan solas! ¡No podemos sufrir tanto! ¡Alguien debería estar aquí con nosotras!».

Aprendí a envolverme en una manta y a mecerme mientras lloraba y temblaba.

Aprendí a decir con amabilidad a esa parte traumatizada de mí:

—Cariño, sabes perfectamente por qué quieres que salga en busca de alguien. Sé perfectamente lo que crees que vas a conseguir con ello. Pero, como recordarás, es algo que ya hemos probado. ¿Recuerdas todas esas veces? Y traer alguien a esta cama *funciona*, en eso tienes razón. Cura la soledad y la pena *inmediatas*, pero también trae consigo un montón de problemas que terminan dejándonos más perdidas y abandonadas que antes. ¿Te acuerdas de eso? ¿Te acuerdas de lo que pasa siempre?

«¡Me da igual! —decía la voz interior asustada—. ¡No lo soporto! ¡Necesito a alguien!».

—Me tienes a mí —decía yo en voz alta—. Y tenemos a Dios.

«¡Eso es muy poca gente! ¡Y ni tú ni Dios sois reales! ¡Necesito a alguien más! ¡Necesito a alguien que sea real!».

—Puede que ni Dios ni yo seamos reales, tesoro —contestaba yo—, pero estamos aquí esta noche. Y no vamos a permitir que vuelvas a hacerte daño, por muchas que sean tus exigencias.

Y así conseguía superar una noche más, haciendo compañía a mis voces desesperadas en la oscuridad.

Me inspiraba en historias que me había contado Rayya sobre sus múltiples desintoxicaciones. Recordaba lo que me contó sobre la vez que dejó por fin las drogas para siempre (bueno, casi para siempre) a principios de la década de 1990. Cómo salió del centro de acogida y se mudó a Michigan una temporada para alejarse de las tentaciones de su vida de drogadicta en Nueva York. Cómo había terminado viviendo en un bajo sin luz natural porque era lo único que podía pagarse. Cómo había tenido que empezar de cero en una peluquería, lavando cabezas de señoras mayores y ricas y cortando flequillos. (¡Ella, que había sido estilista de *top models* para reportajes de *Vogue*! ¡En *Europa*!). Recuerdo que me contó que cuando dejó de consumir, engordó, se deprimió y se sintió más fea de lo que se había sentido nunca. Pero que, por encima de todo lo demás, durante la desintoxicación se aburrió muchísimo..., *se aburrió de la hostia.*

Pero no consumió.

Siguió limpia.

Y, con el tiempo, su vida se volvió bonita.

Fue entonces cuando conocí a Rayya, justo después de aquel despertar a la sobriedad, cuando su vida empezaba a ser bonita.

Recordé lo radiante que estaba el día que la conocí en el año 2000, lo orgullosa que estaba del tiempo que llevaba limpia, la felicidad con la que hablaba de su vida.

Si ella había logrado hacerlo, entonces yo también.

«Eso es, cariño —la oía decir todo el rato—. Sigue así, joder».

De manera que seguí así, joder.

Hasta llevar noventa días limpia.

Nunca me había sentido tan orgullosa.

Empecé a entender por qué cuentan los días los adictos: cada día transcurrido sin consumir es como una perla en un collar. Y tienes que ir guardándotelas hasta que tú mismo te conviertes en perla.

Es un proceso no exento de padecimientos, lo reconozco (que se lo pregunten a una ostra), pero llegué a la conclusión de que conducía a algo bueno y bello.

«Sigue así —oía decir a Rayya—. Lo estás haciendo genial».

De manera que seguí.

Y, poco a poco, empecé a sanar.

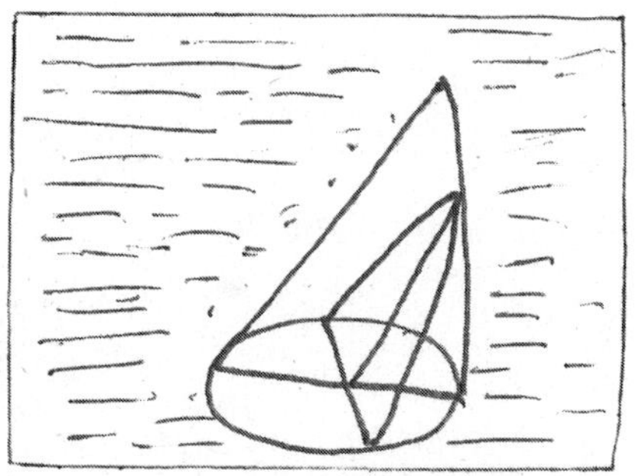

ESTE DIOS ES UN POEMA CASERO

Nogal pecano, avellano, haya.

Un bosque, un arroyo y todas sus criaturas.

Mi cama es un lugar tranquilo, antes sacudido por la lujuria
y el dolor.

La buitre se despereza al sol en el poste de la valla,
igual que este año.

Absolutamente nada de esto es lo que esperaba yo de mi vida.

¿Cómo fiarse de un mundo tan sumamente impredecible?

Pero lo hago, poco a poco.

(Casi siempre. Algunas veces).

El Dios de mi entendimiento no siempre me concede
mis deseos,
tampoco parece necesitar que me arrodille.

Este Dios no va detrás de ningún resultado en particular.

No está hambriento de promesas ni ensalmos,
ni le interesa lo amargo de mis remordimientos.

Parece que le gustan las cosas como son.

Y últimamente, qué raro, a mí también.

Este Dios es un poema casero,
y lo escribimos a medias.

Desintoxic-arte

Cuando solo llevaba unos meses yendo a las reuniones de recuperación empezaron a ocurrirme cosas muy extrañas.

En primer lugar dejé de beber.

Algo que me pilló totalmente por sorpresa.

Nunca había sido mi intención dejar el alcohol cuando empecé a ir a las reuniones y nadie me había pedido que lo hiciera. Si eres adicta al sexo y al amor, no se te exige dejar de consumir sustancias. Técnicamente son dos problemas distintos. Y, en cualquier caso, yo no iba a recuperación por ser una borracha; iba por ser una *maniaca trastornada, dependiente, posesiva, descontrolada y hambrienta de amor que bebía mucho*. Pero una noche salí a cenar con unos amigos y, como de costumbre, la botella de vino empezó a circular. Cuando llegó a mí, oí una voz en mi cabeza y al momento supe que era Dios.

La voz dijo: «Esto no te va a ayudar, cariño».

De manera que dejé pasar el vino… y desde entonces no he probado el alcohol.

Aún me resulta muy loca esta parte de la historia: que de un momento a otro pasara de ser alguien que bebía bastante alcohol a alguien que no ha vuelto a tener ganas de hacerlo. Que la connivencia secular estrepitosa, compleja, devastadora y en ocasiones letal de mi familia con el alcohol *se terminara* en aquel momento. Fue seccionada, cauterizada. Desapareció.

Dejando una cabeza algo más despejada.

Los asistentes a las reuniones hablan a menudo de «los regalos de la recuperación», milagros extraños y espontáneos de transformación que surgen como por ensalmo una vez un adicto empieza a trabajar en los pasos. Perder las ganas de beber fue el primer regalo tangible de mi recuperación. Fue algo que Dios me dio gratis, en plan: «Si abandonas tu adicción al sexo y al amor, peque, me llevaré esa necesidad profunda e histórica de beber alcohol».

A los pocos meses de empezar a ir a recuperación también dejé de tomar drogas.

Esta parte no me resultó tan fácil como dejar de beber, y, cosa lógica, tuve que pasar por un largo e incómodo periodo de abstinencia de sustancias. Había llegado tarde a las drogas, pero cuando por fin las descubrí, mediada la cuarentena, me enamoré apasionadamente de ellas. No consumía las drogas duras que Rayya había consumido siempre; la cocaína y los opiáceos nunca me habían interesado. Lo mío eran las setas, el ayahuasca y el éxtasis, porque me encantaba «pegarme viajes». Me encantaba abandonar mi cuerpo y merodear por el universo, más allá de los confines del espacio y el tiempo. Me encantaba cambiar de forma —transformarme en animal, árbol, aire— y ver derretirse la realidad. Aquellas drogas me resultaban lo más parecido a un atajo a Dios, una sensación de la que no me cansaba nunca.

Y sin embargo, a los cuatro meses de estar en recuperación, las dejé.

De nuevo no fue porque nadie me lo dijera; simplemente llegué a la conclusión de que esas sustancias no me ayudaban.

Una cosa os digo, soy consciente de que las drogas psicodélicas y la «medicina tradicional» pueden ser agentes milagrosos de sanación psicológica, y que en la actualidad se usan amplia y eficazmente para tratar la depresión, la ansiedad, el TEPT y, cosa irónica, la drogadicción. Me parece genial que la gente se cure por medio de estas sustancias. También comprendo que las drogas psicodélicas no se consideran químicamente adictivas. El problema es que *no me conocéis*. Soy alguien que puede hacerse adicta a cualquier cosa que la haga sentir bien. Y esas drogas me hacían sentir muchísimo mejor que mi realidad sin alterar. De hecho, en cuanto se me pasaba el efecto de los psicodélicos, empezaba a sufrir e incluso a llorar porque no quería volver *aquí*, a este estúpido planeta en el que nuestras almas están atrapadas en cuerpo carnal, donde debemos acatar las reglas físicas de Newton, el dolor es una realidad y la muerte es para siempre. Quería quedarme *allí*, incorpórea y a salvo, muy lejos de mi humanidad y de mis responsabilidades, flotando en un cosmos de imaginación sin restricciones e infinitas posibilidades. (Jamás he tenido un «mal viaje» después de tomar sustancias psicodélicas; para mí el mal viaje siempre ha sido el mundo real).

Pero dejé esas drogas después de unos cuantos meses en recuperación porque llegué a la conclusión de que cualquier cosa que me provocara un ansia tan extrema —y una necesidad tan intensa de escapar de la realidad— tenía que desaparecer de mi vida.

De nuevo, me lo sugirió el Dios de mi entendimiento: «Deja de buscar atajos que te lleven a mí, amor mío, no hará más que retrasarnos. No necesitas sustancias para hablar conmigo, no son más que vías de escape. Yo siempre estoy contigo y también dentro de ti. Ahora mismo estamos hablando; más cerca no podríamos estar. Así que di adiós a todo eso y quédate conmigo. A partir de ahora vamos a consumir otra cosa. Vamos a consumir realidad y no hay nada más emocionante. ¿Confías en mí lo suficiente para hacer este viaje conmigo? ¿Vas a estar presente? ¿Vas a permitir que mi voz sea tu única varita mágica?».

Y para mi infinita sorpresa, mi respuesta fue: «Sí».

Por aquel entonces hubo más cambios importantes en mi vida.

Siempre estaré agradecida, por ejemplo, a mi primera madrina, quien me dijo un día:

—No voy a poder seguir trabajando contigo, Liz, si no te desintoxicas económicamente. Veo que sigues usando el dinero para intentar medicar tu ansiedad, controlar a las personas y obligarlas a quererte. Si no corriges ese comportamiento, todo el trabajo que estás haciendo respecto a tu adicción al sexo y al amor será en vano.

De modo que me propuse alcanzar la «sobriedad monetaria» y trabajé con un «terapeuta financiero» (¡sí, existen!) diseñando «un plan de gasto saludable» que, entre otras cosas, me prohíbe dar dinero sin consultarlo antes con, por lo menos, dos veteranos sobrios. Y he aprendido a donar dinero a asociaciones solventes en lugar de entregarlo directamente a personas que conozco y fomentar así relaciones de codependencia. Por supuesto, donar a una ONG no me proporciona el mismo subidón que ser la «salvadora» de mis amigos, pero mantenerme lejos de sus asuntos económicos parece beneficiarnos a todos.

También debo agradecer a esa misma madrina que me sugiriera hacer, al menos una vez al año, una «desintoxicación de salvar vidas», es decir, dejar de intentar rescatar a nadie que no fuera yo.

—Te pasas la vida intentando rescatar a otras personas para huir de tu dolor —me señaló.

—Para nada —dije.

—¿De verdad? —contestó con la ceja levantada.

A continuación me preguntó qué porcentaje de mi vida social incluía contactar con personas solo para saber si estaban bien.

—El cien por cien —contesté.

—¿Y si confiaras simplemente en que *están* bien? —me preguntó—. ¿Y si confiaras en que las personas tienen recursos propios y poderes superiores propios? ¿Y si te cuidaras a ti misma y confiaras en que los demás encuentren su camino sin tu ayuda?

—¡Pero es que *no* están bien! —protesté.

—¿Cuándo fue la última vez que llamaste a un amigo que no

esté pasando por ninguna crisis emocional solo para tomarte un café o dar un paseo?

—¡No conozco a nadie que no esté pasando por una crisis emocional!

—¿Y a qué crees que se debe eso?

—¡Y yo qué sé! ¡No tengo ni idea de lo que es una persona emocionalmente sana! ¿Para qué querría estar *conmigo* una persona sana? ¿Y de qué íbamos a hablar?

—Hoy quiero que llames a alguien que no esté pasando por una crisis y quedes para comer.

Aquello fue toda una revelación.

Salirme de los dramas ajenos al principio me resultó aterrador, extraño y difícil. Me sentía culpable por centrarme en mí misma y me preguntaba cómo podía nadie sobrevivir sin que yo me implicara muchísimo en su vida.

(Alerta de espóiler: todos sobrevivieron. Y poco a poco empecé a hacer vida social con gente más saludable).

Nada de esto era lo que yo había esperado al unirme al grupo de recuperación, pero vivir en sobriedad tiene consecuencias amplias y te cambia la vida de muchas más maneras de las que habías imaginado.

La parte mala es que cuando dejas de beber, drogarte, tener sexo y tratar de gestionar, rescatar y controlar a otras personas, de pronto descubres que te sobra tiempo por todas partes.

¿A qué iba a dedicarme yo a partir de ahora?

Al principio no tenía ni idea de qué hacer, aparte de deambular sin rumbo.

Descubrí que las noches, sobre todo, podían ser muy largas.

Así que empecé a llenar esas horas vacías haciendo arte mientras escuchaba grabaciones de los grandes maestros espirituales. Pasaba horas sentada a la mesa de la cocina, sola, recortando fotografías de revistas y haciendo *collages* aficionados en mi diario con el sonido de las voces de maestros como Ram Dass, Pema Chödrön, Thich Nhat Hanh y Byron Katie de fondo.

También dibujaba, aunque nunca me he considerado artista y llevaba sin dibujar desde niña. Empecé con pequeños dibujos de estrellas, flores y animales, que recordaba haber hecho mucho de pequeña. Calcaba imágenes de cuadernos para colorear o de libros de arte, o bien dibujaba con mi mano no dominante para salir de la parte analítica de mi cerebro.

Mis dibujos no eran nada complejos y seguía teniendo el pulso tembloroso de siempre, pero daba igual, el mero acto de manchar páginas de mi diario con un rotulador de un color vivo me relajaba. Sentada en sobria soledad a la mesa de la cocina noche tras noche, recordé que dibujar y colorear habían sido una de mis herramientas primarias de autoconsuelo cuando era niña…, mucho antes de descubrir la euforia y la insensibilización que me proporcionaban el alcohol y los chicos.

Hasta que una noche, en absoluto silencio, me eché a reír al caer en la cuenta de que estaba practicando el *desintoxic-arte.*

Y funcionaba. Igual que me había funcionado de pequeña.

Cuando el ansia o la desazón amenazaban con desbordar mi sistema nervioso, también leía poesía, y me ayudaba. A continuación empecé a *escribir* yo poesía, a veces usando mi propia voz; otras, esa voz interior sabia, mayor y amantísima a la que llamo Dios. Poco a poco fui relajándome más profundamente dentro de esa voz. Comencé a usarla de manera curiosa, afectuosa y juguetona. A medida que la voz de Dios se hacía más nítida dentro de mi cabeza, la presencia de Rayya empezó a atenuarse. Al principio esto me asustó y me disgustó —no quería perder lo poco que me quedaba de mi amor—, pero tanto Dios como Rayya me aseguraron que no pasaba nada.

«Tú sigue así —me dijo Rayya—. Vas por el buen camino. No te rindas antes del milagro».

«Tranquila —dijo Dios tomando mi corazón de las manos de Rayya—. Estoy aquí. Te tengo. Sigamos adelante. Quédate conmigo».

No puedo decir exactamente que *descubrí* a Dios en los grupos de recuperación, porque yo conocía a Dios desde mucho tiempo antes de alcanzar la sobriedad. Incluso en el periodo más agudo de mi adicción, yo siempre había creído en Dios. Ya de niña, Dios me había asombrado. Siempre había amado a Dios. En ocasiones incluso le había rezado. Pero nunca había *confiado* en él, jamás en la vida.

Y ahora Dios me estaba pidiendo que confiara.

«¿Qué puedes perder? —me preguntó Dios—. Te he concedido casi cincuenta años de hacer las cosas a tu manera, cariño..., ¿y qué tal te ha ido? Te he dejado probar todo lo que había a tu disposición para intentar sentirte mejor. Quería que te cerciorarás de que la solución no estaba fuera de ti antes de que recurrieras a mí. Así pues, ¿has terminado? ¿Has visto suficiente? ¿Has sufrido lo bastante? ¿Lo has intentado todo? ¿Te has hartado ya? ¿Estás preparada para entregarte a mí y dejar que te enseñe lo que puedo hacer por tu vida?».

Había visto suficiente, sufrido lo bastante y lo había intentado todo, estaba harta.

Entregué mi vida a Dios igual que la entregaba antes a desconocidos.

Llevaba sobria doscientos días.

Por fin dormía de un tirón por las noches.

Y una mañana, cuando estaba mirándome en el espejo después de ducharme, mi asustada voz interior vio mi reflejo y comprobó, encantada: «¡Oh, cielos, hay una persona aquí dentro después de todo! ¡Y es de verdad! ¡Y siempre ha estado ahí!».

Trescientos días sobria.

Las compulsiones desaparecían; nacía una sensación de calma.

Amadriné a una persona, a una segunda.

No daba crédito, estaba ayudando a otros a mantenerse sobrios.

Para entonces llevaba limpia trescientos sesenta y cinco días.

Mis compañeras, mis hermanas de recuperación, me organizaron una pequeña fiesta y me sentí como la niña más lista y querida de toda la guardería.

Poco después llegó la pandemia.

En lugar de ceder al miedo y al pánico, acepté la COVID como «la vida en sus propios términos» y aproveché la ocasión que brindaba un planeta cerrado a cal y canto para profundizar aún más en mi programa de recuperación, que, lógicamente, ahora se hacía online. Profundicé en mi soledad, mi arte, mis plegarias y en la naturaleza. Dejé las redes sociales, al principio por unos días y después durante meses enteros. Empecé a trabajar en una novela nueva, una novela mística, cargada de magia. Di largos paseos sola por el bosque y admiré los halcones, los coyotes, los ciervos y las tortugas. Practiqué yoga en la silenciosa oscuridad que precede al amanecer y no dejé de hablar con Dios. Compré cientos de plantas para mi casa. Coleccioné más rotuladores, más pinturas, más cuadernos. Pinté a diario. Aprendí a preparar algunos platos de cocina india que siempre me han encantado. Meditaba durante varias horas seguidas y escribía cada vez más poesía.

Entonces, una tarde milagrosa en que el mundo estaba completamente cerrado y yo estaba más a solas conmigo misma que nunca, levanté la vista y comprendí que había entrado en la etapa más serena, creativa, feliz y espiritualmente rica de mi vida. Y no la había visto venir.

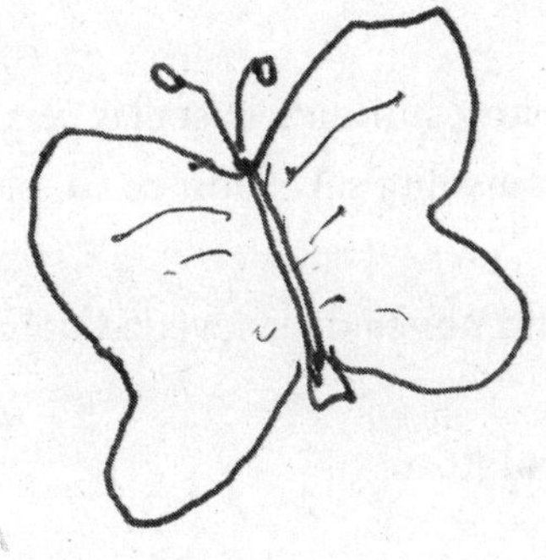

FEBRERO

Pensar que temía al invierno y huía de él.

Igual que temía la soledad y huía de ella.

(En ambos casos, lo único que quería
era que me aplastara un peso constante, cálido.
Creía que era la única forma de sentirme a salvo).

Y ahora aquí estoy, hundida hasta las cejas en febrero,
y hallando una insólita salvación en su mano.

¡Nadie me habló nunca de la levedad del invierno!

Copos que revolotean;
días que flotan;
lana que respira.

Y es más fácil avistar una zorra en un campo baldío y blanco
que en un frondoso bosque estival.

Se detiene a mirarme,
y me detengo a mirarla.

Nuestro corazón se aquieta un instante
y se sosiega.

Quizá así es como
se ama a alguien
desde una distancia respetuosa.

Treinta segundos para salvar la vida

En el momento de escribir esto, llevo limpia y sobria casi cinco años exactos.

Esto quiere decir que no soy más que una principiante, en comparación con muchos de mis compañeros del programa de doce pasos. Hay personas en esos grupos que han logrado treinta, cuarenta, cincuenta años de sobriedad y tienen una sabiduría tan arraigada y curtida como un roble viejo. Comparada con estas almas monumentales, yo estoy en el jardín de infancia. Llevo cinco años sobria y todavía estoy aprendiendo a atarme sola los zapatos.

Pero, aun así, cinco años suponen un hito importante, porque se dice que son necesarios cinco años de sobriedad para *empezar* a recobrar el sano juicio. Si llevas toda la vida sin él, es lógico que tu cerebro tarde un rato en alcanzar la claridad y pensar a derechas.

El proceso de sanación y despertar requiere tiempo —más del que imaginé yo nunca; necesité tres años y tres madrinas diferentes para completar los doce pasos—, lo que supuso toda una lección de humildad para alguien que se ha considerado siempre una alumna aventajada. Pero fue *duro*. Tardé casi un año en completar el nada popular paso cuatro (el de «sin ningún temor, hacemos un inventario moral de nosotros mismos»), dada la gran cantidad de sombras y secretos que tenía que identificar e inventariar.

También me llevó mucho tiempo completar el paso número ocho, esa parte del proceso en que tienes que hacer una lista de todas aquellas personas a quienes has podido hacer daño con tu adicción. Solo diré una cosa: *tenía muchos daños que reparar*. Y aún los tengo, porque es un proceso que dura toda la vida. Además, el paso de reparación de daños puede ser delicado o incluso peligroso para los adictos al sexo y al amor, porque debemos tener cuidado de no retomar el contacto con quienes puedan llevarnos a recaer, y también evitar irrumpir de nuevo en la vida de personas para hacerles daño. Después de todo, nuestros daños son daños al corazón, y, si ya le hemos roto el corazón a alguien, debemos tener cuidado de no rompérselo por segunda vez presentándonos de improviso y diciendo: «¡Hola, qué tal! ¡Soy yo! ¡Perdona por todo!».

Con mi madrina como guía, pude pedir perdón directamente a muchas de las personas a las que había herido en el pasado siempre que hubiera una forma segura y responsable de hacerlo. Algunas de estas personas no quisieron saber nada de mí, y lo entiendo. Pero algunas de las conversaciones que mantuve fueron tan bonitas y sanadoras que al recordarlas se me llenan los ojos de lágrimas. La capacidad que tienen las personas de perdonar de corazón las flaquezas de otro nunca dejará de admirarme. La reacción de una persona en particular me hizo caer *de rodillas* ante su clemencia. Y ahora puedo decir con asombro que, gracias al proceso de pedir perdón, algunas de mis exparejas, además de otras personas a las que hice daño en el pasado, se han convertido en amigos.

Amigos de verdad. Amigos para toda la vida, espero.

Pero el mejor regalo que me he hecho a mí misma en estos cinco años de recuperación ha sido mantenerme célibe. El celibato no es un requisito de mi programa (el sano juicio se considera un objetivo más importante), pero llegué a la conclusión, a un nivel muy profundo, de que necesitaba estar completamente a solas con mi corazón, mi mente y mi cuerpo para concentrarme en mi curación. Y, por una vez, necesitaba que esa soledad fuera prolongada.

He oído decir que la adicción es renunciar a todo por una única cosa, mientras que la recuperación es renunciar a una única cosa por todo lo demás. De manera que renuncié a mi *única cosa*, a la búsqueda desesperada, agotadora y constante de relaciones románticas codependientes, y poco a poco, milagrosamente, fui recuperando *todo lo demás*. Ha vuelto mi vitalidad; mi seguridad económica se va reconstruyendo; mi autoestima aumenta; mis amistades son más profundas; mi creatividad ha crecido y tengo paz mental. Y, por primera vez en mi vida, mi cuerpo es *mío*. Nadie interfiere ya en él ni me convierte en objeto de su placer o de su control. Tampoco tengo deseos ya de explotar un cuerpo para satisfacer mis necesidades emocionales. Ahora las satisfago yo misma, con respeto, cariño y paciencia. Y cuido de mi cuerpo como si fuera un animal doméstico muy querido, o un jardín, o un tesoro valioso y milagroso..., porque de hecho es todas esas cosas.

Ahora que llevo cinco años en recuperación, el equipo de médicos, terapeutas y chamanes cuyos servicios contraté para que cuidaran de mi salud física, mental y espiritual han desaparecido. Los tratamientos hormonales sustitutorios y las «medicinas naturales» que antes consumía han desaparecido, porque su acción ya no es necesaria. Atrás han quedado las pastillas para la ansiedad y la depresión y para dormir. Lo mismo que el alcohol. Atrás ha quedado entregar mi tiempo y mi valía a otras personas a cambio de su amor, su deseo y su aprobación. Ya no me presento voluntaria a ordenanza en el hospital mental interior de otras personas, ni permitiré que nadie me convierta en su enfermera o en su tesorera. Como resultado, todas las relaciones en mi vida han cambiado desde que estoy sobria. Algunas se han estrechado; otras se han transformado; otras se han terminado.

Nada es como antes y todo es mejor.

En este momento puedo afirmar que mi corazón descansa apacible y firmemente dentro de mi cuerpo, que no ha salido volando (sin pensárselo dos veces) para aterrizar en, o dentro de, otra persona.

Y hay más cosas que han cambiado; cosas más obvias, externas.

En algún momento mientras escribía este libro, por ejemplo, cogí una maquinilla y me rapé el pelo hasta dejar solo una suave pelusa. Es un dato importante para la historia que nos ocupa, puesto que, cuando conocí a Rayya, era peluquera y una de las pocas personas que conseguía que mi «plumón de pato» quedara bien. Era uno de los motivos —uno de muchos— por los que necesitaba a Rayya. En cambio, ahora me cuido yo sola el pelo: me lo afeito una vez a la semana y el resto del tiempo me olvido de él.

Por cierto, Rayya lo habría detestado. Le gustaba que sus parejas fueran dulces, bonitas y femeninas a la manera tradicional. ¿Sabéis a quién más le gustan las mujeres dulces, bonitas y femeninas a la manera tradicional? Pues resulta que a casi todo el mundo. Pero últimamente he comprobado que no me importa.

Dejadme que sea más clara: *no puede importarme*.

No puedo empezar a preocuparme por resultar atractiva y agradable a otras personas (sobre todo hombres), porque eso sería como tirar por un barranco la sobriedad que tanto me ha costado alcanzar. Además, me gusta este corte de pelo. Me *reconozco* mejor sin pelo. Y me encanta la libertad que me da, poder entrar y salir de ríos, lagos y mares con total despreocupación.

Hace poco dejé también de pincharme bótox y rellenos faciales y casi no me maquillo. Ahora me miro al espejo y veo a una mujer que tiene la edad que tengo, y eso me resulta exacto y sincero. Tiene pinta de persona interesante, pero no hace esfuerzos por parecer más atractiva o más joven de lo que es. Veo a una mujer que está presente y abierta a sí misma, a su trabajo, a sus amigos y semejantes, a Dios, al mundo en general.

Así es mi vida sobria, y me gusta.

Dichas todas estas cosas, sin embargo, debo reconocer que *no es la primera vez que paso por esto.*

Los lectores de mis obras anteriores quizá recuerden que casi alcancé este mismo grado de paz y tranquilidad cuando estuve en la India, durante mis viajes de *Come, reza, ama*, después de meses de disciplina consistente en rezar, meditar y hacer retiro. Al final de mi estancia en el *ashram*, creí de verdad haber *encontrado* por fin la satisfacción interior. Y en muchos sentidos así era. El problema fue que carecía de un programa para conservarla. Sin supervisión ni comunidad, ni un *sangha* que me apoyara, abandoné todas mis prácticas espirituales y volví a mis costumbres de toda la vida. Retomé mis adicciones y mis conductas disfuncionales igual que hizo Rayya cuando abandonó la disciplina de su programa de recuperación.

Y no tardé en llevar otra vez mi vida al borde mismo del precipicio.

Mi ruego, mi humilde y sincero ruego es conservar la paz esta vez.

Este es el momento en que probablemente debería mencionar que ya estoy autorizada a tener una nueva relación si así lo quiero. Hace unos pocos años mi madrina me dio «luz verde para tener citas», lo que significa que me encuentra lo bastante estable emocionalmente para mantener una relación sana. Aunque su voto de confianza me emociona y me conmueve, me encuentro con que, por primera vez en mi vida, no ansío tener pareja, y eso en sí es un milagro.

Pero ¿y si quiero tenerla algún día? ¿Qué significa exactamente para una adicta al sexo y al amor tener una relación sana? Sobre todo significa que debes trabajar dentro de los confines y los límites de un «reglamento para las citas sobrias», que habrás diseñado en colaboración con tu madrina y que debería ayudarte a evitar las conductas más peligrosas. Mi manual tiene unas tres páginas e incluye puntos tales como: «LA PRIMERA CITA NO PUEDE SER UNA ESCAPADA DE FIN DE SEMANA».

También me prohíbe mensajear compulsivamente entre una cita y otra, fantasear sobre alguien que he conocido durante un viaje (y por tanto no en la vida real), invitar a desconocidos a vivir en mi casa, intentar rescatar a alcohólicos o drogadictos sin recuperar, regalar cosas caras a nuevos amantes o dar a nadie mi número de cuenta bancaria.

Si todo esto suena aburrido, o da la sensación de que elimina la espontaneidad o la intensidad de una relación romántica, *es que de eso se trata*. La espontaneidad para los adictos al sexo y al amor es peligrosísima, y la intensidad es algo que a mí me conviene evitar.

Con los años he visto a muchos compañeros del programa encontrar relaciones sanas y duraderas trabajando con un padrino y un reglamento para citas. Para las personas como nosotros, las relaciones no son nunca fáciles, pero he visto parejas que funcionan. Claro que también he visto a compañeros salir ahí y hacerse daño otra vez, caer en los mismos patrones destructivos, enredarse en dramas, usar a las personas como si fueran drogas, entregarse a parejas emocionalmente inaccesibles y desatar nuevos círculos de sufrimiento kármico. He visto a estas personas volver a rastras a las reuniones, destrozadas y derrotadas, o, lo que es peor, he visto que no volvían.

Mi opinión es que hay mucho en juego. No me engaño respecto a lo poderosa y destructiva que puede ser mi adicción, así que no tengo prisa por tirar los dados y comprobar si puedo sobrevivir a otra relación. En otras palabras, no estoy buscando maneras de hacer mi vida ingobernable. Tampoco me apetece volcarme en otra persona para más tarde culparla de abandonarme y dejarme sintiéndome «vacía». La experiencia de explorar mi libertad y mi serenidad está resultándome demasiado enriquecedora para arriesgarme a perturbaciones en mi campo energético.

Y, en cualquier caso, cuando le pregunto al Dios de mi entendimiento si es hora de empezar a tener citas otra vez, la respuesta es siempre la misma: «Lol, no».

En realidad, la respuesta completa y exacta es: «Si alguna vez quiero que busques tener una relación con alguien, lo sabrás por mí directamente. Será idea mía, no tuya. Y cuando llegue ese día —si es que llega—, te guiaré en el proceso y te enseñaré cómo se hace de forma segura. Pero, hasta entonces, sigue cuidándote y confiando en mí para todo».

De manera que, hasta que eso cambie, mi intención es tener las manos quietas, seguir a lo mío y tomármelo con calma.

En cualquier caso, mi fin último en mi proceso de recuperación no es encontrar la pareja perfecta; mi fin último es tener una relación perfecta *conmigo misma* y, en ese sentido, creo que aún me falta mucho camino por recorrer.

Aunque gratificante, el camino de la sobriedad no siempre ha sido sencillo. Como cualquier persona adicta en recuperación, vivo en una realidad llena de tentaciones. El mundo no va a cambiar para que los adictos vivan seguros; *eso es algo que tenemos que hacer por nuestra cuenta*. Los alcohólicos tienen que pasar delante de bares y licorerías sin pararse a beber; los drogadictos están obligados a oler el hedor dulzón de la hierba que se fuma en cada esquina; los ludópatas no pueden entrar en los casinos abiertos veinticuatro horas; los adictos a la pornografía deben resistirse a la colección de vídeos a un clic en sus teléfonos; los adictos a la comida no pueden ir a *ninguna parte* sin encontrarse con cosas de comer, llenas de grasas y azúcares...

Y, mire donde mire, veo personas guapas, carismáticas, atractivas..., personas que mi adicción me anima a abordar sin pensarlo dos veces.

Hace unos años fui a dar una charla a un centro de retiro espiritual en una lujosa isla tropical, un lugar romántico, muy alejado de lo que podríamos llamar «el mundo real». En el mismo retiro daba clases un hombre muy guapo. En cuanto lo vi sentí esa atracción instantánea y salvaje que, en mi caso, solo puede significar: «Aquí hay alguien que podría destrozarme la vida a *base de bien*».

Él también pareció fijarse en mí, aunque no interactuamos demasiado. Pero en todo momento yo era consciente de su presencia de un modo intenso, doloroso incluso. Y por supuesto me aseguré de que él fuera consciente de la mía la segunda noche del retiro, cuando mi charla puso al público en pie.

Eso captó su atención…, tal y como había yo previsto.

Soy buena oradora y cuando me subo a un escenario mi luz interior puede brillar con mucha, muchísima intensidad. Aquella noche mi brillo fue cegador. Había varios cientos de personas en el público, pero yo lo viví como si estuviera a solas con aquel hombre, porque solo me dirigí a él. (Hay mujeres que llaman la atención con su forma de vestir, de caminar, de reír y de tocarse el pelo; yo lo hago con mis palabras).

Y funcionó. El hombre vio una fantasía sobre el escenario y tuvo un pequeño subidón.

Y yo sentí su interés, y tuve un subidón también.

Que cómo sentí su interés, os preguntaréis. Bueno, al igual que todos los adictos al sexo y al amor, percibo la atención y el interés de alguien a cien metros de distancia…, qué narices, puedo percibirla incluso desde un continente distinto. De manera que aquella ligera alteración en la estructura atómica de la sala me resultó fácil de detectar.

Alrededor de las once de la noche, cuando ya estaba en mi hotel y a punto de irme a dormir, me llegó un mensaje de texto del hombre guapo. (Todos los profesores del curso estábamos en un chat conjunto, así que le fue fácil encontrar mi número). No me sorprendió en absoluto que me escribiera; había *presentido* que tendría noticias de él aquella noche porque hasta la última sinapsis de mi mente y de mi cuerpo está sintonizada para saber esas cosas.

En su mensaje, el hombre guapo me invitaba a reunirme con él en la playa para «tomar una copa». Habían salido las estrellas, decía, hacía una noche espectacular y tenía ganas de conocerme mejor. Esperaba que dijera que sí, porque de lo contrario se quedaría triste y solo frente al mar pensando: «Elizabeth Gilbert es guapísima y maravillosa».

En cuanto leí esas palabras, aquí mi menda se olvidó de que ya no bebía.

También se me olvidó que tengo un reglamento para las citas, el cual no incluye aceptar invitaciones espontáneas de hombres desconocidos para reunirse con ellos bajo las estrellas dentro de diez minutos.

También se me olvidó que tengo un poder superior con el que debo estar conectada en todo momento para que me proteja de mis potencialmente devastadoras compulsiones.

Me olvidé de todas estas cosas y mi cabeza se vació de todo lo que no fuera *él.*

Cuando quise darme cuenta, me había levantado de la cama igual que una sonámbula y me había puesto las sandalias, dispuesta a bajar a aquella playa en mi estado de trance y a detonar una bomba de amor encarnada en mi persona.

Entonces, al llegar a la puerta, algo me detuvo.

De repente regresé a mi cuerpo, a la realidad.

Lo que me devolvió a mí misma fue algo que recordé haber oído a una mujer durante una reunión del programa de los doce pasos una noche varios años antes. Aquella mujer contó que, cuando salió de desintoxicarse de su adicción a la cocaína, su madrina le dijo esto: «Llegará un día en que te encontrarás delante de una mesa en la que hay cocaína. Ese momento llegará, es cuestión de tiempo. Y, cuando llegue, dispondrás de treinta segundos para salvar tu vida. Lo que debes hacer en esa situación es *salir corriendo*. Porque, pasados treinta segundos, tu adicción asumirá el control de tu cerebro y ya no tendrás capacidad de decisión ni sobre tus acciones ni sobre lo que ocurra en tu vida a partir de ese momento».

Eso es lo que oí cuando puse la mano en el pomo de la puerta de mi habitación de hotel, dispuesta a catapultarme a la órbita de aquel hombre.

Oí la voz de aquella mujer diciendo: «Salir corriendo».

De mala gana, de mal humor incluso, me separé de la puerta. Cogí mi cuaderno y escribí una pregunta para Dios: «¿Qué querrías que supiera ahora mismo sobre esta situación?».

La respuesta no se hizo esperar: «Este hombre no es para ti, cariño. Apaga el teléfono y vete a la cama».

Me indigné.

«¿POR QUÉ?», escribí en letras mayúsculas y angulosas.

«Olvídate, cariño. Esta historia no terminará bien. Por favor, confía en mí. Este hombre no es para ti».

A esas alturas yo estaba hecha una furia…, o más bien lo estaba mi enfermedad.

«¿Por qué nunca puedo hacer nada divertido?», quiso saber mi adicción.

Porque ¿y si aquel hombre resultaba ser *mi* hombre? ¿Cómo saber que no lo era? Y, además, yo había sido *buenísima*, ¿por qué no permitirme un sorbito de emoción? ¿Y si estaba dando la espalda a toda una vida de conexión y felicidad junto a alguien solo porque una voz incorpórea en un cuaderno me dijera que me olvidara?

Pero, sobre todo, dentro de mi cabeza daba vueltas un pensamiento inflamatorio e irritante: «¿Por qué no puedo ser una persona normal que hace cosas normales de gente normal?».

Fue entonces cuando oí la voz de Rayya.

«Porque no eres normal, cariño. Eres una adicta. Y los adictos no pueden hacer cosas normales como la gente normal».

Aquello fue definitivo.

Apagué el teléfono, me quité las sandalias y me metí en la cama…, aunque os aseguro que aquella noche no dormí bien. Estuve dando vueltas llena de ira y deseo mientras mi adicción mordía y luchaba. Llamé a mi madrina y le expresé mi frustración. Me dijo que rezara, lo cual me cabreó. Me enfurruñé. Me di unas cuatro duchas. Me comí todo lo que había en el minibar.

Pero no contesté al mensaje de texto, y llegó un momento en el que salió el sol y empezó un nuevo día de sobriedad.

Durante el resto del retiro me mantuve lejos del hombre y después cada uno nos fuimos por nuestro lado, aunque yo no me lo quitaba de la cabeza. No hacía más que imaginar lo que sería estar con él y preguntarme si había tomado la decisión correcta aquella noche. No hacía más que acordarme de lo guapo que era. ¡Tan guay y carismático. ¡Tan *espiritual*! Mi mente no dejaba de repetirme que había dejado pasar una oportunidad única y mi cerebro no hacía más que insultarme por lo *aburrida* que se había vuelto mi vida desde que estaba sobria.

Pero esta es la prueba de mi recuperación: no me guardé aquellos pensamientos y deseos, como hacía antes. Tampoco cedí a mis compulsiones ni a mis resentimientos. No busqué información sobre aquel hombre ni me hice daño a mí misma espiándolo en las redes (un comportamiento que se conoce también como «autolesión online»). En lugar de ello, me dejé la piel en el programa. Confesé todos mis pensamientos, deseos y resentimientos en las reuniones, dupliqué mis tareas comunitarias y mis conductas saludables. Recé cada día por liberarme de mi obsesión... Pero, maldita sea, nada de esto lo hice de buen grado.

Pasaron tres meses.

No había dejado de pensar en él.

Entonces un día apareció en mi teléfono un mensaje suyo, en el chat común. (Lo confieso: no le había bloqueado). Nos mandaba una foto de su hijo, un niño precioso nacido ese mismo día y que sostenía en brazos la esposa de aquel hombre, una mujer guapa, joven y resplandeciente de felicidad.

Resultaba que Dios tenía razón: aquel hombre no era para mí.

Aquel hombre era, de hecho, *de otra mujer.*

Y os voy a decir una cosa: no estoy aquí para juzgar a aquel hombre por intentar tener una aventura conmigo. ¿Quién soy yo para juzgar? Aquel hombre no estaba haciendo nada que no hubiera hecho yo alguna vez. Es muy probable que sea lo que en los grupos llamamos «uno de los nuestros», es decir, un adicto al sexo y al amor sin recuperar y por tanto impotente ante sus propios impulsos. Y casi con total seguridad esa fue la razón por la que me sentí inmediata y arrolladoramente atraída por él, porque es probable que los dos compartamos la misma herida. En mi caso, percibir ese trauma compartido suele ser lo que me despierta una atracción tan intensa e instantánea. («Nuestras enfermedades querían quedar para jugar juntas», es como he oído describirlo en el programa).

Pero ¿y si aquel hombre y yo hubiéramos decidido jugar? ¿Y si los dos hubiéramos decidido dar rienda suelta a nuestro mutuo deseo desbocado e insaciable aquella noche en la playa? Os aseguro que la historia no habría terminado en aquella isla porque, para empezar, yo soy incapaz de cortar la trayectoria de una atracción tan galopante una vez cedo a ella.

¿Os imagináis el desastre hacia el que podríamos habernos precipitado aquella noche? ¿Os imagináis cómo habría trastocado aquello mi vida justo cuando empezaba a alcanzar la estabilidad y la paz? ¿Os imagináis el daño que nos habríamos hecho el uno al otro, a aquella joven esposa y, lo peor de todo, a aquel niño recién nacido e inocente?

Yo desde luego me lo imagino, porque esa historia ya la he vivido, en diferentes versiones, muchas muchas veces.

Treinta segundos.

Es todo el tiempo que tengo para salvar mi vida y quizá también la de otro ser humano.

Así de cerca estoy siempre del borde del precipicio.

Por eso necesito un reglamento de citas.

Por eso necesito una madrina, una comunidad de adictos en recuperación que me quieran y un programa diario de recuperación.

Y, sobre todo, por eso necesito un Dios.

What would somebody who
isn't addicted to DRAMA
do today . . . ?

ADORACIÓN ERRADA

Querido Dios:

Hoy he leído que toda adicción es adoración errada.

Me parece lógico.

Me ha *pasado*.

He confundido el medio de transmisión de placer celestial
con el cielo mismo.

Y en consecuencia he venerado demasiadas cosas…
y a demasiadas personas también.

Aunque creo que no te vas a ofender por ello.

¡Por supuesto que no te vas a ofender!

(No eres tan mezquino, ¿verdad, Dios?
No puedes serlo, imagino, porque entonces no serías mi Dios).

El caso es que ya sabes cómo me pongo.

Sabes que me arrodillo ante cualquier cosa,
la que sea,
que me haga sentir bien,
o que me prometa sacarme de aquí por un abrasador minuto.

Y sabes a dónde termina por llevarme ese comportamiento.

Pero tú has venido a recogerme
cada vez que me he hecho añicos.

Despertaré entre restos de un nuevo naufragio,
y ahí estarás tú:
junto a mi cama,
sonriendo.

Cálido.

Callado.

Sin pedirme nada,
pero ofreciéndome todo.

Mi Dios familiar, unificador.

Mi congregación singular, sagrada.

Jamás llegas tarde a nuestra cita.

Jamás me exiges venerarte u obedecerte.

Te limitas a decir con toda dulzura:

«Has errado de nuevo, cariño»,

mientras me devuelves
una vez más
mi preciosa y descarriada vida.

Mi pequeña

Hay otro regalo más que la recuperación me ha brindado durante este viaje, un regalo que aún no he mencionado.

Como resultado de seguir sobria, de no drogarme ni pulsar el botón de escape cada vez que tengo un sentimiento incómodo, he descubierto a alguien que habita dentro de mí, alguien a quien nunca había permitido mostrarse del todo.

Cuando por fin dejé de buscar el amor fuera de mí, conocí a mi niña interior, que había estado siempre necesitada de amor, de *mi* amor.

La primera vez que la vi era una niñita bella pero herida, de unos cinco años, con pelo rubio despeinado como plumón de pato y mirada azul nerviosa. Era la mirada de un ser aterrado y solo que casi ha renunciado a la esperanza.

Había oído su voz por primera vez hacia el final de mi última relación. Una noche en que me encontraba mendigando amor a otra persona emocionalmente inaccesible más, la niña me dijo estas poderosas palabras: «Por favor, sácame de aquí».

Pese a mi enajenación, yo había entendido que con «aquí» la niña se refería no a aquella relación en particular, sino a *todas*.

Estaba rogándome que pusiera fin a mi patrón recurrente de autotraición, porque la que terminaba herida y abandonada cada vez que yo me arrojaba en brazos de alguien nuevo era ella. Necesitaba que yo dejara de anularme porque necesitaba mi ayuda. Necesitaba mi atención. Me necesitaba *a mí.*

Aquella voz, aquella súplica, fue la razón de que por fin decidiera tomarme mi recuperación en serio.

Dicho esto, he de confesar que, una vez la conocí, aquella niña no siempre me cayó simpática.

Al principio me pareció que era muchísima responsabilidad, y no estaba segura de querer asumirla.

Porque aquella niña tenía muchas *necesidades.*

De hecho, en un principio la culpé de todas y cada una de mis relaciones fracasadas. Su excesiva dependencia era lo que había ahuyentado a mis parejas y su hambre de amor era lo que me había empujado a buscar la salvación en una persona detrás de otra. Tenía la culpa de que yo fuera tan sensible. Tenía la culpa de que yo sufriera depresión y ansiedad. Tenía la culpa de que yo nunca encontrara paz y estabilidad con nadie. Encima, a menudo estaba asustada y llorosa, algo muy poco sexy. Porque nadie quiere estar con una ñoña.

De manera que tiene sentido que me haya pasado la vida tratando de ignorarla o ahuyentarla. ¡Qué no habré hecho por librarme de ella! Porque, a ver, ¿quién quiere vivir con dolor constante? ¡Sin su dependencia y su sufrimiento yo habría podido ser una persona superguay! ¡Podría haber sido *increíble*! ¡Sin su dolor y su desesperación, yo podría haber tenido solo «partes buenas», las partes brillantes y seductoras que gustaban y atraían a todo el mundo!

Durante muchos años me había dedicado a abandonar a esta niñita (a quien llamo Lizzy) o a intentar que otros la cuidaran por mí. Había externalizado sus necesidades al primer desconocido que me/nos tomaba en sus brazos y exigido que *viera* a esta niña, que la protegiera, la defendiera y, en última instancia, la borrara.

Pero ni la niña ni su dolor habían desaparecido y, encomendadas a otros, ni la niña ni yo habíamos llegado a sanar.

Entonces conocimos a Rayya.

Y Rayya era *increíble*.

Rayya era la persona más fuerte que habíamos conocido, el depredador alfa de cualquier reunión, y jamás habría permitido que nadie hiciera daño a Lizzy, no estando ella presente. Se le daba tan bien hacer sentir segura a Lizzy que esta niña quiso seguirla hasta el río y más allá, no soltarse nunca de su única protectora y guía verdadera. Aquella niña temerosa había necesitado un Dios con forma humana al que venerar y obedecer, y Rayya debía de necesitar una acólita, porque aceptó ser mi Dios, al menos durante una breve temporada, hasta que también a ella el trabajo la desbordó. Hasta que *yo* la desbordé. Entonces ahuyentó a Lizzy y se hundió de nuevo en su propia y demencial oscuridad. Luego Rayya murió. Y la niña se desmoronó en cuanto Rayya faltó porque ¿quién cuidaría de ella ahora?

Pero, a medida que alcanzaba la sobriedad con el programa y recobraba el sano juicio, empecé a entender que proteger a aquella niñita nunca debió ser tarea de Rayya.

No debió ser tarea de nadie, excepto mía.

Para empezar, Rayya ya tenía su propia niña herida a la que atender (una niña que abandonaba cada vez que recaía en el consumo activo y en la trampa de la codependencia). Pero es que además este ser radiante y asustado que habita en mi cuerpo es *mi* niña y de nadie más.

Mía y solo mía.

Poco a poco, con el tiempo, me he convencido de que esta niña me fue encomendada por Dios para que la guiara con mi protección y mi amor durante su paso por la Escuela Tierra. Y Dios debió de pensar que podía dárseme bien cuidar de esta criaturita sensible, de otro modo no me habría confiado un alma tan preciada.

Y esta es la parte bonita: a medida que he ido conociendo a Lizzy durante estos años de celibato y sobriedad, he comprendido que ella no es el problema. Antes bien, es la *solución*. Esta niñita inocente es la fuente de toda mi creatividad, mi luz, mi curiosidad y mi alegría. Siempre fue una niña maravillosa, llena de amor, de sueños, de dulzura y de humor; si estaba nerviosa y tensa todo el tiempo, se debía a que nunca se sentía segura. Pero cuando Lizzy está bien emocionalmente, es una auténtica *delicia*. Basta con que atienda sus necesidades humanas básicas (afecto, seguridad, descanso, amor, diversión, buena comida, amistad sana) para que irradie amor. Pero Lizzy también es vulnerable, de manera que tengo que proteger su existencia con la máxima delicadeza. Estoy aprendiendo a proporcionarle ese atento cuidado y es un esfuerzo de lo más gratificante, porque, si Lizzy crece sana, yo también.

Y, a la inversa, si Lizzy languidece, yo también.

Cuando abandono a Lizzy, me abandono a mí misma.

Cuando cuido a Lizzy, me cuido a mí misma.

La salud de Lizzy es lo que determina que yo esté en el cielo o en el infierno, lo que también implica que ella es mi camino a la divinidad.

En resumen, Lizzy es mi todo, y, cuando ella está a salvo, serena, feliz y querida (por *mí*), el mundo se convierte en un lugar del que ya no deseo huir.

Una criaturita tan importante se merece tener un adulto responsable y sobrio que cuide de ella en todo momento, y me enorgullece informar de que poco a poco estoy convirtiéndome en esa mujer. Esta niña necesita ser la prioridad número uno de alguien, y claramente ese alguien soy yo. Y lo que no necesita es que yo meta en casa a una pareja sentimental que nos quite energía, confunda mis pensamientos y le robe a Lizzy mi tiempo y mi atención. Por eso estoy tan concentrada y dedicada a mi recuperación y por eso —al menos de momento— sigo soltera y sin compromiso.

Lo hago todo por ella y no lo cambiaría por nada.

Otra de las sorpresas que me ha regalado Lizzy es esta: he comprobado que, cuanto mejor cuido de mi niña interior de corazón tierno, más tranquila y en paz me siento respecto a mi relación con Rayya. Y cuando digo esto me refiero a mi relación *actual* con Rayya. Porque por supuesto que la tengo. Los muertos no nos abandonan realmente al morir, ¿verdad que no? Eso lo sabemos todos, ¿o no? Siguen viviendo en nuestra imaginación, se nos aparecen en forma de sueños, visiones y recuerdos. Entablan con nosotros conversaciones que no terminan nunca.

Así pues, la única pregunta que queda por hacer en este libro es: ¿en qué estamos *convirtiéndonos* Rayya y yo?

Cuando imagino a Rayya ahora, ya no la veo ni como mi protectora ni como mi amante apasionada. Tampoco como la persona que me rompió el corazón con su adicción, ni como la que me abandonó y me causó tanto dolor. Todo eso ha pasado ya, y por muchas razones…, la más importante de las cuales es que por fin he aprendido que nadie me puede abandonar; *solo yo me puedo abandonar a mí misma*. Y mientras no lo haga, mientras no dé la espalda a Lizzy, siempre estaré bien, con independencia de lo que hagan o dejen de hacer los demás.

De manera que, ahora que he recobrado la cordura y mi niña interior ha sanado, Rayya ha regresado, en mi consciencia, al lugar que le corresponde por derecho en mi vida: el de amiga.

Mi mejor amiga.

Rayya es una amiga maravillosa a quien he amado con toda mi alma —a veces de manera generosa, otras, egoísta— y que me ha enseñado más sobre la naturaleza de la compulsión, la adicción y la recaída que nadie, vivo o muerto, podrá enseñarme jamás.

Es la amiga a la que echo muchísimo de menos y siempre lo haré.

Es la amiga con la que me gustaría poder ir a la playa una vez más, pasar una tarde debajo de una sombrilla, mirando las olas y hablando de lo divino y lo humano.

Es la amiga que siempre me insistió en que aprendiera a valerme por mí misma.

Es la amiga que me hizo el mejor regalo de todos al enseñarme, mediante su ejemplo vívido y desolador, que la enfermedad de la adicción no descansa y que por tanto yo nunca debo descansar de mi recuperación. Y al hacerme ese regalo me salvó la vida.

En ocasiones Rayya visita mis pensamientos para hablarme. Ya no lo hace tanto como durante aquellos meses abrumadores e intensos que siguieron a su muerte, pero sigue apareciéndose de vez en cuando. Me dice que me quiere y que está orgullosa de mí. Me anima a seguir sobria y a disfrutar de mi vida. Comenta tonterías que hacen otras personas y me hace reír. Me recuerda que debo decir la verdad, poner límites y perdonar. Me asegura que algún día vendrá y se reunirá conmigo en el río, cuando me llegue la hora de morir, pero me dice que mientras tanto debo construirme una existencia bella para mí misma.

Oír su voz inconfundible sigue conmoviéndome profundamente. Pero Rayya ya no gobierna mi vida, no es mi fuente de luz, ni el suelo bajo mis pies, ni mi poder superior.

Es solo mi amiga —mi amiga valiente, poderosa y muy humana aún— y la quiero con toda mi alma.

¿Cómo podría la muerte romper un vínculo tan natural?

He descubierto que ahora mismo lo único que deseo para Rayya —si es que se puede desear algo para una persona que lleva muerta más de seis años— es que sea libre.

Total y completamente libre.

«El amor verdadero siempre libera al ser amado», dice mi amiga Martha Beck, y ahora por fin me parece que comprendo el espíritu generoso y libre que hay detrás de esas palabras.

Quiero que Rayya esté libre de la obligación de cuidarme a mí o a nadie, incluso desde la tumba, quiero que sea libre de perderse en el misterio eterno con todos sus ancestros y de convertirse en música, lo que quiso ser siempre.

Y siento que Rayya también quiere que yo sea libre. Quiere que lleve una vida autónoma, feliz y en paz a este lado de la línea divisoria, en este mundo que por fin he aceptado como propio y del que ya no intento escapar. (Lo cierto es que no es un mundo tan malo, una vez te rindes a la realidad y asumes la responsabilidad de cuidarte sola). Me quedaré en él el tiempo que Dios permita y haré todo lo necesario para mantenerme cuerda, sobria y para *estar* bien.

Después de todo, soy una de las afortunadas que encontró el camino a los grupos de recuperación.

Hay una plegaria que decimos en las reuniones que me encanta. Dice solo: «Querido Dios, gracias por todo lo que ha sido dado, por todo lo que ha sido arrebatado y por todo lo que permanece».

Como muchos adictos en recuperación agradecidos, contemplo con admiración todo lo que permanece, asombrada por que se me permitiera conservar *algo* después de tantos años de locura y compulsividad. Por lógica, debería haberlo perdido todo en el curso de mis múltiples y variadas vorágines y turbulencias. De hecho, muchas personas con una mente distorsionada como la mía lo han perdido todo.

No me malinterpretéis; perdí mucho: autoestima, tiempo, salud, serenidad, seguridad, numerosas relaciones y literalmente millones de dólares. Y causé pérdidas dolorosas a otras personas a través de su asociación conmigo y con mi adicción. Pero Dios me ha permitido conservar muchas cosas. Me ha permitido conservar mi creatividad, mi carrera profesional, mis amistades, mi fe y a esa preciosa niñita interior. Y, lo más milagroso de todo, me ha permitido conservar la *vida*, y esto no lo digo a la ligera, porque me consta que muchas personas (mujeres sobre todo) no salen vivas de una adicción al sexo y al amor.

Otra cosa más que Dios me ha permitido conservar es esta hermosa vieja iglesia en mitad de New Jersey donde ahora mismo escribo las últimas palabras de nuestra historia. En esta iglesia me casé, y aquí vivimos Rayya y yo, pero hoy las únicas habitantes de este espacio sagrado son una mujer sobria y agradecida en su cincuentena y el hermoso espíritu de una niña que merece su cuidado y su atención constantes.

Es todo por el momento, y es mucho.

Dicho esto, en plegarias recientes se me ha prometido que pronto tendré permiso para adquirir un perrito para mí y para mi niña interior.

¿Hay algo que pueda hacer más ilusión a una niña de cinco años que tener su propio perrito?

Así que, cuando el duro trabajo que ha supuesto este libro esté terminado, Lizzy y yo iremos en busca de un animal de compañía.

Algo que podamos aprender a querer y cuidar juntas de manera responsable.

Algo pequeño, pero precioso.

«Empecemos por aquí —sugiere Dios—, y luego ya veremos».

POEMA A RAYYA, SEIS AÑOS DESPUÉS DE SU MUERTE

Cariño, te acuerdas de esa noche en que dijiste:

Las dos vamos a tener que echarle valor.
Yo voy a necesitar valor para morir,
y tú vas a necesitar valor para vivir.

No lográbamos decidir cuál de las dos tareas sería más dura.

(Al final dijiste que eso daba igual,
porque a ti siempre te había fascinado la muerte,
y a mí siempre me había fascinado la vida).

De modo que tú te fuiste, y yo me quedé.

Ahora que todo ha pasado,
solo quiero decir:

Mi amiga,
mi esposa,
mi historia más dura,

he puesto mis medallas de sobriedad en la estantería
junto a las tuyas.

Tú tenías trece años de medallas.

Yo solo tengo *algunas*.

Yo tuve que quedarme porque estoy empezando.

Tú tuviste que marcharte porque habías terminado.

COME IN, SIT DOWN –

IT'S OVER.

DESPUÉS DE TODO ESTO, RAYYA QUIERE DECIR ALGO

Me encanta cuando hablas de mí;
me pule como a un diamante.

Y, cuando me hablas *a* mí,
es como ir a la deriva en un barco de remos en un lago cálido,
con la mano metida en el agua,
y entonces algo sube del fondo y choca con la barca.

(Pero es algo suave, inofensivo y blando, como un manatí).

No siempre oigo tus palabras, mi amor,
pero las siento,
y me sacan de mi ensueño.

Te preguntas si alguna vez me molestas hablándome tanto,
pero aquí las cosas no funcionan así.

Te preguntas *cómo* son las cosas aquí,
y te respondo con otra pregunta:

¿Cómo son las cosas allí?

Porque donde estás tú estoy yo.

Todos juntos, esa es la sensación aquí.

Mi amor por ti, el lago.

Tu amor por mí, la barca.

Los días son interminables.

Y el corazón sabe a quién pertenece.

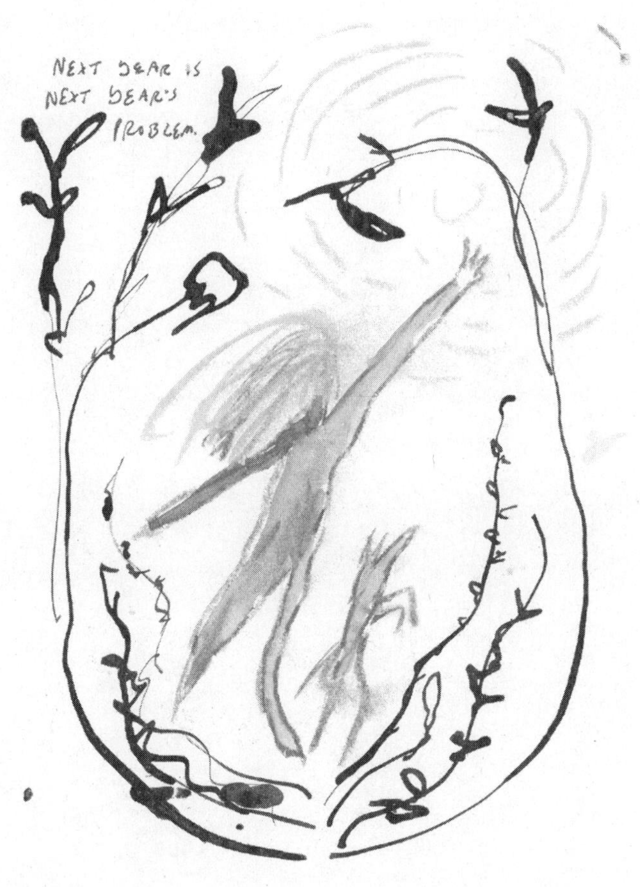
NEXT YEAR IS
NEXT YEAR'S
PROBLEM.